高等院校“十三五”规划教材

基础会计学

主　编　李　君

副主编　邱美凤　余　孟　郑晓燕

主　审　刘玉凤

合肥工業大學出版社

前　言

伴随中国经济持续发展，基础会计学的应用越来越广泛，人们对经济知识的获取越发强烈，基础会计学作为进入经济领域不可或缺的知识，已成为人们的共识。目前，普通应用型大学、高等职业学院财经专业已普遍开设了基础会计学，而对于一些基础一般的学生或是希望较短的时间迅速掌握基础会计学的学生，他们很难找到一本实务应用指导性强又能简洁全面地介绍基础会计学核心原理的教材。

通过长时间的基础会计学教学工作，我们发现，一般的基础会计学（会计原理）教材，主要从一般的会计核算流程展开编辑，偏重基础理论讲解。由于基础会计学是一门实践性较强的课程，理论讲解通常比较抽象，一般书籍中实例讲解仅能简单地解释且案例少，学生实务应用学习也较少，就很难抓住理论的核心意义。这会极大地挫败学生的学习积极性，不利于学生学习，造成学习效率较差。加之很多学习基础会计学的学生是非会计专业的学生，如工商、营销、旅游、贸易等经济管理非会计专业的学生，这些学生学习完本课程后，没有后续支撑课程的学习。这就要求基础会计学能够多从实务角度来讲解，增强他们的理解，帮助他们学习记忆，来提高基础会计学的授课效率。调查还发现，学校授课学时一般为32学时或48学时，学习时间短，不利于基础会计学全面系统的讲解。这就要求在老师重点内容讲解完后，需要有一本好的教材来帮助学生课后自学以消化吸收已讲的知识点。

面对上面提到的学生学习环境变化，笔者强烈感受到应编写一本能够通过实务案例来讲解基础会计学核心理论，以帮助学生们快速有效地掌握基础会计学。

本书的特点，在会计学理论编写上，力求清楚简洁，学生易于理解记忆，通过编写大量翔实的实务案例，使抽象的核心理论能够让学生在较短的时间内掌握。

本书可作为普通应用型大学和高职高专经济管理类会计专业、财务管理专业及非会计专业本专科学生学习的教材，又能用于报考会计从业资格证的人员自学使用。

本书由刘玉凤任主审，李君进行总体的构思、编排并担任主编，邱美凤、余孟、郑晓燕担任副主编，各章具体编写人员名单如下：

李　君：第三章、第六章、第七章、第八章、第九章；

邱美凤：第一章、第五章；

余　孟：第二章；

郑晓燕：第四章。

由于时间仓促，编者水平有限，书中难免有疏漏和不足之处，敬请读者批评、指正。

编　者

2016年9月

目　录

第一章　总　论

【知识目标】

理解会计目标、会计假设、会计核算的一般原则、资产概念、负债概念、所有者权益概念、收入概念、费用概念、利润概念、会计等式、会计科目、设置会计科目的原则、会计核算方法。

【能力目标】

分析会计的基本职能和正确设置会计科目，掌握会计科目的分类、会计科目的编号、账户的概念、账户的基本结构。

第一节　会计概述

一、会计的含义

会计是以货币为主要计量单位，以提高经济效益为主要目标，运用专门方法对企业、机关、事业单位和其他组织的经济活动进行全面、综合、连续、系统的核算和监督，提供会计信息，并随着社会经济的日益发展，逐步开展预测、决策、控制和分析的一种经济管理活动。它是经济管理活动的重要组成部分。会计细分有财务会计、成本会计、管理会计、税务会计、审计学、会计信息系统、财务报表分析。

会计作为一种经济管理活动，与社会生产的发展有着密切的联系。物质资料的生产是人类社会赖以生存和发展的基础。人类要生存就需要消费，无论是吃、穿、住、行都必须消耗物质资料，而要取得这些物质资料，就必须要进行生产活动。人们在生产活动中，只有投入一定量的劳动，耗费一定量的物质资料，才能生产出新的物质资料。在任何社会状态下，人们在进行生产活动时，总是期望以最少的耗费，生产出尽可能多的物质资料。因此，在进行生产的同时，必须对生产所发生的耗费和所取得的成果进行观察、计量、计算和比较，于是会计就应运而生了。会计的内涵在其漫长的发展过程中，随着社会经济的发展而不断地丰富和深化。

二、会计的产生和发展

(一) 会计的产生

会计是伴随人类生产实践和经济管理的客观需要而产生并发展起来的，它是一门古老而年轻的学问。会计具有悠久的历史，大约 3000 年前就已经存在原始的会计记录。到公元前 1000 年左右，世界上一些经济、文化发达的国家和地区就已经出现了专职会计。据我国《周礼》记载，在我国西周（前 1066—前 770 年）时“会计”一词就已出现，并设置核算官厅收支的官职——司会，采用“以参互考日成，以月要考月成，以岁会考岁成”的办法，定期对官厅的收支实行“月计”和“岁会”。特别是到了唐宋时期，农业、手工业和商业都呈现出空前的繁荣，是我国封建社会的鼎盛时期。适应于经济发展的会计在核算方法和技术方面也取得了长足的发展。其突出的成就就是发明了“四柱清册”，把我国传统的单式簿记提高到一个较为科学的高度。

所谓四柱，指旧管、新收、开除、实在，通过“旧管（期初结存）＋新收（本期收入）＝开除（本期支出）＋实在（期末结存）”的平衡关系结账，以算清并交代经管财物的责任。明末清初，我国出现了以“四柱式”为基础的“龙门账”，用以计算盈亏。它把全部账目分为进“收入”、缴“支出”、存“资产”、该“资本及负债”四大类，运用“进－缴＝存－该”的平衡公式，计算盈亏数额，并分别编制“进缴表”和“存该表”，两表计算结果完全吻合，称之为“合龙门”。清代又产生了“天地合账”，在这种方法下，将一切账项分为“来账”和“去账”，在账簿上记录，账簿采用垂直书写，直行分为上下两格，上格记收称为“天”，下格记付称为“地”，上下两格所记数额必须相等，称为“天地合”。“四柱清册”“龙门账”和“天地合账”，显示了我国历史上各个时期传统中式簿记的特色，展示了中式簿记的历史发展轨迹。

在长期的生产实践中，人们逐渐认识到，为了合理配置有限的资源，必须对生产过程中的劳动耗费和劳动成果进行有效的反映和监督，以使相关方面了解和控制生产，使生产目标得以顺利实现。正是基于此，以计量、记录、报告经济活动为主要内容的会计行为才得以产生并不断发展。

（二）会计的发展

会计从其产生到复式簿记应用这段时间，也就是从奴隶制时代到封建时代末期。在这段时间内，由于生产力水平比较低，商品经济尚不发达，货币关系还未全面展开，因而会计的发展比较缓慢。古代埃及、中国、巴比伦、印度和希腊等国家，先后形成了各具特色的单式簿记体系，许多现代会计中人们熟知的概念和思想已经初露端倪，但是从严格意义上讲，这还不能够称之为会计。因为在这个阶段，会计所具有的专门的方法、职能等还未形成，会计还没有从生产中明显分离出来，还只是作为生产的一个附带部分而存在。

12 世纪到 15 世纪的西欧，资本主义经济得到迅速发展，为适应经济的发展，产生了借贷复式簿记。复式簿记方法的产生和广泛应用揭开了会计由古代阶段迈向近代阶段发展的序幕。1494 年，意大利数学家卢卡·帕乔利出版了他的《算术、几何、比及比例概要》一书，其中第九篇《簿记论》，系统地介绍了复式记账方法，并给予了理论上的阐述。这是近代会计的奠基之作。在以后的几百年时间里，人们通过对《簿记论》的传播和研究，使借贷复式记账方法传播到欧洲各国、美洲及世界各地。在此基础上，经会计工作者和广大学者的不断改进和发展，最终形成了科学的复式簿记体系。实践已证明，只有复式簿记才能对经济活动进行科学、全面的记录，也只有复式簿记才能使会计与统计相区别，并带动会计方法的发展。适应资本主义经济和产业经济的发展，近代会计的发展非常迅速，主要表现在以下五个方面。

(1) 簿记组织与簿记的法律制度逐步建立并不断取得进展。

（2）通过对簿记理论与审计理论的研究，到19世纪中叶，簿记理论与审计理论已经定型成熟。

（3）在复式记账和早期成本会计的基础上，到20世纪30年代前后，传统财务会计与管理会计形成。

（4）20世纪中叶，会计学科开始建立，形成包括会计学原理、财务会计、管理会计、成本会计和审计学在内的学科体系。

（5）公共会计事业得到发展，确立了公共会计师的社会地位，并使公共会计师的作用不断扩大。

从近代会计的发展不难看出，近代会计具有两个特点：一是商品经济的发展使得会计有可能充分地运用货币形式，对经济活动进行计量、记录和报告；二是会计的记录采取了复式记账，已经形成了一个严密的账户体系。

大约从20世纪30年代以后，基于资本市场和现代企业的需要，一方面，社会对会计规范提出了越来越多的要求，以美国为代表，会计逐步进入了一个GAAP（公认会计原则）的形成阶段，标志着现代财务会计逐步形成；另一方面，为适应科学管理的需要，现代管理会计也开始逐步形成和发展。现代企业会计逐渐形成两个分支：财务会计和管理会计。前者主要面向市场为外部利益相关者加工并传递信息，规范成为其突出特征；后者主要服务于企业内部的经济决策，其重要特点是与现代科学管理方法相结合。进入20世纪60年代以后，以现代会计原理、现代财务会计、现代管理会计与现代审计为主体的现代会计体系逐步发展形成了。

（三）财务会计与管理会计

现代会计的一个重要特征就是会计分为财务会计和管理会计两大分支。大约从20世纪30年代以后，基于资本市场和现代企业管理的需要，现代企业会计逐渐形成两个分支：财务会计和管理会计。前者主要面向市场为外部利益相关者加工并传递信息，后者主要服务于企业内部的经济决策。两者同源异流，它们总是分工合作地发挥着作用。

财务会计与管理会计的区别主要表现在以下几个方面。

（1）财务会计侧重于为企业外部利益相关者提供会计信息，而管理会计侧重于为企业内部经营管理提供会计信息。

（2）财务会计强调过去，而管理会计强调未来。

（3）财务会计受“公认会计原则”的制约，而管理会计则不受“公认会计原则”的制约。

（4）财务会计注重可证实性和货币性信息，而管理会计较少强调可证实性，并强调货币性信息和非货币性信息、数量信息与质量信息并重。

（5）财务会计以会计主体为核心，而管理会计强调多位的主体观念（如企业、企业内部的分厂、车间甚至个人等）。

（6）管理会计是一门综合性交叉学科，与财务会计相比，它更多地涉及其他相关学科，如管理学、统计学、决策科学、行为科学等。

总而言之，会计是生产发展到一定历史阶段的产物。它的产生经历了一个由低级到高级、由简单到复杂、由不完善到逐步完善的过程。

三、会计的基本职能

会计职能就是指会计在经济管理中所具有的功能。马克思在《资本论》中指出："过程越是按社会的规模进行，越是失去纯粹个人的性质，作为对过程的控制和观念总结的簿记就越必要。"这里所讲的"簿记"指的就是会计，这里讲的过程指的是再生产过程。这段话包含以下两个含义。

（1）搞经济离不开会计，经济越发展，会计越重要。

（2）会计的基本职能是对再生产过程的"控制和观念总结"。

我国会计界通常把"控制"理解为监督，把"观念总结"理解为反映（或核算），也就是说，对再生产过程的反映和监督是会计最主要的两项职能。会计的职能随着经济的发展和会计内容、作用的不断扩大而发展着。传统的会计主要是记账、算账和报账。随着市场经济的发展和科技水平的提高，会计的职能也有了新的发展，具有了新的特点。

（一）会计反映

反映经济活动，即会计的反映职能，是指会计通过确认、计量、记录、报告，以价值形态反映企业和行政事业单位已经发生或已实际完成的经济活动，为经济管理提供经济信息的功能。会计反映的过程，是把大量数据转化为一系列能表明财务信息或其他经济信息的指标体系的过程。现代会计的基本功能或基本使命是提供财务信息或其他经济信息。因此，反映经济活动成为会计的最基本职能。会计反映职能的基本特征如下。

1. 会计反映为经济管理活动提供相关信息

会计反映主要是通过货币计量，从价值量上综合反映会计主体的经济活动，为经济管理提供财务信息和其他经济信息。反映经济活动可以有三种计量方法，即货币度量、实物度量和劳动度量。在商品经济的条件下，货币度量比实物度量和劳动度量更具有综合性。所以，利用货币计量，从价值量上综合反映各单位的经济活动情况是会计反映的一个重要特点。而其他度量手段，只是会计提供财务信息和其他经济信息的一个辅助度量工具。

2. 会计反映具有完整性、连续性、系统性

如前所述，会计反映是主要以价值量的形态将经济活动的信息转化为一系列财务信息和其他经济信息的指标体系的过程。通过会计数据渐进形成的过程和这些数据转化为指标体系的结果，综合反映单位的财务状况、财务状况的变动和经营成果。这就要求会计所提供的数据必须是完整的、连续的和系统的。会计反映的完整性是指对所有会计对象都必须进行计量、记录和报告，不能遗漏；会计反映的连续性是指对会计对象应当按照其发生的时间顺序进行计量、记录，而不能有任何中断；会计反映的系统性是指为实现一定的核算和管理目的，按照一定的程序和方法，对会计数据进行加工处理、科学分类，使之成为相互联系的有序整体，从而可以揭示客观经济活动的规律性。完整性、连续性和系统性三者缺一不可、相辅相成，它们之间的有机结合是会计的反映职能区别于其他经济核算的反映职能的另一重要特点。

3. 会计反映为经营决策和管理控制提供依据

会计反映不仅要记录已实际发生的经济业务，还应面向未来，为经营决策和管理控制提供依据。会计反映对已经发生的经济活动进行事后的记录、核算、分析，经加工处理后提供大量的信息资料，反映经济活动的现实状况及历史状况，这是会计的一项传统的反映

职能。随着社会经济的发展，市场规模的扩大和社会经济活动的日趋复杂，一个企业为谋求发展，不仅要随时根据已发生的经济活动而形成的会计数据来了解企业的经营现状，检查经营活动是否符合既定的目标，还应周密地规划企业未来的经营行为。为此，会计在如实反映已经发生的经济业务的同时，还应当根据企业管理实际需要为企业决策未来提供会计数据。这是市场经济条件下会计反映职能的发展。

（二）会计监督

任何经济活动都要有既定的目的，为实现既定的目的而实施的行为需要按照一定的规则来运行。会计监督就是会计按照一定的目的和要求，利用会计反映所提供的经济信息，对企业和行政事业单位的经济活动进行控制，促使经济活动按照规定的要求运行，以达到预期的目标。国家财政部在 1995 年制定的《会计改革与发展纲要》中指出，"要强化会计监督，保证单位的各项经济活动和财务收支在法律、法规、规章允许的范围内进行"。由此可见，会计监督具有以下重要特点。

1. 会计监督的对象是企业的经济活动和财务收支

会计监督的目的就是保证企业的经济业务活动按规定的要求进行，以实现企业的经营目标。在社会主义市场经济体制下，会计实践中会计监督的实施，主要通过会计反映职能对经济活动的过程和结果的记录、计算、分析和考评等具体方法，依据法律、财经法规、财务规章制度的规定，对单位的经济活动和财务收支的合法性进行监督，以保证单位依法规范经营行为，依法实施经济活动，依法运行财务收支活动。

2. 会计监督是单位内部管理的需要，是各单位自我约束的一种机制

在社会主义市场经济条件下，会计监督除监督单位经济活动和财务收支的合法性和合规性以外，还应当把贯彻执行本单位的经营方针、实行科学管理、提高经济效益、实现经营目标作为重要任务。这种对单位内部管理的约束性监督，表现为对经济活动行为的全过程监督，包括事前监督、事中监督及事后监督。事前监督，是指行使会计监督的部门在参与制定各种决策以及相关的各项计划和费用预算时，依据有关政策、法规、制度和经济活动的一般规律，对各项经济活动的可行性、合理性、合法性和有效性进行的审查，是对未来经济活动的指导性监督。事中监督是指对正在发生的经济活动过程及取得的核算资料进行审查，对已发现的问题提出建议，纠正经济活动过程中的偏差及失误，促使有关部门合理组织经济活动，使其按照预定的目标及规定的要求进行，发挥控制经济活动进程的作用。事后监督是指依据事前制定的目标、标准、要求及有关政策规定，通过分析已取得的会计资料，对已进行的经济活动的合理性、合法性和有效性进行的审查、考评和评价。

会计的反映职能与监督职能是相辅相成的，只有在对经济业务活动进行正确核算的基础上，才可能提供可靠资料作为监督的依据；同时，也只有搞好会计监督，保证经济业务按规定的要求进行，才能发挥会计核算的作用。

随着会计环境的变化，会计的职能不论是内涵与外延都将随之而变化。正因为如此，现代会计在会计反映和会计监督两项基本职能的基础上，还具有将利用各种预测数据，参与制定经济决策的决策职能；利用责任会计对经济活动进行强化规律的事中控制职能；通过对经营成果、财务状况的分析，对单位经营业绩进行考核评价的职能；利用科学的方法对未来的经营活动进行预测并加以规划（如预测目标成本和目标利润等）的预测经营前景

的职能，作为现代会计的发展职能。

四、会计目标

会计作为一个以提供财务信息为主的经济信息系统，须以一定的目标作为系统运行的基本导向和最终目的。由于会计是整个经济管理的重要组成部分，会计目标的确定，应从属于经济管理的最终要求。在社会主义市场经济条件下，经济管理的终极目标是提高经济效益。因此，作为以价值运动管理为特征的会计工作，必然以优化管理、提高效益为最终目标。在实现最终目标的过程中，会计的专业分工主要是根据管理要求提供财务信息和其他经济信息。这是会计的基本职能决定的。对此，我国颁布的《企业会计准则》明确规定：会计提供的信息应当符合国家宏观经济管理的要求，满足有关方面了解企业财务状况和经营成果的需要，满足企业加强内部经济管理的需要。

（一）为国家宏观经济管理和调控提供会计信息

在社会主义市场经济条件下，虽然市场在资源配置中发挥基础作用，但政府可以通过一定的调控和管理措施对国民经济运行情况进行宏观调节。为满足国家实施宏观调控对会计信息的要求，国家需要通过对企业会计归集整理的会计信息，进行分析汇总，了解国民经济的整体运行情况，对国民经济的运行情况进行判断，以便制定正确合理有效的调控和管理措施，便于国民经济协调有序地发展。在我国，宏观经济决策所需的大部分信息来源于会计信息。

（二）为内部经营管理提供会计信息

会计是企业内部的重要的信息系统，会计提供准确可靠的信息，有助于决策者进行合理的决策，有助于强化企业内部管理。现代管理会计正是会计为企业内部经营管理提供信息和发挥会计参与企业经营管理、控制作用的新的会计领域。为企业内部经营管理服务提供信息，是会计发展的一个重要方面，也是会计目标的一个重要内容。

（三）为企业有关各方了解其财务状况和经营成果提供会计信息

在市场经济条件下，企业处于一种错综复杂的经济关系之中，其生产经营活动与政府、投资者、债权人和职工等方面存在着密切的联系。企业的投资者为了保护自身的利益，需要了解企业资产的保管、使用情况，监督企业有效地运用资产提高资产的使用效益；债权人出于对自身债权安全的考虑，也需要了解企业的运行情况；政府为了维护经济发展正常的经济秩序，也需要了解企业的运行情况。由于这些企业利害关系各方不能直接参与企业的生产经营活动，他们的要求只能通过会计核算所提供的会计信息来得到满足。满足企业有关方面对企业会计信息的需要是会计核算的一个基本目的。

会计目标与会计职能有着密切的关系。会计职能是体现会计本质的功能，而会计目标则是按照信息使用者的要求把会计职能具体化。会计的职能是相对稳定的，而会计目标则是随着会计赖以存在的外部环境的变化而变化的。提出或者设定会计目标，既能为会计作为一个财务信息系统设定运行的导向和应该达到的预期目的，同时也赋予了会计职能环境的影响和时代的特征。

第二节　会计假设和会计核算的一般原则

一、会计假设

会计假设也称会计假定，通常是指在会计核算中对某些难以确切界定的，但对会计工作有重大影响的问题，根据一般的正常情况所做的合理推断。

我国会计准则中提出的会计假设与西方国家提出的会计假设是基本一致的，主要内容有：会计主体、持续经营、会计分期和货币计量。

（一）会计主体

会计主体也称会计个体、会计实体。会计主体的概念有这样的含义：凡是独立组织会计工作、独立计算盈亏、独立编制财务会计报告的经济单位，都是会计主体。在会计处理中，必须假定会计主体与所有权的拥有者是相互独立的。凡是作为会计主体的企业、单位，都应独立组织会计工作，全面、完整地反映本企业、本单位的财务状况和经营成果。对于各种经济业务和经济关系，都应从本企业、本单位的角度，而不是从所有者或职工的角度来处理。

应注意的是，会计主体不同于法律主体。一般来说，法律主体必然是一个会计主体，会计主体不一定是法律主体。

（二）持续经营

根据企业、单位的经营活动是否持续进行，在会计处理上应当有不同的处理方法。例如，企业因破产而关闭清理，或是因其他原因而停业或改组合并，其财产物资的计价、费用的摊销，以及债权、债务的结算、清偿，都与正常经营的处理方法有所不同。为了使企业、单位的会计处理能够前后一致，保持会计资料的可比性，在一般情况下，必须假定企业、单位的经营活动都将无限期地持续进行。只有在正式确定不再继续经营时，方能改变原来的会计处理办法。

（三）会计分期

在一般情况下，企业、单位的经济活动都是连续不断地进行的，会计对经济活动的反映和监督，同样也是连续进行的。但为了对企业、单位的经济活动和经营成果进行分析考核，必须假定经济活动可以以时间单位进行分割，即在会计核算上将连续不断的经济活动过程，人为地划分为各个固定的时间单位，以便计算一定时期内的收入和支出，确定财务成果，并编制财务会计报告。这种按时间划分的固定的时间单位，称为会计期间。

会计期间分为年度和中期。其中，会计年度是最重要的会计期间。在一个会计年度内，各项收入和支出，在会计资料上都要累计地加以反映，财务成果也要汇总计算。中期是指短于一个完整的会计年度的报告期间，其具体可分为季度和月份。年度和中期的起始日期采用公历日期。在我国，企业、单位一般将 1 月 1 日到 12 月 31 日作为一个会计年度，即和公历日历年度一致。

（四）货币计量

企业对于经济业务的反映、记录，必须以货币作为统一的计量单位，即会计资料中所提供的有关财产、物资，以及代表一定数量财产、物资的债权、债务，收入费用的数额，都要用货币来表示其价值。业务收支以外币为主的企业，也可以选定某种外币作为记账本位币，但编制的会计报表应当折算为人民币反映。境外企业向国内有关部门编报会计报表，也应当折算为人民币反映。

二、会计要素确认、计量要求

（一）会计要素确认与计量记账基础

1. 权责发生制

权责发生制原则又称应收应付制或应计制，是以应收应付为原则来确认本期收入和费用的一种方法。在此种方法下，凡是当期已经实现的收入和已经发生或应当负担的费用，不论款项是否收付，都应当作为当期的收入和费用；凡是不属于当期的收入和费用，即使款项已在当期收付，也不应当作为当期的收入和费用。

有时，企业发生的货币收支业务与交易或事项本身并不完全一致。例如，款项已经收到，但销售并未实现；或者款项已经支付，但并不是为本期生产经营活动而发生的。

权责发生制能够真实地反映当期的经营收入和经营支出，能更加准确地计算和确定企业的经营成果。因此，它在企业会计中被普遍采用。

2. 收付实现制

收付实现制是与权责发生制相对应的一种确认基础，又称实收实付制或现金制，它是以收到或支付现金作为确认收入和费用的依据。在此种方法下，只要是当期收取的款项，都作为当期的收入；只要是当期支付的款项，都作为当期费用。

收付实现制不能正确地计算和确定企业的当期损益，缺乏合理的收支配比关系。因此，它只适用于业务比较简单和应计收入、应计费用、预收收入、预付费用很少发生的企业，以及机关、事业、团体等单位。

3. 权责发生制与收付实现制区别

两者之间的主要区别：确认收入和费用的标准不同；对收入与费用的配比要求不同；会计期末处理方法不同；各会计期间计算的收益结果不同等。下面举例说明两种确认方法对同一业务确认收入和费用的区别和联系。

表 1-1　权责发生制与收付实现制对同一业务确认收入与费用的区别和联系表

经济业务	权责发生制		说明	收付实现制		说明
	收入金额	费用金额		收入金额	费用金额	
(1) 本月以银行存款支付上月水电费 1 000 元					1 000	本月款项已实际支付
(2) 以银行存款预付下半年报纸杂志费 1 000 元					1 000	本月款项已实际支付
(3) 预提本月银行借款利息 1 000元		1 000	本月已承担借款利息			

（续表）

经济业务	权责发生制		说明	收付实现制		说明
	收入金额	费用金额		收入金额	费用金额	
(4) 计提本月固定资产折旧费 2 000 元		2 000	本月已承担固定资产消耗			
(5) 收到上月销货款10 000元				10 000		本月实际收到款项
(6) 销售产品一批，价值3 000元，货款尚未收到	30 000					本月已产生收款权利
(7) 本月销售产品一批，价值20 000 元，收到货款存入银行	20 000	本月已产生收款权利并收到款项		20 000		本月已产生收款权利并收到款项

（二）配比原则

配比原则是指企业在进行会计核算时，收入与其相对应的成本、费用应当相互配比，即同一会计期间内的各项收入和与其相关的成本、费用应当在该会计期间确认，以便正确地确定该期损益。

配比原则是根据收入与费用的内在联系，要求将一定时期内的收入与为取得收入所发生的费用在同一期间进行确认和计量。

坚持配比原则有两层含义：一是因果配比，将收入与其对应的成本相配比，如将主营业务收入与主营业务成本相配比，将其他业务收入与其他业务成本相配比；二是时间配比，将一定时期的收入与同时期的费用相配比，如将当期的收入与管理费用、财务费用等期间费用相配比等。

（三）划分收益性支出与资本性支出原则

划分收益性支出与资本性支出原则是指企业的会计核算，应当合理划分收益性支出与资本性支出的界限，以便正确地确定企业当期损益。凡支出的效益仅与本会计年度有关，应当作为收益性支出；凡支出的效益与几个会计年度有关的，应当作为资本性支出。

在会计核算工作中划分资本性支出与收益性支出，要求企业在会计核算工作中确认支出时，要区分两类不同性质的支出，将资本性支出计列于资产负债表中，作为资产反映，以真实地反映企业的财务状况；将收益性支出计列于利润表中，计入当期损益，以正确地计算企业当期的经营成果。

（四）历史成本原则

历史成本原则是指会计核算过程中，企业的各项财产在取得时应当按照实际成本计量。其后，各项财产如果发生减值，应当按照规定计提相应的减值准备。除法律、行政法规和国家统一的会计制度另有规定者外，企业一律不得自行调整其账面价值。

对资产、负债、所有者权益等项目的计量，企业应当基于交易或事项的实际交易价格或成本，这主要是因为历史成本是资产实际发生的成本，有客观依据，便于查核，也容易确定，比较可靠。

需要注意的是，如果资产已经发生减值，其账面价值已经不能反映其未来可收回金额，企业就应当按照规定计提相应的减值准备。

三、会计信息的质量要求

为了规范会计主体的会计核算行为，提高会计信息质量，我国《企业会计准则——基本准则》规定了会计信息的质量要求。

（一）可靠性

可靠性要求企业应当以实际发生的交易或者事项为依据进行确认、计量和报告，如实反映符合确认和计量要求的各项会计要素及其他相关信息，保证会计信息真实可靠、内容完整。会计信息要有用，必须以可靠为基础，如果财务报告所提供的会计信息是不可靠的，就会给投资者等使用者的决策产生误导甚至损失。为了贯彻可靠性要求，企业应当做到以下几点。

（1）以实际发生的交易或者事项为依据进行确认、计量，将符合会计要素定义及其确认条件的资产、负债、所有者权益、收入、费用和利润等如实反映在财务报表中，不得根据虚构的、没有发生的或者尚未发生的交易或者事项进行确认、计量和报告。

（2）在符合重要性和成本效益原则的前提下，保证会计信息的完整性，其中包括应当编报的报表及其附注内容等应当保持完整，不能随意遗漏或者减少应予披露的信息，与使用者决策相关的有用信息都应当充分披露。

（3）包括在财务报告中的会计信息应当是中立的、无偏的。如果企业在财务报告中为了达到事先设定的结果或效果，通过选择或列示有关会计信息以影响决策和判断的，这样的财务报告信息就不是中立的。

可靠性隐含着客观性、可信性和可验证性等内容。

（二）相关性

相关性要求企业、单位提供的会计资料要与会计资料的使用者的要求相关联。也就是要按照会计资料使用者的要求，有针对性地提供会计资料，而不是漫无目的地提供使用者所不需要的或无足轻重的会计资料。按照我国国情，会计资料必须满足三方面的不同需要，即国家宏观经济管理的需要；有关方面了解企业财务状况和经营成果的需要；企业内部加强经营管理的需要。这就是相关性原则提出的要求。

（三）可理解性

可理解性要求企业提供的会计信息应当清晰明了，便于投资者等财务报告使用者理解和使用。企业编制财务报告、提供会计信息的目的在于使用，而要使使用者有效使用会计信息，应当能让其了解会计信息的内涵，弄懂会计信息的内容，这就要求财务报告所提供的会计信息应当清晰明了，易于理解。只有这样，才能提高会计信息的有用性，实现财务报告的目标，满足向投资者等财务报告使用者提供决策有用信息的要求。会计信息毕竟是一种专业性较强的信息产品，在强调会计信息的可理解性要求的同时，还应假定使用者具有一定的有关企业经营活动和会计方面的知识，并且愿意付出努力去研究这些信息。对于某些复杂的信息，如交易本身较为复杂或者会计处理较为复杂，但其对使用者的经济决策相关的，企业就应当在财务报告中予以充分披露。

（四）可比性

可比性原则也称“统一性规则”，是指会计核算必须符合国家的统一规定，做到口径一致，相互可比。会计的可比性就是指企业的有关财务会计指标在内容上可与历史的、计划的或其他的企业的同类指标相互比较。要提高会计资料的可比性，就必须贯彻统一性原则。在社会主义市场经济条件下，市场机制在国民经济的运行中发挥着重要作用。市场机制发挥作用的前提之一，是要取得全面、完善的经济信息，这些信息相当一部分来自企业、单位的会计资料。只有贯彻统一性原则，做到口径一致，才能统一汇总企业、单位的会计资料，为国民经济的宏观调控提供有用的信息。

（五）实质重于形式原则

实质重于形式原则是指企业应当按照交易或事项的经济实质进行会计核算，而不应当仅仅按照它们的法律形式作为会计核算的依据。在实际工作中，交易或事项的外在法律形式并不总能完全反映其实质内容。所以，会计信息要想反映其所反映的交易或事项，就必须根据交易或事项的实质和经济现实，而不能仅仅根据它们的法律形式进行核算和反映。

例如，以融资租赁方式租入的资产，虽然从法律形式来讲承租企业并不拥有其所有权，但是由于租赁合同中规定的租赁期相当长，接近于该资产的使用寿命，租赁期结束时承租企业有优先购买该资产的选择权，在租赁期内承租企业有权支配资产并从中受益，因此从其经济实质来看，企业能够控制该租入资产创造的未来经济利益，所以，会计核算上将以融资租赁方式租入的资产视为承租企业的资产。

（六）重要性原则

重要性原则是指在全面完整地解释企业财务状况和经营成果的前提下，企业的会计核算应当遵循重要性原则的要求，对交易或事项应当区别其重要程度，采用不同的核算方式。对于那些预期会对资产、负债、损益等有较大影响，并进而影响财务会计报告使用者据以做出合理判断的重要会计事项，必须按照规定的会计方法和程序进行处理，并在财务会计报告中予以充分、准确的披露；对于次要的会计事项，在不影响会计信息真实性和不至于误导财务会计报告使用者做出正确判断的前提下，可适当简化处理。

评价某些项目的重要性，很大程度上取决于会计人员的职业判断。一般来说，应当从质和量两个方面综合进行分析。从性质来说，当某一事项有可能对决策产生一定影响时，就属于重要项目；从数量方面来说，当某一项目的数量达到一定规模时，就可能对决策产生影响。

（七）谨慎性

谨慎性原则是指企业在对某项经济业务进行会计核算时，应当遵循谨慎性原则的要求，不得多计资产或收益、少计负债或费用，以有利于企业的长期经营，增强企业的可持续发展能力。

企业的经营活动充满着风险和不确定性，在会计核算工作中坚持谨慎性原则，要求企业在面临不确定因素的情况下进行职业判断时，应当保持必要的谨慎，充分估计到各种风险和损失，既不高估资产或收益，也不低估负债或费用。例如，要求企业定期或者至少于每年年度终了，对可能发生的各项资产损失计提资产减值准备等，就充分体现了谨慎性原则，体现了谨慎性原则对历史成本原则的修正。

企业在对同一经济业务进行会计核算时，如果存在多种会计方法可以选择，谨慎性原则要求企业所选的方法能够低估资产或收益，而相对高估负债或费用，以有利于企业的长期经营，增强企业的可持续发展能力。

（八）及时性原则

及时性原则是指会计核算工作要讲求时效，要求会计处理及时进行，以便会计信息的及时利用。对会计信息，不仅要求真实可靠，而且还在于必须保证时效，及时将会计信息提供给使用者使用。特别是在市场经济条件下，市场瞬息万变，企业竞争日益激烈，各方面对会计信息的及时性要求越来越高。

在会计核算中坚持及时性原则，一是要求及时收集会计信息，就是要求在经济业务发生后，会计人员应及时收集整理各种原始单据；二是要求对会计信息进行加工处理，也就是要求会计人员在收集各种原始单据后，应及时编制记账凭证、登记账簿，并编制会计报表；三是要求及时传递会计信息，将编制出的会计报表传递给会计报表的使用者。

第三节　会计要素及会计等式

会计要素是对会计对象的基本分类，也就是对经济活动及其资金运动所做的基本分类。会计要素既可以为会计分类核算提供基础，也可以为会计报表构筑基本框架。

会计要素的划分一般受诸多因素的影响，如各国的市场环境、会计主体的类别等。因此，世界各国以及国际会计组织对会计要素的划分并不完全相同。在我国，企业与行政事业单位和民间非营利组织的会计要素也并不相同。

根据财政部颁布2006年的《企业会计准则——基本准则》的规定，我国企业的会计要素共有六项，即资产、负债、所有者权益、收入、费用和利润。其中前三项会计要素用来反映企业在一定会计日期的财务状况，后三项会计要素则用来反映企业在一定时期的经营成果。

一、反映企业财务状况的会计要素

企业财务状况是企业资金运动的静态表现，能够在一定程度上表明企业的持续经营能力。反映企业财务状况的会计要素为资产、负债和所有者权益。

（一）资产

1. 资产的定义与特征

资产是指企业过去的交易或者事项形成的、由企业拥有或者控制的、预期会给企业带来经济利益的资源。任何一个企业的经济活动，都离不开一定的资产，如现金、银行存款、原材料、产成品或商品、房屋及建筑物、机器、设备、商标权和专利权等。通常，在不考虑其他因素的情况下，企业在一定会计日期拥有或者控制的资产越多，表明企业的财务状况越好。资产一般具有如下主要特征。

(1) 资产是资源，而且该资源预期会给企业带来经济利益。资源不同于义务，只有资源才可以作为生产要素投入到企业的经济活动中去，并为企业带来经济利益。所谓经济利益，主要是指直接或间接地流入企业的现金或现金等价物。在企业的经济活动中，资源往往能够以直接或间接的方式，单独地或与其他资产组合在一起为企业带来经济利益。资源之所以能够成为资产，正是因为它能够为企业带来经济利益。这就是说，企业拥有或者控制资源的目的是取得经济利益。如果某项资源不能够给企业带来经济利益，它也就不能作为企业的资产。

（2）资产必须由企业拥有或者控制。资产及其带来的经济利益具有很强的排他性，绝大多数情况下，只有当企业拥有资产时，才能够从中获取经济利益。这里的“拥有”，一般是指拥有资产的所有权。然而，在一些情况下，有些资产虽然不为企业所拥有，企业却能够控制这些资产，并且能够排他性地从这些资产中获取经济利益。这里的“控制”，是指企业在承担风险、支付费用的同时，能够支配资产并获取经济利益。

例如，企业以融资租赁方式租入的固定资产，虽然就法律形式而言，承租企业并不拥有其所有权，但从实质上看，由于租赁合同规定的租赁期较长，有时甚至接近于该资产的使用寿命；租赁期满，承租企业一般具有优先购买该资产的选择权；在租赁期内，承租企业有权支配该资产并从中受益。因此，企业以融资租赁方式租入的固定资产，应当视为企业的资产。对于企业以经营租赁方式租入的固定资产，由于企业既不拥有它也不能够控制它，它则不属于企业的资产。

（3）资产是由过去的交易或者事项形成的。过去对应于未来，只有企业过去发生的交易或者事项才可能形成企业的资产。如果企业仅仅是针对未来的某项交易或者事项进行了谈判、签约或规划，尚不能成为企业的资产。这就是说，资产必须是现实的，而不能是预期的。例如，企业已经购买的材料物资属于企业的资产，而拟购的材料物资则不能作为企业的资产。

2. 资产的确认

企业要将某项资源确认为资产，要求该资源首先应当符合资产的定义，其次还应当同时满足以下两个确认条件。

（1）与该资源有关的经济利益很可能流入企业。

（2）该资源的成本或者价值能够可靠地计量。

凡符合企业资产定义和资产确认条件的项目，应当列入企业的资产负债表。如果某个项目仅仅符合资产的定义而不符合资产的确认条件，则不应当列入资产负债表。

3. 资产的分类

企业资产的内容非常丰富，为了详细而具体地反映资产的构成内容，应当对其按照一定的标准进行分类。通常，资产按其流动性或者变现能力，划分为流动资产和非流动资产两大类。

（1）流动资产是指可以在 1 年内或者超过 1 年的一个营业周期内变现或者耗用的资产。流动资产主要包括货币资金、短期投资、应收及预付款项和存货等。

货币资金是指以货币形态而存放于企业、银行或其他金融机构的款项，包括库存现金、银行存款和其他货币资金。货币资金的流动性最强，企业可以用其支付工资、购买材料物资等。短期投资，亦称为交易性金融资产，是指各种能够随时变现、持有时间不准备超过 1 年（含 1 年）的投资，包括股票、债券和基金等。短期投资的变现能力仅次于货币资金，企业通常会利用一些临时闲置的资金进行短期投资，并谋求获取一定的投资收益。

应收及预付款项是指企业在商品购销和劳务供应等活动中发生的各项债权及其他权

利，包括应收票据、应收账款、其他应收款、预付账款和待摊费用等。其中，应收票据、应收账款、其他应收款一般应当由企业在一定时期内收回现金、银行存款等货币资金；预付账款应当由企业在合同约定的日期或时期内收回所购的材料物资等。

存货是指企业在日常活动中持有以备出售的产成品或商品、处在生产过程中的在产品、在生产过程或提供劳务过程中耗用的材料和物资等。存货具有实物形态，它是企业从事生产经营活动不可缺少的物质条件。企业的经济活动不同，其存货的品名、种类也有所不同。制造企业的存货主要有原料、燃料等主要材料和辅助材料，以及在产品和产成品等；商品流通企业的存货则主要有库存商品、包装物和低值易耗品等。

(2) 凡不符合流动资产定义的资产即为非流动资产。非流动资产通常在 1 年以上或超过 1 年的一个营业周期以上才能变现或耗用，包括长期投资、固定资产、无形资产和其他资产等。

长期投资是指不准备或不可能在 1 年内变现的投资，包括长期股权投资、长期债权投资和其他长期投资。通常，为了积累整笔资金或实现控制其他企业等目的，企业以银行存款等方式取得其他单位的股票或债券并准备长期持有，这就会使企业拥有一定的长期投资。

固定资产是指企业为生产商品、提供劳务、出租或经营管理而持有的、使用年限超过一个会计年度的资产。企业的固定资产一般包括房屋及建筑物、机器设备、运输设备和部分工具与器具等。固定资产具有实物形态，但与其他具有实物形态的资产相比，它一般能够在较长时期的使用过程中保持原有实物形态基本不变。企业在生产经营活动中主要是使用固定资产而不是将其用于出售。随着使用以及时间的推移，固定资产的价值将因磨损而逐渐减少。这就需要企业采用一定的方法按期计算固定资产折旧，并将其计入企业的有关费用成本之中。

无形资产是指企业拥有或者控制的没有实物形态的可辨认非货币性资产。企业的无形资产一般包括专利权、非专利技术、商标权、著作权和土地使用权等。企业拥有或者控制无形资产主要是为了生产商品、提供劳务、出租或为达到一定的管理目的。无形资产能够独立或与其他具有实物形态的资产结合在一起为企业带来经济利益。当今社会，企业越来越重视无形资产，其核算与控制也日益重要。

其他资产是指不能包括在流动资产、长期投资、固定资产和无形资产等范围以内的资产，一般包括长期待摊费用和其他长期资产。值得说明的是，之所以在对流动资产与非流动资产的划分中使用了"1 年或超过 1 年的一个营业周期"这一标准，主要是因为在社会生活中，有些企业的生产经营活动比较特殊，其营业周期往往超过 1 年。例如，造船企业、大型机械制造企业等，从其购买原材料至产品生产或建造完工，再从产品销售收入实现到收回货款，所经历的时间一般长于 1 年。如果仅以 1 年作为划分标准，势必不能如实反映其资产的结构及其变现能力。

（二）负债

1. 负债的定义与特征

负债也称债权人权益，是指企业过去的交易或者事项形成的、预期会导致经济利益流出企业的现时义务。任何企业在其经济活动中，都会由于各方面的原因而承担一定的债务，如因借款而欠银行或其他金融机构的款项；因购进货物或接受劳务而欠供货方或劳务供应方的款项；因尚未发放工资而欠职工的款项；因尚未缴纳税金而欠国家的款项等。企业可以适度举债，但在通常情况下，如果企业在一定会计日期的负债过多，则说明企业的财务状况较差。负债一般具有如下特征。

（1）负债是企业承担的现时义务。现时义务与潜在义务相对应，负债是现时义务，不是潜在义务。这表明负债是企业现在所应承担的义务，而不是将来所要承担的义务。例如，银行借款是指企业目前已经积欠银行的款项，而不是将来准备拖欠银行的款项；应交税金是指企业目前已经积欠国家的各种税金，并非将来准备拖欠国家的税金。

（2）负债是由过去的交易或者事项形成的。负债作为现时义务，只能由过去的交易或者事项而产生。凡未来交易或者事项可能给企业形成的义务，并不能确认为企业的负债。例如，短期借款是由于企业过去已经接受了银行或其他金融机构的贷款而形成的负债，如果企业只是签订了贷款合同而并没有收到所接受的贷款，则不会发生短期借款这项负债；再如，应付账款是因为企业采用信用方式已经购买了商品或接受了劳务而形成的负债，如果是在购买商品或接受劳务之前，则不存在相应的应付账款。这就是说，企业不能根据谈判中的交易或者事项以及计划中的经济业务来确认负债。

（3）负债的清偿会导致经济利益流出企业。对于负债，企业不能予以回避，而是应当积极采取措施予以清偿。企业通常以现金、银行存款等货币资金清偿负债。有时，企业也可能以存货、固定资产、无形资产等非货币性资产清偿负债，或者以提供劳务的方式来清偿负债。尽管企业清偿负债的形式多种多样，但任何一种形式下的负债清偿都会导致经济利益流出企业。

在一些特殊情况下，企业的某项负债可能得不到及时清偿，这就需要将该项负债转化为另一项负债，这种转化通常被认为是举新债还旧债。例如，应付票据到期而企业没有足够的资金支付，就需要将其转作应付账款；再如，企业从银行取得借款用以偿还所欠供应方的应付账款等。另外，企业处于资金困难时，也可能与债权人进行债务重组，从而使某项负债全部或部分地得到债权人的豁免或延期。

2. 负债的确认

企业要将某项义务确认为负债，要求该义务首先应当符合负债的定义，其次还应当同时满足以下两个确认条件。

（1）与该义务有关的经济利益很可能流出企业。

（2）未来流出的经济利益的金额能够可靠地计量。

凡符合负债定义和负债确认条件的项目，应当列入资产负债表。如果某个项目仅仅符合负债的定义而不符合负债的确认条件，则不应当列入资产负债表。

3. 负债的分类

企业负债的内容较多，为了反映企业所承担债务的具体情况，并促使企业及时清偿债务，有必要对负债按照一定的标准进行分类。通常，负债按其偿还期限的长短，可划分为流动负债和非流动负债两大类。

（1）流动负债是指将在 1 年（含 1 年）或者超过 1 年的一个营业周期内偿还的债务，包括短期借款、应付及预收款项、应付工资及福利费、应付利息、应付利润或股利、应交税金和其他应交款等。

短期借款是指企业向银行或其他金融机构等借入的、期限在 1 年（含 1 年）以下的各种借款。它一般是企业为维持正常生产经营所需的资金而借入的，或者为抵偿某项债务而借入的款项。

应付及预收款项是指企业在商品购销或劳务供应等活动中发生的各项债务，包括应付票据、应付账款、预收账款、其他应付款和预提费用等。其中，应付票据、应付账款和其他应付款一般应当在一定时期内以现金、银行存款等货币资金进行清偿；预收账款应当按合同约定日期，由企业向购货方发出商品及货物。

应付职工薪酬是指企业按规定应当支付给职工的劳动报酬和应当计提的职工福利费，包括工资和福利费。

应付利息是指企业发行短期债券或分期付息的长期债券以后，按期计提的应付给债券持有人的债券利息。应当注意，企业按期计提的到期一次还本付息的长期债券利息，不属于流动负债。

应付利润或股利是指企业实现利润后，按照净利润的一定比例或数额计算确定的应当支付给投资者的利润或现金股利。

应交税金和其他应交款是指企业按照我国税法及其有关规定计算的、应当在一定期限内缴纳的各种税金或附加。例如，应交增值税、消费税、所得税和教育费附加等。

（2）非流动负债是指偿还期在1年以上或者超过1年的一个营业周期以上的债务，包括长期借款、应付债券和长期应付款等。其中，长期借款是指企业向银行或其他金融机构借入的期限在1年以上的款项。应付债券是指企业因发行1年期以上的债券而产生的长期债务。长期应付款是指企业采用补偿贸易方式引进设备或融资租入固定资产时而产生的长期债务。

（三）所有者权益

1. 所有者权益的定义与特征

所有者权益也称净资产，是指企业资产扣除负债后由企业所有者享有的剩余权益。公司的所有者权益又称为股东权益。通常，在不考虑其他因素的情况下，企业在一定会计日期的净资产越多，说明企业的财务状况越好。所有者权益一般具有如下主要特征。

（1）所有者权益一般不需要企业偿还，但企业发生减资、清算等情况例外。

（2）企业清算时，只有在清偿所有的负债以后，才能将剩余的资产返还给所有者。

（3）所有者权益起初需由所有者投入，而且所有者有权参与企业利润的分配，并需承担企业的经营风险。

（4）随着企业生产经营活动的进行，所有者权益也会因企业利润及其他原因而发生增减变动。

（5）所有者权益的计量需要依赖于资产和负债。因此，从本质上看，所有者权益不是一项独立的会计要素，但仍然应当将其列入企业的资产负债表。

2. 所有者权益的分类

所有者权益按其来源可分为所有者投入的资本、直接计入所有者权益的利得和损失、留存收益三部分。

（1）所有者投入的资本，是指由投资者根据相关法律或公司章程等要求，以货币资金、存货、固定资产和无形资产等资产向企业投入的资金。投资者投入的资本应当按规定在有关部门进行注册登记并形成企业的实收资本（股份公司称为股本）。应当注意，所有者投入资本所发生的溢价，也属于所有者权益，但应当计入资本公积。

(2) 直接计入所有者权益的利得和损失，是指不应当计入当期损益、会导致所有者权益发生增减变动的、与所有者投入资本或者向所有者分配利润无关的利得或者损失。其中：利得是指由企业非日常活动所形成的、会导致所有者权益增加的、与所有者投入资本无关的经济利益的流入；损失是指由企业非日常活动所发生的、会导致所有者权益减少的、与向所有者分配利润无关的经济利益的流出。应当指出，有些利得和损失并不直接计入所有者权益。

(3) 留存收益，是指企业从历年实现的利润中提取或形成的留存于企业内部的积累，包括盈余公积和未分配利润两部分。其中：盈余公积是指企业按照国家规定从净利润中提取的各种积累资金，包括法定盈余公积和任意盈余公积等。未分配利润是指企业实现的净利润经过弥补亏损、提取盈余公积和向投资者分配利润后，留存于企业的历年结存利润。未分配利润通常需要留待以后年度向投资者进行分配。

所有者权益和负债既具有一定的共同点，又具有一定的区别。其共同点主要在于两者均为企业资产的来源。其不同点则主要表现在两个方面：一是负债体现的是企业与债权人的关系，企业应当按期偿还负债，而所有者权益体现的是企业的产权关系，即企业的净资产归谁所有，一般无须偿还；二是债权人不能控制或参与企业财务和经营政策的制定，也无权分享企业的净利润或无须分担其净亏损，而所有者则有权控制或参与企业财务和经营政策的制定，并能分享企业的净利润或需要分担其净亏损。

资产、负债和所有者权益三项会计要素，均是企业资金运动的静态表现。只有当企业的资金在某一时点处于静止不动的状态时，才能核算与控制企业的资产、负债和所有者权益，并通过编制资产负债表而反映企业在一定会计日期的财务状况。

二、反映企业经营成果的会计要素

企业经营成果是企业资金运动的动态表现，经营成果的好坏可以在一定程度上反映企业的经营管理水平的高低与盈利能力的强弱。企业只有持续不断地获取满意的经营成果，才能得以生存和发展。反映企业经营成果的会计要素为收入、费用和利润。

(一) 收入

1. 收入的定义与特征

收入是指企业在日常活动中形成的、会导致所有者权益增加的、与所有者投入资本无关的经济利益的总流入。通常，在不考虑其他因素的情况下，企业在一定会计时期实现的收入越多，企业的经营成果就越好。收入具有广义与狭义之分，狭义的收入一般具有如下特征。

(1) 收入从企业的日常活动中产生，而不是从偶发的交易或者事项中产生。日常活动是指企业为完成其经营目标而从事的所有活动，以及与之相关的其他活动。任何企业都有其自身的日常活动，并且大多数的日常活动都是根据经营目标按计划经常发生的，如制造企业制造和销售产品、商品流通企业从事商品购销、交通运输企业从事货运和客运业务、金融企业从事存款吸收和贷款发放活动等。企业也有一些日常活动并不经常发生，但因其与企业的经营目标有关，所实现的经济利益也应被当作收入，如制造企业出售原材料所带来的经济利益就属于收入。有些交易或者事项虽然也能为企业带来经济利益，但由于不属于企业的日常活动，其流入企业的经济利益也就不属于收入而应当作为利得处理，即作为营业外收入，如制造企业出售固定资产或无形资产取得的净收益等。

（2）收入可能表现为企业资产的增加，或负债的减少，或两者兼而有之。收入为企业带来经济利益的形式多种多样，它可能表现为资产的增加，如采用普通销售方式实现的收入一般表现为银行存款或应收账款等资产的增加；收入也可能表现为负债的减少，如采用预收账款销售方式实现的收入通常表现为预收账款或应付账款等负债的减少；收入还可能表现为两者的组合，如销售实现时，部分冲减预收账款，部分增加银行存款。

（3）收入最终会导致企业所有者权益的增加。由于收入是经济利益的总流入而不是净流入，所以，企业取得收入时一定能够导致所有者权益的增加。但是，收入与相关的费用成本配比之后，其结果可能引起所有者权益的增加，也可能引起所有者权益的减少。这是因为收入有可能大于相关的成本费用，也有可能小于相关的成本费用。

（4）收入只包括本企业经济利益的流入，并不包括本企业为第三方或客户代收的款项。企业在生产经营活动中为第三方或者客户代收的款项，如增值税、代收利息等，一方面增加企业的资产，另一方面增加企业的负债。因此，代收款项并不增加企业的所有者权益，也不属于本企业的经济利益，不能将其作为本企业的收入。

2．收入的确认

收入的确认直接影响到企业的利润，为了如实反映企业的经营成果，企业不得随意调节确认收入的期间。按照规定，收入只有在经济利益很可能流入从而导致企业资产增加或者负债减少，而且经济利益的流入额能够可靠计量时才能予以确认。收入包括的内容很多，如销售商品收入、提供劳务收入和让渡资产使用权收入等。不同内容的收入，其确认的具体条件也有所不同。凡符合收入定义和收入确认条件的项目，均应当列入企业的利润表。

3．收入的分类

收入通常可以按照企业所从事日常活动的性质进行分类，也可以按照企业经营业务的主次进行分类。

（1）按照企业所从事日常活动的性质，收入可分为销售商品收入、提供劳务收入和让渡资产使用权所取得的收入三类。其中，销售商品收入是指企业向购货方出售所生产的产品，或所购买的商品、材料而实现的收入，如制造企业出售产品或材料的收入、商品流通企业出售库存商品的收入等；提供劳务收入是指企业为他人提供运输、加工、修理、修配及旅游、餐饮、中介等劳务活动而实现的收入，如委托加工收入、中介服务收入等；让渡资产使用权收入是指企业向他人转让本企业资产使用权而非所有权所实现的收入，如出租固定资产或无形资产的租金收入、利息收入等。

（2）按照企业经营业务的主次，收入可分为主营业务收入和其他业务收入两类。其中，主营业务收入是指企业为完成其经营目标而在日常活动的主要项目中所实现的收入，不同行业的主营业务收入因其经营范围不同而有所不同，如制造企业的主营业务收入是产品销售收入，商品流通企业的主营业务收入是商品销售收入，交通运输企业的主营业务收入是营运收入，金融企业的主营业务收入则是利息收入；其他业务收入是指企业在主营业务以外的其他日常活动中所实现的收入，如制造企业销售材料的收入、出租固定资产或无形资产的收入等。应当指出，随着企业经营范围的扩大，主营业务收入与其他业务收入的区分已不再明显，应当将其统称为营业收入。广义的收入一般还包括企业在生产经营活动中因偶发交易或者事项而取得的利得。

（二）费用

1. 费用的定义与特征

费用是指企业在日常活动中形成的，会导致所有者权益减少的，与向所有者分配利润无关的经济利益的总流出。通常，在不考虑其他因素的情况下，企业在一定会计时期发生的费用越多，企业的经营成果就越差。费用具有广义和狭义之分，狭义的费用一般具有如下特征。

（1）费用是企业在日常活动中发生的经济利益的流出。企业在日常活动中为了获取一定的收入，必然要发生各种物化劳动和活劳动的耗费，即消耗一定的人力、物力和财力，如制造企业为生产产品所消耗的原材料、使用的机器设备、支付的工资、负担的借款利息和缴纳的税金等。因此，从本质上看，费用是企业生产经营活动中垫付的资金，费用的发生会导致企业经济利益的流出，但这种流出可以从企业收入中得到抵补。有些交易或者事项虽然也能使企业发生耗费，但由于不属于企业的日常活动，其经济利益的流出就不属于企业的费用而应当作为损失处理，如企业出售固定资产或无形资产发生的净损失、非正常原因造成的存货损失、违反相关规定而支付的罚款等。

（2）费用可能表现为资产的减少，或负债的增加，或两者兼而有之。费用与收入相配比，其发生形式多种多样。费用的发生可能表现为资产的减少，如企业支付当期水电费会引起银行存款的减少；费用的发生也可能表现为负债的增加，如企业预提短期借款利息会使预提费用增加；费用的发生还可能表现为两者的结合，如企业当期发生的水电费部分以银行存款支付，部分暂欠形成其他应付款。

（3）费用最终会导致企业所有者权益的减少。费用与收入配比的结果即为企业在经营活动中取得的盈利。所以，在不考虑其他因素的情况下，费用越多，企业的盈利就越少。从这个意义上讲，费用与收入相对应，最终会导致企业所有者权益的减少。

2. 费用的确认

费用的确认直接会影响企业的利润，为了如实反映企业的经营成果，企业不得随意调节费用的确认期间。按照规定，费用只有在经济利益很可能流出，从而导致企业资产减少或者负债增加，并且经济利益的流出额能够可靠计量时，才能予以确认。凡符合费用定义和费用确认条件的项目，应当列入企业的利润表。

3. 费用的分类

费用可以按照不同的标志进行分类。通常，按照企业发生费用的经济用途不同，其可划分为生产费用和期间费用两大类。

（1）生产费用是指企业为生产一定种类和数量的产品而发生的各种资金耗费。生产费用应当计入产品成本，所以也称之为产品的生产成本。它包括直接材料、直接人工和制造费用。

（2）期间费用是指不计入产品成本而需直接计入当期损益的费用，包括销售费用、管理费用和财务费用三项。

如果企业发生的支出不能够产生经济利益，或者即使能够产生经济利益但不符合或者不再符合资产确认条件的，应当在发生时确认为费用并计入当期损益。如果企业发生的交易或者事项导致其承担了一项负债而又不能确认为一项资产的，也应当在发生时确认为费用并计入当期损益。广义的费用一般还包括企业在生产经营活动中因偶发的交易或者事项而发生的损失。

（三）利润

1. 利润的定义与特征

利润是指企业在一定会计期间的经营成果。利润包括收入减去费用后的净额、直接计入当期利润的利得和损失等。通常，在不考虑其他因素的情况下，企业在一定会计期间实现的利润越多，说明企业的经营成果越好。利润具有如下主要特征。

(1) 利润的形成主要依赖于收入和费用的发生，因而利润不属于一项独立的会计要素，但利润项目应当列入企业的利润表。

(2) 由于会计的确认基础为权责发生制，所以实现利润并不完全等同于取得货币资金。

(3) 利润的本质属于企业的所有者权益。

(4) 利润应当进行分配，如为亏损则应当予以弥补。

2. 利润的层次

利润按其来源及列报程序，可以分为如下四个层次。

(1) 主营业务利润是指企业在主要的生产经营活动中所实现的利润。它是主营业务收入与主营业务成本、主营业务税金及附加相抵以后的差额。

(2) 营业利润是指企业的主营业务利润加上其他业务利润，再减去期间费用后的差额。其中，其他业务利润是指企业在主要生产经营活动以外的其他业务中所产生的利润，它等于其他业务收入减去其他业务支出后的差额。应当指出，企业如果不再区分主营业务收入和其他业务收入，则不必计算主营业务利润，而应当直接确定营业利润，同时，使利润的层次减少为三个。

(3) 利润总额是指企业的营业利润加上投资收益、补贴收入和营业外收入，再减去营业外支出后的差额。其中，投资收益是指企业在对外投资活动中所取得的投资净收益，即投资收益与投资损失的差额；补贴收入是指企业按国家有关规定收到的增值税返还、定额补贴或财政扶持款等收入；营业外收入是指企业发生的与其生产经营活动无直接关系的各项收入，如固定资产盘盈、罚款收入等；营业外支出是指企业发生的与其生产经营无直接关系的各项支出，如固定资产盘亏、捐赠支出、罚款支出和非常损失等。企业在确认一定时期的利润总额时不需考虑当期的所得税费用。因此，利润总额也被称为税前利润。

(4) 净利润是指企业的利润总额减去所得税后的差额，即企业的税后利润。其中，所得税是指企业按规定计算当期应交所得税时计入当期的所得税费用。收入、费用和利润三项会计要素，均属于时期要素或动态要素。也就是说，收入、费用和利润是企业资金运动在一定会计时期的动态表现，三者结合起来并通过编制利润表可以反映企业在一定会计时期的经营成果。

三、会计等式

以上会计要素反映了资金运动的静态和动态两个方面，表现为以下两个等式。

(1) 静态会计等式：资产＝负债＋所有者权益

资产来源于权益，两者必然相等。企业为了实现其经营目的，需要拥有一定数量与结构的、具有未来经济效益的经济资源，这些经济资源表现为资产。而企业资产的来源渠道不外乎两种：一种是由债权人提供，另一种是由所有者提供。

企业的债权人和所有者既然为企业提供了全部的资产，就应该对企业的资产享有要求权。这种对企业资产的要求权，在会计上总称为权益，其中属于债权人的部分称为“负债”，属于所有者的部分称为“所有者权益”。

可见，资产表明企业拥有什么经济资源和拥有多少经济资源，权益则表明谁提供了这些经济资源。资产与权益之间存在着相互依存的关系。没有资产就没有权益，同样，企业所拥有的资产也不能脱离权益而存在。在某一个特定时间，从相对静止状态来看，资产总额与负债及所有者权益总额必然相等。

资产、负债及所有者权益是资金运动相对静止状态的会计要素。它们存在的恒等关系是复式记账的理论基础和编制资产负债表的依据。

（2）动态会计等式：收入－费用＝利润

企业在一定时期内所获得的收入扣除所发生的各项费用后，即表现为利润。收入、费用及利润构成利润表的基本框架。企业的各项资产发生一定的耗费，生产出特定种类和数量的产品，产品销售后获得货币收入，收支相抵后确认为当期损益。因此，收入、费用及利润是资金运动显著变动状态的要素。

上述会计等式是对各会计要素的内在经济关系利用数学公式所做的概括表达。会计等式随着企业经营所处的期间不同存在着不同的表达形式。在企业经营初期，由于会计要素只有资产、负债和所有者权益，因此其公式为：资产＝负债＋所有者权益。

随着企业的收入和费用的逐步发生，就会出现“收入－费用＝利润”这一反映经营成果的会计等式，将其与期初会计等式合并后有如下等式：资产＝负债＋所有者权益＋（收入－费用）。

这是一个既体现企业财务状况，又反映财务成果的综合会计等式。到了会计期末，利润按规定进行分配和归属后，有些减少了企业的资产，有些暂未减少企业资产而形成企业负债，有些未减少企业资产而增加了所有者权益。因此，会计等式将重新变为：资产＝负债＋所有者权益。这个期末会计等式就是下期期初会计等式。

第四节 会计科目和账户

一、会计科目

（一）设置会计科目的意义

企业在生产经营过程中，会发生许许多多不同的经济业务。这些经济业务的发生必然会引起会计要素发生增减变化。前面我们已经分析了涉及各个会计要素的基本经济业务类型。但是由于经济业务的错综复杂，涉及同一会计要素的经济业务，往往具有不同的性质和内容。例如：企业购买材料和企业购置固定资产这两项经济业务，虽然都是只涉及资产这一会计要素，而且都是一项资产增加、一项资产减少的经济业务，但同属于资产增加的材料和固定资产，不论是它们的经济内容还是用途以及在生产经营中价值的转移方式等均不相同，在会计核算中有必要将它们区分开来。再如企业赊购材料形成的应付账款和企业借入长期借款，虽然同属负债，但它们形成的原因及偿还期限等也各不相同。因此，我们单单按会计要素分类还不能准确、完整地对经济业务进行反映，还必须对会计要素的具体内容进行分类。这种对会计要素的具体内容进行分类核算的项目，叫会计科目。我们在设置会计科目时，通常是将会计对象中具体内容相同的归为一类，设立一个会计科目，并且为每一会计科目规定一个简单明了的名称，并对其核算的经济内容和范围做出限定。可见，设置会计科目就是根据会计要素的具体内容和经济管理的要求，事先规定分类核算项目的一种专门的方法。通过设置会计科目，我们可以将纷繁复杂的经济业务转变为有一定规律的可以加以识别的经济信息，通过加工整理形成各有关方面需要的会计信息，以满足决策和经营管理的需要。

（二）设置会计科目的原则

设置会计科目是会计核算的专门方法之一，为了更好地发挥会计科目的作用，设置会计科目时，要遵循以下几项原则。

（1）设置会计科目必须适应会计核算对象的特点，符合经济管理的要求。设置会计科目是为了系统地、分门别类地反映企业的经济活动。由于企业经营性质不同，其经济业务的特点也各异，所以必须结合企业的特点来设置相应的会计科目。例如：在成本费用核算方面，工业企业应设置“生产成本”“制造费用”等会计科目，而施工企业则应设置“工程施工”“机械作业”等会计科目。如果企业的规模大小不同，会计科目设置的简繁还应与其规模相适应。设置会计科目不仅要适应会计核算对象的特点，而且要符合经济管理的要求，这包括三个方面内容：一是要符合国家宏观经济管理的要求，根据宏观经济管理的要求来设置会计科目；二是要符合企业内部经营管理的要求，为企业的经营预测、决策和管理服务；三是要符合包括投资者在内的有关各方面了解企业生产经营情况的要求。例如：为了反映企业投入资本的情况，可设置“实收资本”会计科目；为了反映企业债务情况，可设置“短期借款”“长期借款”等会计科目。

（2）设置会计科目要简明适用、含义确切。设置会计科目是为了满足经济管理的需要，应当简明适用。例如：企业的劳动资料有厂房、机器设备等，数量多价值大，但增减变动并不频繁，所以我们只要设置一个“固定资产”会计科目进行核算就可以满足管理的需要了。另外，会计科目作为分类核算的标识，要求在实际工作中正确无误地加以运用，这就要求所设置的会计科目的名称应当含义明确、定义相符、通俗易懂，能恰当地表达出会计科目所反映的经济内容，以避免误解和混淆。同时，对会计科目的使用说明应简单明确，避免拖泥带水和科目使用范围的不确定性；对已设置的会计科目应保持相对稳定，不要经常变动会计科目的名称、内容、编号等，以保持所反映的会计核算资料的可比性。

（3）设置会计科目应贯彻统一性和灵活性相结合的原则。由于国家宏观经济管理的需要，设置的会计科目应符合国家统一汇总报表的要求，在会计科目的名称、会计科目所反映的内容、反映的方法方面应尽量统一。现行的会计科目一般由财政部统一规定。凡是各行各业共有的经济业务，一般都应设置相同的会计科目，如货币资金的核算都设置“现金”“银行存款”等会计科目；企业的对外投资，都设置“短期投资”“长期投资”等会计科目。由于各个企业的经济业务千差万别，因此在会计核算上难以强求一致，所以在会计科目设置上要有一定的灵活性。企业可以根据实际需要，对统一规定的会计科目做必要的增减或合并。如在工业企业会计核算中设置“预付账款”和“预收账款”会计科目，如果企业没有这方面的业务则可不必设置；如果这些业务很少，也可以合并在“应收账款”和“应付账款”科目中进行核算。贯彻统一性和灵活性相结合的原则设置会计科目，实际上就是保证会计信息的有用性。在具体工作时要防止两种倾向：一是要防止会计科目过于简单化，过于简单就不能满足经济管理的要求；二是要防止会计科目过于烦琐，如果核算资料超过要求，就会不合理地加大会计核算的工作量，造成人力等不必要的浪费。因此，要根据需要使所设置的会计科目形成一个科学的、严密的科目体系。

（三）会计科目的分类

正确使用会计科目，需要对会计科目进行分类。会计科目的分类是按照不同的标准对会计科目所进行的归类。会计科目的分类一般有以下几种。

1. 按照会计报表要素分类

会计科目按会计报表要素不同可分为：资产类、负债类、所有者权益类、成本类、损益类等。按会计报表要素进行分类实质上就是按会计科目所反映的经济内容进行分类。这种分类方法便于明确应当设置哪些会计科目来核算和监督会计内容，同时也利于取得编制会计报表所需的综合的会计核算资料。

2. 按会计科目提供核算指标的详细程度分类

会计科目按其提供核算指标的详细程度，可以分为总分类科目和明细分类科目两大类。总分类科目又称为“总账科目”或“一级科目”，是对经济业务的不同内容进行总括的分类。它所提供的总括性核算指标，必须以货币作为统一的计量单位，这些总括性指标基本上能满足企业外部有关方面的需要。明细分类科目又称“明细科目”或“细目”，是对总分类科目进一步的分类。它所提供的明细分类指标，除了以货币为计量单位外，有时还需要使用实物数量或其他计量单位，这些明细核算指标，主要是为企业内部经营管理服务的。有些总分类科目所统驭的明细科目数量很多，可以将相同性质的各个明细分类科目进行归集，设置“二级科目”。二级科目是介于总分类科目和明细分类科目之间的科目，又称“子目”。

例如，工业企业可以在“原材料”这个总分类科目下，设置“原料及主要材料”“燃料”“辅助材料”等二级科目，在每个二级科目下，再按材料的品种、规格设置明细科目。如在“燃料”这个二级科目下，设置“柴油”“煤炭”等明细科目。会计科目按提供指标的详细程度进行分类，主要是为了满足企业内部经营管理和企业外部有关方面对会计信息的不同需求。一般来说，企业对外只需提供比较综合的数据资料，以便会计信息的使用者能够概括地了解企业的财务状况和经营成果等，而企业内部经营管理则需要会计提供尽可能详细、具体的核算资料。

3. 会计科目按与资产负债表关系分类

按照与资产负债表的关系，会计科目可以分为表内科目和表外科目两类。表内科目又称“基本科目”，所反映的数字包括在资产负债表内有关项目中，各科目之间发生对应关系。表外科目称“备查科目”，所反映的数字不包括在资产负债表内有关项目中，通常用补充资料或表外项目的方式在有关报表中反映。表外科目采用单式记账法进行登记，各科目之间不发生对应关系，可以用货币单位记录，也可以用其他计量单位记录。常用的表外科目有：租入固定资产、代管商品材料、代管政府物资等。

(四) 会计科目的编号

为了便于识别会计科目的差别，便于掌握和运用会计科目，便于实行会计电算化，要求对会计科目进行统一的编号。例如，工业企业会计制度对总分类科目规定了四位数编号，第一位数字表示资产、负债、所有者权益、成本、损益类科目等大类；第二位数字“0、1、2、3…”表示中分类，如“0”表示货币资金类；第三、第四位数字表示科目的分类本身。

例如：“1001”编号，其中第一位数字“1”表示资产类科目，第二位数字“0”表示货币资金类，后两位数字“01”表示现金（一级科目），如为“02”则表示“银行存款”科目，以此类推。可见，在这种编号中，第一位数字从“1”到“5”，分别是：1——资产类，2——负债类，3——所有者权益类，4——成本类，5——损益类。第三、四位数字分别按各类会计科目的特点顺序排列，中间适当留有空号，以利增设科目之用。对于明细分类科目的编号，一般是在总分类科目编号的后面增加一位或两位数字，并在两者之间加一“点”，连在一起表示明细分类科目本身。例如：“1601·01”编号，表示的是“1”——资产类，“6”表示固定资产类，“01”——固定资产，“01”——房屋类。这个编号就是表示企业房屋类的固定资产。为了保证会计核算所提供的指标在国民经济各部门口径一致，便于有关部门对会计指标的逐级汇总和分析利用，便于各类投资者了解企业经营状况，财政部统一制定了行业会计制度，统一规定了一级会计科目和必要的明细科目，企业单位根据本企业的实际情况对会计科目做适当的增减或合并。企业在填制会计凭证、登记账簿时，应填制会计科目的名称，或者同时填列会计科目的名称和编号，不应只填会计科目编号，不填会计科目名称。

企业常用的会计科目如表 1-2 所示。

表 1-2 制造企业会计科目名称表

序号	编号	会计科目名称	序号	编号	会计科目名称	序号	编号	会计科目名称
		一、资产类	33	1603	固定资产减值准备	64	3201	套期工具
1	1001	库存现金	34	1604	在建工程	65	3202	被套期项目
2	1002	银行存款	35	1605	工程物资			四、所有者权益类
3	1012	其他货币资金	36	1606	固定资产清理	66	4001	实收资本
4	1101	交易性金融资产	37	1701	无形资产	67	4002	资本公积
5	1121	应收票据	38	1702	累计摊销	68	4101	盈余公积
6	1122	应收账款	39	1703	无形资产减值准备	69	4103	本年利润
7	1123	预付账款	40	1711	商誉	70	4104	利润分配
8	1131	应收股利	41	1801	长期待摊费用	71	4201	库存股
9	1132	应收利息	42	1811	递延所得税资产			五、成本类
10	1221	其他应收款	43	1901	待处理财产损溢	72	5001	生产成本
11	1231	坏账准备			二、负债类	73	5101	制造费用

（续表）

序号	编号	会计科目名称	序号	编号	会计科目名称	序号	编号	会计科目名称
12	1321	代理业务资产	44	2001	短期借款	74	5103	待摊进货费用
13	1401	材料采购	45	2101	交易性金融负债	75	5201	劳务成本
14	1402	在途物质	46	2201	应付票据	76	5301	研发支出
15	1403	原材料	47	2202	应付账款			六、损益类
16	1404	材料成本差异	48	2205	预收账款	77	6001	主营业务收入
17	1405	库存商品	49	2211	应付职工薪酬	78	6051	其他业务收入
18	1406	发出商品	50	2221	应交税费	79	6101	公允价值变动损益
19	1410	商品进销差价	51	2231	应付利息	80	6111	投资损益
20	1411	委托加工物资	52	2232	应付股利	81	6301	营业外收入
21	1412	包装物及低值易耗品	53	2241	其他应付款	82	6401	主营业务成本
22	1461	存货跌价准备	54	2314	代理业务负债	83	6402	其他业务成本
23	1501	持有至到期投资	55	2401	递延收益	84	6403	营业税金及附加
24	1502	持有至到期投资减值准备	56	2501	长期借款	85	6601	销售费用
25	1503	可供出售金融资产	57	2502	应付债券	86	6602	管理费用
26	1511	长期股权投资	58	2701	长期应付款	87	6603	财务费用
27	1512	长期股权投资减值准备	59	2702	未确认融资费用	88	6604	勘探费用
28	1521	投资性房地产	60	2711	专项应付款	89	6701	资产减值损失
29	1531	长期应收款	61	2801	预计负债	90	6711	营业外支出
30	1541	未实现融资收益	62	2901	递延所得税负债	91	6801	所得税费用
31	1601	固定资产			三、共同类	92	6901	以前年度损益调整
32	1602	累计折旧	63	3101	衍生工具			

二、账户

（一）账户的概念

账户是根据规定的会计科目开设的，用来记录各个会计科目所反映的经济内容的具体格式。设置会计科目只是对会计内容进行分类，规定每一类的名称。但是，如果只有分类的名称，而没有一定的格式，还不能把发生的经济业务连续地、系统地记录下来，以形成有用的会计信息。所以，我们必须根据所设置的会计科目开设相应的账户。账户以会计科目作为它的名称，并且有一定的结构，即格式。

设置账户是会计核算的一种专门方法。设置账户有利于加强企业的核算和管理，便于记清账目，可以完整地提供所需的各种会计核算资料。例如，要了解企业原材料的收、发、余等情况，就需要根据规定的会计科目设置“原材料”总分类账户和明细分类账户，通过“原材料”总分类账及其所属明细分类账的记录，就可以随时掌握企业原材料的增减变化及其结存情况了。

（二）账户的基本结构

账户是用来记录经济业务的，不但要有明确的核算内容，而且还要有一定的结构。由于经济业务的发生引起各项会计要素的变动，虽然错综复杂，但从数量上看，不外乎是增加和减少两种情况，因此用来分类记录经济业务的账户，在结构上也相应地分为两个基本部分，用以分别记录各会计要素的增加和减少的数额。账户的基本结构，通常划分为左、右两方，一方登记增加额，另一方登记减少额。每一方再根据实际需要分为若干栏次，用以分类登记经济业务及其会计要素的具体内容的增减变动及其变动的结果。账户的具体格式有多种多样，但其基本结构一般应包含下列内容。

（1）账户的名称，即会计科目。

（2）日期和摘要，即经济业务发生的日期和摘要说明经济业务的内容。

（3）凭证号数，即账户记录的依据。

（4）增加和减少的金额及余额。

账户基本格式如表 1－3 所示。

表 1－3　账户名称（会计科目）

日　期	凭证号数	摘　要	金　额	
			借	贷

上列账户左右两方的金额栏，一方登记增加额，另一方登记减少额。增减金额相抵后的差额，叫作账户余额。余额按其表现的时间不同，分为期初余额和期末余额。因此，账户记录可提供期初余额、本期增加额、本期减少额和期末余额四个核算指标。本期增加额是指在一定的会计期间（月份、季度或年度），账户所登记的增加金额的合计数，也叫本期增加发生额。期初余额加上本期减少额是指在一定会计期间账户所登记的减少金额的合计数，也叫本期减少发生额。本期增加发生额和本期减少发生额相抵后的差额就是本期的期末余额。本期的期末余额转入下一期，就是下一期的期初余额。账户的期初余额和期末余额是静态指标，反映有关会计要素的具体内容增减变动的结果。而账户的本期增加发生额和减少发生额是动态指标，它反映有关会计要素的具体内容的增减变动情况。上述四项指标的关系，可以用下列公式来表示：

期末余额＝期初余额＋本期增加发生额－本期减少发生额

账户的左右两方是按相反方向来记录增加额和减少额的。也就是说，如果左方记录增加额，那么右方就应该记录减少额；反之，亦然。在具体账户中究竟规定哪一方登记增加额，哪一方登记减少额，这要取决于各账户本身的性质了。账户的余额一般与记录的增加额在同一方向。为了便于说明，一般将上列账户左右两方有关栏次省略了，而用简化的账户格式，即“T”形账户来表示。“T”形账户的形式如图 1-1 所示。

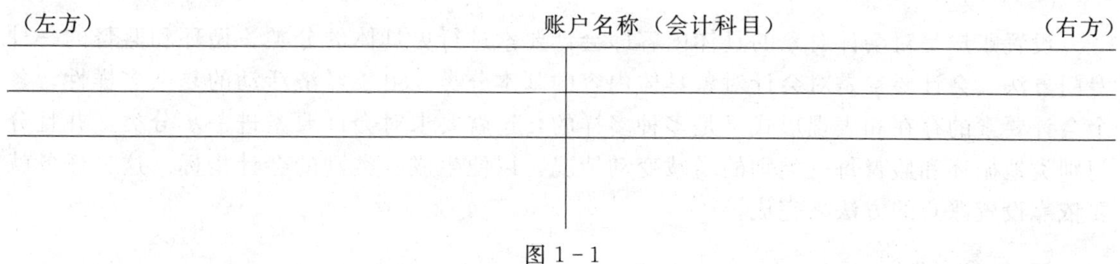

图 1-1

（三）账户与会计科目的关系

账户与会计科目是两个既有区别又相互联系的不同概念。其共同点都是对会计对象的具体内容进行的分类，二者口径一致，即会计科目所包括的经济内容和范围，也就是相对应的账户所记录的经济内容和范围。但是，账户和会计科目是有区别的。

(1) 从特征上看，会计科目只是对会计对象具体内容进行分类的标志，是静态的特征。而账户是依据会计科目开设的，不但反映经济内容的类别，而且还要记录经济业务的增减变动及其结果，是动态的特征。

(2) 从形式上看，会计科目是账户的名称，它只表明经济业务的具体内容，而不能提供有关经济指标。而账户不仅有其名称，而且有具体的结构，能以一定的格式记录经济业务的变动及其结果，提供会计核算指标。

(3) 从作用上看，会计科目是为填制会计凭证和开设账户用的。账户则是用来记录经济业务、提供经济指标及为填制会计报表提供依据。可见，账户与会计科目是既有区别又密切相关的。会计科目是账户的名称，会计科目离开了账户，不能反映出会计信息。账户是根据会计科目开设的，账户离开了会计科目便不能称其为账户了。所以，会计科目是账户的基础，而账户则是会计科目的延伸和发展。二者共同构成会计核算的方法之一，缺一不可。

第五节　会计循环

一、会计循环的内涵

会计循环又称会计核算。它是通过计量、计算、记录与登记，提供有用的会计信息，是整个会计工作的基础。会计信息起始于商业交易的初始记录，包括正式的财务报表的编制（合计资产、负债和所有者权益）。这个循环意味着这些程序必须持续重复，在合理的会计期间准备新的、更新的财务报表。会计循环是在经济业务事项发生时，从填制和审核会计凭证开始，到登记账簿，直至编制财务会计报告，即完成一个会计期间会计循环工作的过程。

在连续的会计期间，这个过程周而复始地不断循环进行。

二、会计循环的专门方法

会计循环的专门方法有七个，包括设置账户、复式记账、填制和审核会计凭证、登记账簿、成本计算、财产清查和编制会计报表。

（一）设置账户

设置账户是对会计对象的具体内容即会计要素进行更具体的分类、循环和监督的一种专门方法。会计要素是对会计对象具体内容的基本分类。由于经济活动的复杂多样性，各个会计要素的存在和表现形式又是多种多样的，这就要求对会计要素进一步分类，并且分门别类地循环和监督每一类别的增减变动情况，以便生成各类别的会计指标。这一任务就要依靠设置账户的方法来完成。

（二）复式记账

复式记账就是对任何一项经济业务（会计事项，西方通常叫交易）都必须以相等的金额同时在两个或两个以上相互联系的账户中进行登记。它是记录经济业务的一种方法，而且是一种比较完善、科学的记账方法。采用这种方法使每项经营业务所涉及的账户发生对应关系，通过账户的平衡关系，可以检查有关经营业务的记录是否正确，了解每笔经济业务的来龙去脉，掌握经济活动的全过程。从单式记账过渡到复式记账，是会计史上一次伟大的革命。

（三）填制和审核会计凭证

会计凭证是用来记录经济业务、明确经济责任的书面证明，是会计信息资料的最初载体，是登记账簿的依据。会计凭证分为原始凭证和记账凭证。每发生一笔经济业务，都应该取得和填制原始凭证，将原始凭证审核无误后，根据复式记账原理，将经济业务的内容填制在记账凭证上，作为登记账簿的依据。会计凭证的填制和审核，可以为会计循环提供真实可靠、合理合法的原始依据，它是保证会计循环质量、实行会计监督的重要手段。

（四）登记账簿

登记账簿就是根据审核无误的会计凭证在账簿上连续、完整、系统地记录和反映经济业务的一种方法。登记账簿必须以凭证为依据，利用账户和复式记账方法，把经济业务分门别类地登记到账簿中去，并定期对账和结账，以便为编制会计报表提供完整而有序的会计数据。登记账簿是会计循环的主要方法。

（五）成本计算

成本计算实际上是一种会计计量活动，它所要解决的是会计循环对象的货币计价问题，因此广义的成本计算存在于各种经济活动之中。任何一项经济活动只要纳入会计的循环系统，就都有一个货币计价问题，而货币计价也就是确定用何种成本入账的问题。所谓成本计算就是对企业生产经营过程中发生的各项费用按照一定的对象和标准进行归集和分配，借以计算确定各对象的总成本和单位成本的一种方法。通过成本计算，我们可以监督企业生产经营过程中所发生的各项费用是否符合节约的原则，以便采取措施，挖掘潜力，降低消耗，节约费用，降低成本，提高经济效益。

（六）财产清查

财产清查是通过盘点实物，核实账面数额，保证账实相符的一种方法。在财产清查中，如发现财产物资的实存数与账面数不一致，应查明原因，通过一定审批手续进行必要处理，并及时调整账簿记录，使账面数额与实际数额保持一致，以保证会计循环指标的正确性和真实性。财产清查对于保证会计循环资料的正确性和监督财产的安全性具有重要的作用。

（七）编制会计报表

编制会计报表是定期总括地反映企业活动的情况、考核计划执行结果的一种专门方法。会计报表是一整套完整的报表体系。按照国际惯例，我国对外报送的会计报表主要包括资产负债表、利润表和现金流量表。成本报表属于企业的商业秘密，只供企业经营管理人员内部管理之用。会计报表所提供的各项指标，不仅是考核、分析财务计划的重要依据，也是会计检查的重要依据。

以上各种会计循环方法是相互联系、密切结合的，形成一个统一完整的会计循环方法体系。正确而有效地运用这一套方法，对做好会计循环工作，提高会计管理质量有重要的作用。

经济业务发生后，首先由业务人员编制和取得原始凭证；再由会计人员根据有关财务管理规定，认真加以审核整理，按照所设置的账户，运用复式记账方法，填制记账凭证并据以登记账簿，对于生产经营过程中发生的各种费用以及各种需要确定成本构成的业务进行计算；在会计期间结束时，定期进行结算，通过财产清查将账面金额和实存数进行核对，核对无误后结账；在此基础上，定期编制会计报表。

在会计循环方法体系中，这些重要的工作程序和工作过程可归结为三个环节，即填制会计凭证、登记会计账簿和编制会计报表。通常，这一循环程序被称为会计循环，见图1－2。

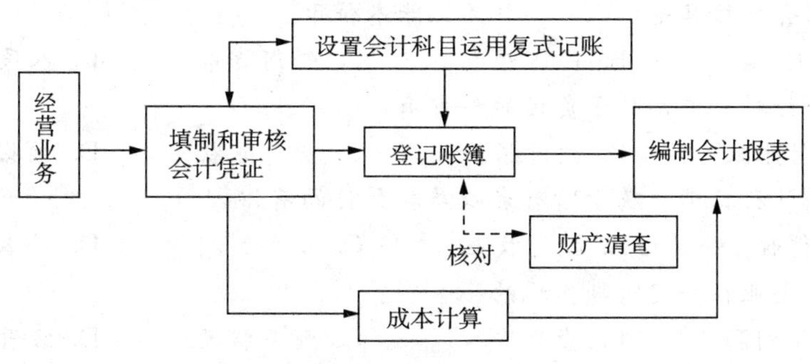

图 1－2　会计循环的一般过程

复习思考题与练习题

一、复习思考题

1. 会计有哪些基本职能，各自有何基本特点？

2. 何谓会计对象？企业会计对象应包括哪些具体内容？

3. 什么是会计要素？试述六大会计要素各自的概念、基本特征及分类。

4. 会计核算主要有哪些专门方法？它们之间关系如何？

5. 何谓会计等式？会计等式的表现形式主要有哪几种？

6.“资产＝负债＋所有者权益”与“收入－费用＝利润”这两个会计等式的相互关系如何？为什么？

二、练习题

1. 判断题

(1) 会计的基本职能是反映与控制，而会计控制是会计反映的前提与继续。（ ）

(2) 会计对象是社会经济活动的所有方面。（ ）

(3) 会计只能以货币计量进行反映和控制。（ ）

(4) 会计的方法概括地讲就是记账、算账和报账的方法。（ ）

2. 选择题

(1) 会计核算的主要计量单位是( )。

A. 货币计量单位　B. 实物计量单位　C. 劳动计量单位　D. 时间计量单位

(2) 会计的基本职能有( )。

A. 核算　B. 决策　C. 检查　D. 监督

(3) 会计假设包括( )。

A. 会计主体假设　B. 持续经营假设　C. 会计期间假设　D. 货币计量假设

(4) 对会计活动空间范围所做的假设是( )。

A. 会计主体假设　B. 持续经营假设　C. 会计期间假设　D. 货币计量假设

(5) 对会计活动期间所做的假设是( )。

A. 会计主体假设　B. 持续经营假设　C. 会计期间假设　D. 货币计量假设

(6) 我国的会计核算是以( )作为记账本位币。

A. 美元　B. 任何外币　C. 任何货币　D. 人民币

(7) 下列会计科目中，属于负债的科目有( )。

A. 应付账款　B. 预付账款　C. 应收账款　D. 预收账款

(8) 下列会计科目中，属于所有者权益类科目的有( )。

A. 所得税　B. 投资收益　C. 本年利润　D. 资本公积

(9) 利润是企业在一定时期实现的( )。

A. 营业利润　B. 营业收入　C. 财务状况　D. 经营成果

(10) 资产可以是( )。

A. 实物形态　B. 非实物形态　C. 货币形态　D. 非货币形态

3. 业务题

习题一

［资料］

项目	会计要素
(1) 实收资本	A. 资产
(2) 主营业务收入	
(3) 管理费用	B. 负债
(4) 应收账款	
(5) 商标权	C. 所有者权益
(6) 投资净收益	

(7) 应付职工薪酬　　D. 收入
(8) 盈余公积　　E. 费用
(9) 应付债务
(10) 预收账款　　F. 利润

[要求] 用直线连接有关项目所归属的会计要素。

习题二

[资料]

天伟公司某年10月发生的部分经济业务资料如下。

(1) 销售天大公司商品一批，销售价款100 000元，增值税销项税额17 000元，价款和增值税额均未收到。

(2) 收到天远公司汇来上月购货欠款234 000元，其中增值税销项税额34 000元，款项收妥存入银行。

(3) 根据合同规定，预收天发公司订货款50 000元，款项存入银行。

(4) 销售天兴公司商品一批，销售价款300 000元，增值税销项税额51 000元，以上款项均已收到存入银行。

(5) 销售天利公司商品一批，销售价款150 000元，增值税销项税额25 500元，价款和增值税额按合同规定已在9月份全部预收。

[要求]

(1) 根据上述资料按权责发生制分别分析上述业务是否确认收入。

(2) 根据上述资料按收付实现制分别分析上述业务是否确认收入。

4. 简述会计循环图。

第二章 复式记账

【知识目标】

了解复式记账原理、单式记账法、复式记账法、借贷记账法的账户结构、借贷记账法的记账规则、借贷记账法的试算平衡、总分类账户和明细分类账户的平行登记。

【能力目标】

能够正确理解复式记账法的特点、借贷记账法的产生与发展、账户的对应关系、会计分录、设置总分类账户和明细分类账户的意义。

掌握复式记账法的理论基础、借贷记账法的概念与理论依据、总分类账户和明细分类账户的关系。

第一节 复式记账原理

一、记账方法概述

记账方法是指会计核算工作中在簿记系统中登记经济业务的方法。为了详细核算和监督会计对象，揭示会计对象之间的本质联系，首先要将会计对象的具体内容划分为六项会计要素。为了正确核算会计要素的具体内容，还要对会计要素进一步分类，设置会计科目，并根据设定的会计科目开设账户，以便连续、系统地反映特定会计主体的经济活动及结果。但是，账户仅仅是记录经济业务的工具，要把经济业务所引起的会计要素增减变化登记到账簿中去，还需要运用科学的记账方法。在会计的发展过程中，曾采用过单式记账法与复式记账法，而复式记账法已成为现代会计工作普遍采用的记账方法。

（一）单式记账法

单式记账法是对发生的经济业务所产生的会计要素的增减变动一般只在一个账户中进行登记的方法。单式记账法是比较简单、不完整的记账方法，一般只适用于现金及债权债务账户的记录。例如，以现金 2 000 元购入生产用材料，只在“现金”账户中登记减少现金 2 000 元，对于材料的购入情况则忽略不计。又如销售产品一批 50 000 元，未收到货款，则只在“应收账款”中登记增加应收账款 50 000 元，而不反映销售产品的情况。这种记账方法，既不能反映现金减少的原因，又不能反映应收账款增加的原因。各账户之间的记录没有直接的联系，不能形成相互对应的关系，没有一套完整的账户体系，所以不能全面、系统地反映经济业务的来龙去脉，不能提供全面、客观的会计信息，也不便于检查账户记录的正确性和完整性。目前，世界各国对于这种记账方法的运用已经很少了。

（二）复式记账法

复式记账法是指对每一项发生的经济业务要同时在相互联系的两个或两个以上的账户中以相等的金额进行登记的一种方法。例如，以现金 2 000 元购入生产用材料，这项业务的发生一方面使该单位的现金减少了 2 000 元，另一方面使该单位的原材料增加了 2 000 元。采用复式记账法对于这项经济业务都要以相等的金额 2 000 元同时在“现金”和“原材料”这两个相互联系的账户中进行登记。

长期的会计实践逐步形成了多种复式记账法。我国曾经采用的复式记账法包括借贷记账法、增减记账法和收付记账法。

二、复式记账

（一）复式记账法的特点及意义

复式记账法与单式记账法相比，具有以下特点。

（1）复式记账法需要设置完整的账户体系。复式记账法作为一种科学的记账方法，不仅要对每一笔经济业务进行全面反映，而且对发生的全部经济业务都要进行记录。因此，必须设置一整套账户用于反映各种各样的经济业务。

（2）复式记账法必须对每笔经济业务都要进行反映和记录，这既有必要，又有可能。其必要性在于复式记账要求全面反映各单位的经济活动；其可能性在于复式记账具有完整的账户体系，具有全面反映记录每一笔经济业务的可能性。

（3）复式记账法对每笔经济业务都要反映其来龙去脉，这是复式记账的最基本特点。只有这样，我们通过复式记账才能全面了解每一笔经济业务的内容。

（4）采用复式记账可以对一定时期所发生的全部经济业务的会计记录，进行全面的综合试算。因为所有经济业务在各个账户中都有反映，而每笔经济业务金额又是相等的，所以一定时期全部经济业务必然能进行全面的试算平衡。采用复式记账法，对每一项经济业务都在相互联系的两个账户或两个以上的账户中做双重记录，这不仅可以使人们了解每一笔经济业务的来龙去脉，而且在把全部的经济业务都相互联系地登记到账簿以后，可以通过账户记录，完整、系统地反映经济活动的过程和结果。同时，由于对每一笔经济业务都以相等的金额进行分类登记，因而对记录的结果可以进行试算平衡以检查账户记录是否正确。

复式记账方法是在市场经济长期发展的过程中，通过会计实践逐步形成和发展起来的。因为复式记账具有上述特点，在其他一些会计方法的使用中，如编制会计凭证和登记账簿，都必须运用复式记账法进行相关反映。所以，在全部会计核算体系方法中，复式记账法占有极其重要的位置。目前，我国的企业和行政事业单位所采用的记账方法都属于复式记账法。

（二）复式记账法的理论基础

此前章节已经指出，会计恒等式“资产＝负债＋所有者权益”是复式记账的理论基础，在本章将结合实例进一步阐述。

【例 2－1】　新星公司 2016 年 1 月 1 日拥有资产 290 000 元，其中现金 500 元、银行存款 24 500 元、应收账款项 40 000 元、原材料 110 000 元、固定资产 115 000 元。该公司投资者实际投入 90 000 元、资本公积 40 000 元。该公司还存在一些负债，其中短期借款 75 000 元、应付账款 50 000 元、应付工资 15 000 元、应付利润 20 000 元。该公司 2010 年的资产、负债以及所有者权益存在的平衡关系见表 2－1。

表 2-1 资产负债表

单位：元

资　产	期初余额	负债及所有者权益	期初余额
现　金	500	短期借款	75 000
银行存款	24 500	应付账款	50 000
应收账款	40 000	应付工资	15 000
原材料	110 000	应付利润	20 000
固定资产	115 000	实收资本	90 000
		资本公积	40 000
合　计	290 000	合　计	290 000

从上表中，我们可以看到：

资产总额（290 000）＝负债总额（160 000）＋所有者权益总额（130 000）

上述平衡公式反映了新星公司在 2000 年年初这个时点上三个静态会计要素的平衡关系。但这个公司势必会在以后的生产经营时期发生许多经济业务，这些动态的经济业务势必会引起各会计要素的增减变化。不过，企业无论发生什么样的经济业务，均可以概括为以下四种类型。

(1) 经济业务的发生引起资产与权益的同时增加，其总额增加，不会破坏会计等式的平衡关系。

(2) 经济业务的发生引起资产与权益的同时减少，其总额减少，不会破坏会计等式的平衡关系。

(3) 经济业务的发生引起资产内部有增有减，其总额不变，不会破坏会计等式的平衡关系。

(4) 经济业务的发生引起权益内部有增有减，其总额不变，不会破坏会计等式的平衡关系。

由于权益包括债权人权益和所有者权益，因此上述经济业务的 4 种类型对资产、负债和所有者权益的影响又可表现为 9 种情况。参见【例 2-2】至【例 2-10】。

接上例，新星公司在 2016 年 1 月发生下列经济事项。

【例 2-2】 新星公司 2016 年 1 月投资者继续以货币资金 100 000 元投入，手续已办妥，款项已划入本公司的存款户头。

该项业务的发生说明，新星公司在已拥有资本金的前提下，继续扩大规模，投入货币资金 100 000 元。这样，对于新星公司来讲，一方面使公司属于资产项目的银行存款增加 100 000 元，另一方面使属于所有者权益项目的实收资本增加 100 000 元，从而导致等式两边的资产与权益同时等额增加，会计等式平衡。

【例 2-3】 新星公司向新乐公司购买所需原料，但由于资金周转紧张，料款 35 000 元尚未支付。

该项业务的发生说明，由于购料款未付，一方面使公司属于资产项目的原材料增加 35 000元，另一方面使属于负债项目的应付账款增加 35 000 元，从而导致等式两边的资产与权益同时等额增加，会计等式平衡。

【例 2-4】 新星公司通过银行转账支付给银行于本月到期的银行借款 40 000 元。

该项业务的发生说明，由于归还以前的银行贷款，一方面使公司属于资产项目的银行存款减少 40 000 元，另一方面使属于负债项目的短期借款减少 40 000 元，从而导致等式两边的资产与权益同时等额减少，会计等式平衡。

【例 2-5】 上级主管部门按法定程序将 1 台价值 50 000 元的设备调出以抽回国家对新星公司的投资。

该项业务的发生说明，由于国家抽回投资，一方面使公司属于资产项目的固定资产减少 50 000 元，另一方面使属于所有者权益项目的实收资本减少 50 000 元，从而导致等式两边的资产与权益同时等额减少，会计等式平衡。

【例 2-6】 新星公司开出转账支票 20 000 元，购买 1 台电子仪器。

该项业务的发生说明，由于购买仪器款已支付，一方面公司属于资产项目的固定资产增加 20 000 元，另一方面使属于资产项目的银行存款减少 20 000 元，从而导致等式左边的资产项目内部有增有减，会计等式平衡。

【例 2-7】 新星公司开出 1 张面值为 25 000 元的商业汇票，以抵偿原欠新乐公司的料款。

该项业务的发生说明，由于以商业汇票抵偿原欠款，一方面使公司属于负债项目的应付票据增加 25 000 元，另一方面使属于负债项目的应付账款减少 25 000 元，从而导致等式右边的权益项目内部有增有减，会计等式平衡。

【例 2-8】 新星公司按法定程序将资本公积 30 000 元转增资本金。

该项业务的发生说明，由于将资本公积转增资本金，一方面使属于所有者权益项目的实收资本增加 30 000 元，另一方面使属于所有者权益项目的资本公积减少 30 000 元，从而导致等式右边的权益项目内部有增有减，会计等式平衡。

【例 2-9】 新星公司按法定程序将应支付给投资者的利润 10 000 元转增资本金。

该项业务的发生说明，由于将应付利润转增资本金，一方面使公司属于所有者权益项目的实收资本增加 10 000 元，另一方面使属于负债项目的应付利润减少 10 000 元，从而导致等式右边的权益项目内部有增有减，会计等式平衡。

【例 2-10】 新星公司已承诺代甲公司偿还甲公司前欠乙公司的货款 45 000 元，但款项尚未支付。

与此同时，相关手续办妥，冲减甲公司在新星公司的投资。该项业务的发生说明，一方面由于新星公司已承诺但未支付一笔欠款，使公司属于负债项目的应付账款增加 45 000 元，另一方面又由于代甲公司支付此项欠款的同时减少甲公司在本公司的投资，使属于所有者权益项目的实收资本减少 45 000 元，从而导致等式右边的权益项目内部有增有减，会计等式平衡。

新星公司所有经济业务类型在经过一段时间经营以后，是否会影响该公司的平衡关系呢？其影响情况见表 2-2。

表 2-2　资产负债表　　单位：元

资　产	期初余额	负债及所有者权益	期初余额
现　金	500	短期借款	35 000
银行存款	64 500	应付账款	60 000

（续表）

资　产	期初余额	负债及所有者权益	期初余额
应收账款	40 000	应付工资	15 000
原材料	145 000	应付利润	10 000
固定资产	85 000	应付票据	25 000
		实收资本	180 000
		资本公积	10 000
合　计	335 000	合　计	335 000

通过上表，我们可以更清楚地看到，涉及资产、负债和所有者权益变化的任何经济业务类型都不会破坏会计等式的平衡关系。除此以外，公司还会发生影响动态要素变化的经济业务，比如收入和费用的发生。

【例 2－11】　某公司以现金 250 元购买公用品。

该项业务的发生说明，一方面导致该公司属于资产项目的现金减少，另一方面使属于费用项目的管理费用增加，此费用在结账后会引起权益的减少。

上述业务在结账前用公式表示：

资产（－250）＝负债＋所有者权益＋收入－费用（250）

上述等式两边同减，会计等式平衡。结账后属于资产与权益同减业务类型，同样不会破坏其平衡关系。

【例 2－12】　某公司出售价值 10 000 元的商品，货款尚未收到。

该业务的发生说明，一方面导致该公司属于资产项目的应收账款增加，另一方面使属于收入项目的主营业务收入增加，此收入在结账后会引起权益的增加。

上述业务在结账前用公式表示：

资产（10 000）＝负债＋所有者权益＋收入（10 000）－费用

上述等式两边同增，会计等式平衡。结账后属于资产与权益同增业务类型，同样不会破坏其平衡关系。

综上所述，公司无论发生何种经济业务都不会破坏会计等式的平衡关系。这种资产与权益的恒等关系是复式记账的理论基础。

第二节　借贷记账法及试算平衡

一、借贷记账法的产生与发展

复式簿记起源于 12 世纪末 13 世纪初意大利北方城市，此时意大利商业贸易发展迅速，工业城市陆续产生，经济发展使簿记得到发展。复式记账的内容体现在：账簿分为日记账与总账两种；账页格式分为上下两部分，即借、贷；会计记录要求同时在两个以上的账目登记。在会计上采用“借”“贷”这两个字，最初是为了满足借贷资本家记录其货币的存入与放出的需要。“借”指“借主”，“贷”指“贷主”，借、贷由银行来判断。银行对于收进来的存款，记在贷主的名下，表示债务，即应付款；对于付出的放款，记在借主名下，表示债权，即应收款。这时，“借”“贷”两字表示借主和贷主，通过按人名设置的账户体现他们之间的权责关系；“借”“贷”两字不是指借方和贷方，也不是记账符号。

随着资本主义商品经济的发展，借贷记账法不仅在银行继续应用，而且被推广应用到商业、制造业等其他行业。这些行业的经济活动内容日益复杂，记账的对象广泛，不仅有债权债务，还要涉及商品、资本、收入、费用和损益等。这便要求设置账户时，不仅要有人名账户，还要有非人名账户，如商品、费用、利润账户。记账对象已经超出了借主、贷主的范围，对于非货币借贷业务，按照“拟人学说”的做法，将商品、费用人格化，把人的借贷扩展为物的人格化。于是，对于占用企业的钱或物，都看作企业对借主的放款，记在借方；对于企业占用他人或外部的钱或物，都看作企业收到贷主的存款，记在贷方。此时，仍使用“借”“贷”两字来说明经济业务的变动情况，但是“借”“贷”两字已经失去了原来的含义，不再表示为借主和贷主，而转化为纯粹的记账符号。

在现代会计中，“借”“贷”两字仅作为一种记账的术语，与其原有的词义完全无关。由于借贷记账法在国际上的广泛流行，“借”“贷”两字已成为通用的国际商业语言。

借贷记账法于清朝末年从日本传入我国，首先在官僚资本经营的铁路、邮局、银行等部门应用，随后大、中型民族工商业逐渐采用借贷记账法。20 世纪 50 年代，我国许多企业和行政事业单位都广泛采用了借贷记账法；60 年代以后，我国开始改革记账方法，先后出现了一些新的复式记账方法，如商品流通企业采用的增减记账法、银行采用的资金收付记账法、农村社队采用的钱物收付记账法，但许多制造业仍采用借贷记账法。“文革”期间，借贷记账法被视为“舶来物”，给其戴上了“资本主义记账法”的帽子而加以全盘否定；“文革”以后，大部分企业恢复使用了借贷记账法。

二、借贷记账法的概念与理论依据

借贷记账法是以“借”“贷”两字为记账符号，记录经济业务引起会计要素增减变动情况的一种复式记账法。借贷记账法是以“资产＝负债＋所有者权益”这一会计方程式为其理论依据。意大利数学家卢卡·帕乔利（Lucas Pacioli）为借贷记账法创立了理论基础。

三、借贷记账法的账户结构

账户的基本结构分为左、右两方。在借贷记账法下，账户的基本结构是：每一个账户都分为“借方”和“贷方”，按会计惯例，账户的左方为“借方”，账户的右方为“贷方”。在账户借方记录的会计事项称为“借记某账户”，在账户贷方记录的会计事项称为“贷记某账户”。

账户的借贷两方必须做相反方向的记录，对于每一个账户而言，如果规定借方登记增加额，则贷方登记减少额；如果规定借方登记减少额，则贷方登记增加额。借方和贷方，究竟哪一方登记增加额，哪一方登记减少额，余额的方向在哪一方，取决于账户的性质。因为不同性质的账户，其结构是不同的。对不同性质账户的结构分述如下。

(一) 资产类账户

资产类账户的结构为：借方登记资产的本期增加额，贷方登记资产的本期减少额，资产类账户如有期末余额一般在借方，其计算公式如下。

资产类账户借方期末余额＝借方期初余额＋借方本期发生额－贷方本期发生额

资产类账户的结构用“T”形账户表示，如图 2-1 所示。

借方	资产类账户　　　　贷方
期初余额×××	
本期增加额××× 本期增加额×××	本期减少额××× 本期减少额×××
本期发生额×××	本期发生额×××
期末余额×××	

图 2-1

(二) 负债与所有者权益类账户

会计等式“资产＝负债＋所有者权益”中，资产列在等式的左边，负债与所有者权益列在等式的右边，若要保持会计等式的平衡关系不被破坏，那么，负债与所有者权益类账户的结构必须与资产类账户的结构相反。

负债与所有者权益类账户的结构为：贷方登记负债与所有者权益的本期增加额，借方登记负债与所有者权益的本期减少额，负债与所有者权益类账户如有期末余额，一般在贷方，其计算公式如下。

负债与所有者权益账户贷方期末余额＝贷方期初余额＋贷方本期发生额－借方本期发生额

负债与所有者权益类账户的结构用“T”形账户表示，如图 2-2 所示。

借方　　　　负债与所有者权益类账户	贷方
	期初余额×××
本期减少额××× 本期减少额×××	本期增加额××× 本期增加额×××
本期发生额×××	本期发生额×××
	期末余额×××

图 2-2

需说明的是负债类账户在会计期间终了时，不一定均有期末余额，而所有者权益类账户在一般情况下，均有期末余额。

(三) 收入类账户

收入类账户的结构与负债和所有者权益类账户相似，相同之处是贷方登记收入的增加额，借方登记收入的减少额（即将本期实现的收入结转到“本年利润”账户）。收入类账户的结构与负债和所有者权益类账户的结构不同之处是收入类账户一般没有余额，属期间账户。

收入类账户的结构用“T”形账户表示，如图 2-3 所示。

借方 收入类账户	贷方
本期减少（或转销）额×××	本期收入增加额×××
本期发生额×××	本期发生额×××
	期末余额 0

图 2-3

（四）费用类账户

费用类账户的结构与成本类账户的结构相似，相同之处是：借方登记费用的增加额，贷方登记费用的减少额（即将本期归集的费用结转到“本年利润”账户）。费用类账户的结构与成本类账户的结构不同之处是费用类账户一般没有余额，属期间账户。

费用类账户的结构用“T”形账户表示，如图 2-4 所示。

借方 费用类账户	贷方
本期费用增加额×××	本期减少（或转销）额×××
本期发生额×××	本期发生额×××
期末余额 0	

图 2-4

（五）成本类账户

成本类账户的结构与资产类账户的结构基本相同，其借方登记生产费用增加额（即本期归集的生产费用），贷方登记生产费用的减少额（即本期转出完工产品的成本），如有期末余额在借方，表示的经济内容为期末未完工的在产品成本。计算公式如下。

成本类账户借方期末余额＝借方期初余额＋借方本期发生额－贷方本期发生额

或：

期末在产品成本＝期初在产品成本＋本期生产费用增加额－本期完工的库存商品成本

成本类账户的结构用“T”形账户表示，如图 2-5 所示。

借方 成本类账户	贷方
期初在产品成本×××	
本期生产费用增加额×××	完工库存商品成本×××
本期发生额×××	本期发生额×××
期末在产品成本×××	

图 2-5

根据以上分述的各类账户结构，借贷记账法下借方、贷方所记录会计要素增减变动的情况可归纳如下。

借方记录资产的增加、负债与所有者权益的减少、费用成本的增加、收入的结转。

贷方记录资产的减少、负债与所有者权益的增加、费用成本的结转、收入的增加。

需要说明的是，账户余额的方向与账户中记录增加额的方向相同。如资产类账户的期末余额一般在借方，负债及所有者权益类账户的期末余额一般在贷方。因此，根据账户余额所在方向来判断账户的性质，成为借贷记账法的一个重要特征。

为了便于理解和运用各类账户，将账户的一般运用规律用下表概括。

表 2-3 各类账户增减的变化

账户类别	账户的借方	账户的贷方	账户余额
资产类	增 加	减 少	借 方
负债和所有者权益类	减 少	增 加	贷 方
收入类	减 少	增 加	一般无余额
费用类	增 加	减 少	一般无余额
成本类	增 加	减 少	借 方

四、借贷记账法的记账规则

借贷记账法的记账规则是指运用借贷记账法的原理，在账户中记录会计事项引起会计要素增减变动的规律。借贷记账法的记账规则可概括为“有借必有贷，借贷必相等”。

借贷记账法的记账规则的具体内容如下。

(1) 任何一笔经济业务引起会计要素的变动金额都必须分别记录到两个或两个以上的账户中。

(2) 记录会计要素变动金额的账户可以是同类别的账户，也可以是不同类别的账户，但必须分别记入账户的借方和贷方两个不同的记账方向。

(3) 账户借方的金额必须等于记入账户贷方的金额。

运用借贷记账法的记账规则记录会计事项是有规律可循的，一般按以下步骤进行。

第一步，分析经济业务的内容所涉及会计要素的类别以及增加、减少的情况。

第二步，根据以上分析的结果，按照不同账户的结构，确定记入相关账户的借方、贷方的记账方向。

五、账户的对应关系与会计分录

(一) 账户的对应关系

采用借贷记账法在有关账户中记录各项经济业务时，有关账户之间形成了应借、应贷的相互关系，账户间的这种相互关系被称为账户的对应关系。形成对应关系的账户被称为对应账户。

例如，将现金存入银行的会计事项，银行存款增加应记入“银行存款”账户的借方，现金减少应记入“库存现金”账户的贷方。那么，“银行存款”账户与“库存现金”账户之间形成了账户的对应关系；同时，“银行存款”账户与“库存现金”账户互为对应账户。

通过账户的对应关系，我们可以了解经济业务的内容，但是要保证账户对应关系的正确性，有必要在经济业务记入账户之前，编制会计分录。

（二）会计分录

会计分录（简称分录），是指确定每项经济业务应借、应贷的账户名称及其金额的记录。

会计分录的载体是记账凭证，会计分录的构成要素包括借贷的记账符号，账户的名称即会计科目，增加、减少的金额记入借贷的方向。

会计分录编制的正确与否，势必影响会计工作的质量，所以要掌握会计分录的编制方法。会计分录的编制可按以下步骤进行。

（1）分析经济业务的内容后，确定应使用的账户名称，即会计科目。

（2）根据所使用账户的类别来确定应借应贷的方向。

（3）根据经济业务涉及的金额来确定应记的金额。

编制会计分录举例。

【例 2-13】 环宇公司向银行借款 100 000 元用于生产周转借款，款项存入银行。

借：银行存款　　100 000

　　贷：短期借款　　100 000

按照上述步骤的要求，编制会计分录的说明如下：

此项经济业务，应使用“银行存款”和“短期借款”会计科目；“银行存款”科目属于资产类，“短期借款”科目属于负债类；资产类账户的增加应记入借方，负债类账户的增加应记入贷方；记入“银行存款”账户的增加额与记入“短期借款”账户的增加额相同，均为 100 000 元。

【例 2-14】 环宇公司签发一张转账支票，金额为 15 000 元，偿还前欠甲企业购货款。

借：应付账款　　15 000

　　贷：银行存款　　15 000

按照上述步骤的要求，编制会计分录的说明如下：

此项经济业务，应使用“银行存款”和“应付账款”会计科目；“银行存款”科目属于资产类，“应付账款”科目属于负债类；负债类账户的减少应记入借方，资产类账户的减少应记入贷方；记入“银行存款”账户的减少额与记入“应付账款”账户的减少额相同，均为 15 000 元。

【例 2-15】 环宇公司收到一张转账支票，金额为 20 000 元，系乙公司归还前欠购货款。

借：银行存款　　20 000

　　贷：应收账款　　20 000

按照上述步骤的要求，编制会计分录的说明如下：

此项经济业务，应使用“银行存款”和“应收账款”会计科目；“银行存款”科目和“应收账款”科目均属于资产类；资产类账户的增加应记入借方，资产类账户的减少应记入贷方；记入“银行存款”账户的增加额与记入“应收账款”账户的减少额相同，均为20 000 元。

【例 2-16】 环宇公司经批准将 100 000 元的资本公积金转增资本。

借：资本公积　　100 000

　　贷：实收资本　　100 000

按照上述步骤的要求，编制会计分录的说明如下。

此项经济业务，应使用“资本公积”和“实收资本”两个会计科目；“资本公积”科目与“实收资本”科目均属于所有者权益类；所有者权益类账户的减少应记入借方，所有者权益类账户的增加应记入贷方；记入“资本公积”账户的减少额与记入“实收资本”账户的增加额相同，均为 100 000 元。

会计分录有简单会计分录和复合会计分录两种。简单会计分录，是指由一借一贷两个对应账户组成的会计分录。以上所列 4 笔会计分录均为简单会计分录。复合会计分录，是指由两个以上对应账户组成的会计分录。复合会计分录实际上是由几个简单的会计分录合并而成。复合会计分录的形式可以是一借多贷、一贷多借或多借多贷。

编制复合会计分录，可以集中反映一项经济业务的全貌，同时可以简化记账工作。但是，不能为了简单从事，将几项经济业务合并编制一笔复合会计分录，致使账户对应关系混乱。为了使账户对应关系清晰明了，便于了解经济业务的内容，公司应尽可能少地编制多借多贷的会计分录（会计期末转账业务除外）。

复合会计分录的编制举例如下：

【例 2-17】 环宇公司销售产品一批，价款 50 000 元，收到一张转账支票，金额为 30 000 元，其余款项未收到。（暂不考虑增值税）

此项经济业务可编制两笔简单会计分录。

借：银行存款　　30 000

　　贷：主营业务收入　　30 000

借：应收账款　　20 000

　　贷：主营业务收入　　20 000

将两笔简单会计分录合并，编制一笔复合会计分录。

借：银行存款　　30 000

　　应收账款　　20 000

　　贷：主营业务收入　　50 000

六、借贷记账法的试算平衡

运用借贷记账法的记账规则在账户中记录经济业务的过程中会发生人为的错误，为了保证在账户中记录经济业务的正确性，人们便需要确立一种用来检查和验证账户记录是否正确的方法。利用这种方法不但能够发现错误，而且能够及时查明原因并更正错误。在会计核算中，根据会计等式“资产＝负债＋所有者权益”的平衡关系，按照记账规则的要求，检查和验证账户记录是否正确的方法，在会计上称为试算平衡。

按照借贷记账法“有借必有贷，借贷必相等”的记账规则，为记录每一项经济业务所编制的会计分录中借贷双方记录的金额必然相等；会计期末，记录全部经济业务所编制的会计分录登记入账后，全部账户的本期借方发生额的合计数与本期贷方发生额的合计数必然相等。以此类推，全部账户的借方期末余额的合计数与贷方期末余额的合计数必然相等。因此，利用这种平衡关系，我们不但能够检查每笔会计分录编制得正确与否，也可以检查全部账户的本期发生额和期末余额正确与否。以此为据，借贷记账法的试算平衡有两种方法，即发生额试算平衡与余额试算平衡。

（一）发生额试算平衡

发生额试算平衡是用来检查全部账户的借方发生额与贷方发生额是否相等的方法。发生额试算平衡的计算公式如下。

$$\sum(\text{各账户本期借方发生额}) = \sum(\text{各账户本期贷方发生额})$$

（二）余额试算平衡

余额试算平衡是用来检查全部账户的借方期末余额与贷方期末余额是否相等的方法。余额试算平衡的计算公式如下。

$$\sum(\text{各账户借方期末余额}) = \sum(\text{各账户贷方期末余额})$$

借贷记账法的试算平衡通过编制总分类账户试算平衡表进行，其格式有总分类账户发生额试算平衡表、总分类账户余额试算平衡表，或者将两表合一，编制一张试算平衡表，即总分类账户发生额及余额试算平衡表。总分类账户发生额及余额试算平衡表列示在后。

（三）试算平衡方法

通常，企业的账户平衡检查工作是通过编制各账户的试算平衡表的形式进行的，试算平衡表的格式如表 2－4 所示。

表 2－4 试算平衡表 单位：元

会计科目	期初余额		本期发生额		期末余额	
	借 方	贷 方	借 方	贷 方	借 方	贷 方
库存现金						
……						
合 计						

试算平衡表的编制方法如下。

(1) 将各账户的期初余额过入平衡表内。

(2) 将各账户本期借贷方发生额逐笔填入表内。

(3) 将各账户期末余额过入平衡表内。

(4) 根据试算平衡关系式，将表内借贷方发生额和余额分别相加，就会得出借方发生额和贷方发生额的平衡（相等）以及借方余额与贷方余额的平衡（相等）。

（四）试算平衡检验结果分析

如果试算平衡表借方余额合计数和贷方余额合计数不相等，说明肯定存在错误，应当予以查明纠正。一般地，首先应检查试算平衡表本身有无差错，即借方余额和贷方余额的合计数有无漏加或错加。如果试算平衡表本身没有加算错误，就需用下列方法依次进行检查，直至找出错误为止。

(1) 检查全部账户是否都已列入了试算平衡表，并检查各个账户的发生额和期末余额是否都已正确地抄入试算表。

(2) 复核各个账户的发生额和期末余额是否计算正确。

(3) 追查由记账凭证转记分类账的过程，核对后应在已核对数旁做核对记号。追查结束后，再查寻一下记账凭证、分类账上有无未核对的金额。追查记账过程时，不仅要注意金额是否无误，而且要核对过账时借方和贷方有无错置。

(4) 核实记账凭证编制是否正确，有无记账方向差错、违反"有借必有贷，借贷必相等"的记账规则，排除凭证错误。

通过上述检查，一般说来，错误可以查出。

试算平衡，只能说总分类账的登记基本正确，不能说绝对正确。如果试算平衡表借方余额合计数和贷方余额合计数相等，并不一定表示账户处理完全正确。有些错误的发生不会导致试算平衡表中各账户借方余额合计数与贷方余额合计数的失衡。例如，漏过会计分录，重过会计分录，错过会计分录所确定的应借、应贷账户，过账错误但数额恰好互相抵消，等等。这些错误并不影响试算平衡，试算平衡表难以发现。但是，会计记录上的大多数错误往往会使借贷失衡，试算平衡表在验证会计处理正确性方面仍有其重要的功效，不失为简便、有效的验证工具。

七、借贷记账法的试算平衡举例

(一) 编制会计分录

环宇公司 2016 年 1 月份在结转损益前发生如下经济业务。

【例 2-18】 1 月 5 日向银行取得生产周转借款 200 000 元。

借：银行存款　　200 000

　　贷：短期借款　　200 000

【例 2-19】 1 月 8 日签发现金支票提取现金 5 000 元，以备零用。

借：库存现金　　5 000

　　贷：银行存款　　5 000

【例 2-20】 1 月 9 日签发转账支票 10 000 元，购买材料一批，料到入库。

借：原材料　　10 000

　　贷：银行存款　　10 000

【例 2-21】 1 月 10 日签发转账支票 5 000 元，归还前欠货款。

借：应付账款　　5 000

　　贷：银行存款　　5 000

【例 2-22】 1 月 12 日收到购货方大宇公司归还货款 10 000 元，存入银行。

借：银行存款　　10 000

　　贷：应收账款—大宇公司　　10 000

【例 2-23】 1 月 14 日行政科王凯出差预借差旅费 1 000 元，以现金支付。

借：其他应收款—备用金　　1 000

　　贷：库存现金　　1 000

【例 2-24】 1 月 15 日生产车间领用材料 10 000，用于生产产品。

借：生产成本　　10 000

贷：原材料　　10 000

【例 2-25】　1 月 15 日投资者投入机器一台，价值 100 000 元。

借：固定资产　　100 000

　　贷：实收资本　　100 000

【例 2-26】　1 月 16 日销售产品一批，价款 50 000 元，款项收到并存入银行。（暂不考虑增值税）

借：银行存款　　50 000

　　贷：主营业务收入　　50 000

【例 2-27】　1 月 25 日结算本月应支付职工工资 10 000 元。其中，生产工人工资 7 000元，车间管理人员工资 1 000 元，管理部门人员工资 2 000 元。

借：生产成本　　7 000

　　制造费用　　1 000

　　管理费用　　2 000

　　贷：应付职工薪酬　　10 000

【例 2-28】　1 月 25 日签发转账支票支付水电费 2 000 元，其中车间耗用 1 000 元，管理部门耗用 1 000 元。

借：制造费用　　1 000

　　管理费用　　1 000

　　贷：银行存款　　2 000

【例 2-29】　1 月 26 日结转制造费用 2 000 元（生产车间仅生产一种产品）。

借：生产成本　　2 000

　　贷：制造费用　　2 000

【例 2-30】　1 月 26 日车间固定资产消耗 30 000 元。

借：生产成本　　30 000

　　贷：累计折旧　　30 000

【例 2-31】　1 月 30 日产品完工入库，完工产品成本 49 000 元。

借：库存商品　　49 000

　　贷：生产成本　　49 000

【例 2-32】　1 月 30 日行政科王凯出差归来，报销差旅费 800 元，并交还未用的现金 200 元。

借：管理费用　　800

　　库存现金　　200

　　贷：其他应收款—备用金　　1 000

【例 2-33】　1 月 30 日以现金支付销售费 600 元。

借：销售费用　　600

　　贷：库存现金　　600

【例 2-34】　1 月 30 日结转已销产品成本 20 000 元。

借：主营业务成本　　20 000

　　贷：库存商品　　20 000

【例 2－35】 1 月 30 日结转本年利润。(暂不考虑所得税)

借：主营业务收入　　50 000
　　贷：本年利润　　50 000
借：本年利润　　24 400
　　贷：主营业务成本　　20 000
　　　　销售费用　　600
　　　　管理费用　　3 800

(二) 设置账户、登账并结账

设置账户与登账的步骤如下。

(1) 开设“T”形账，注明账户名称（会计工作中，在所使用的账簿的账页上注明账户名称)。

(2) 将有关账户的期初余额登记入账。

(3) 将会计分录按经济业务发生的日期顺序登记入账。登账时，按照会计分录中涉及的会计科目、借贷方向及其金额，分别记入各有关账户，并用经济业务的顺序号代替经济业务发生的日期。

(4) 会计期末，全部经济业务登记完毕后，对各账户进行结账，计算出本期借方发生额、本期贷方发生额和期末余额。

结账的方法是在各类账户登记的最后一笔金额下面画一道横线，在横线的下面填入本期借方发生额、本期贷方发生额；第二道横线画在本期借方发生额、本期贷方发生额的下面，在第二道横线下面填入期末余额。

根据以上所编制的会计分录与以下的资料来说明设置账户、登账并结账的方法。

环宇公司 2016 年 1 月份有关总账账户的期初余额，如表 2－5 所示。

表 2－5 总分类账户余额表　　单位：元

资产类		负债及所有者权益类	
账户名称	金额	账户名称	金额
库存现金	3 000	短期借款	80 000
银行存款	38 000	应付账款	30 000
应收账款	25 000	其他应付款	2 000
其他应收款	1 000	实收资本	320 000
原材料	50 000	盈余公积	5 000
库存商品	30 000		
生产成本	50 000		
固定资产	240 000		
合　计	437 000	合　计	437 000

设账、登账并结账，如图 2－6 所示：

库存现金

期初余额	3 000		
(2－19)	5 000	(2－23)	1 000
(2－32)	200	(2－33)	600
本期发生额	5 200	本期发生额	1 600
期末余额	6 600		

银行存款

期初余额	38 000		
(2－18)	200 000	(2－19)	5 000
(2－22)	10 000	(2－20)	10 000
(2－26)	50 000	(2－21)	5 000
		(2－28)	2 000
本期发生额	260 000	本期发生额	22 000
期末余额	276 000		

应收账款

期初余额	25 000		
		(2－22)	10 000
本期发生额	0	本期发生额	10 000
期末余额	15 000		

原材料

期初余额	50 000		
(2－20)	10 000	(2－24)	10 000
本期发生额	10 000	本期发生额	10 000
期末余额	50 000		

其他应收款

期初余额	1 000		
(2－23)	1 000	(2－32)	1 000
本期发生额	1 000	本期发生额	1 000
期末余额	1 000		

库存商品

期初余额	30 000		
(2－31)	49 000	(2－34)	20 000
本期发生额	49 000	本期发生额	20 000
期末余额	59 000		

生产成本

期初余额	50 000		
(2－24)	10 000		
(2－27)	7 000	(2－31)	49 000
(2－29)	2 000		
(2－30)	30 000		
本期发生额	49 000	本期发生额	49 000
期末余额	50 000		

固定资产

期初余额	240 000		
(2－25)	100 000		
本期发生额	100 000	本期发生额	0
期末余额	340 000		

应付账款

		期初余额	30 000
(2-21)	5 000		
本期发生额	5 000	本期发生额	0
		期末余额	25 000

短期借款

		期初余额	80 000
		(2-18)	200 000
本期发生额	0	本期发生额	200 000
		期末余额	280 000

其他应付款

		期初余额	2 000
本期发生额	0	本期发生额	0
		期末余额	2 000

实收资本

		期初余额	320 000
		(2-25)	100 000
本期发生额	0	本期发生额	100 000
		期末余额	420 000

应付职工薪酬

		期初余额	
		(2-27)	10 000
本期发生额	0	本期发生额	10 000
		期末余额	10 000

主营业务收入

(2-35)	50 000	(2-26)	50 000
本期发生额	50 000	本期发生额	50 000
		期末余额	0

管理费用

(2-27)	2 000	(2-35)	3 800
(2-28)	1 000		
(2-32)	800		
本期发生额	3 800	本期发生额	3 800
期末余额	0		

制造费用

(2-27)	1 000	(2-29)	2 000
(2-28)	1 000		
本期发生额	2 000	本期发生额	2 000
期末余额	0		

主营业务成本

(2－34)	20 000	(2－35)	20 000
本期发生额	20 000	本期发生额	20 000
期末余额	0		

销售费用

(2－33)	600	(2－35)	600
本期发生额	600	本期发生额	600
期末余额	0		

盈余公积

		期初余额	5 000
本期发生额	0	本期发生额	0
		期末余额	5 000

累计折旧

		期初余额	0
		(2－30)	30 000
本期发生额	0	本期发生额	30 000
		期末余额	30 000

本年利润

		期初余额	0
(2－35)	24 400	(2－35)	50 000
本期发生额	24 400	本期发生额	50 000
		期末余额	25 600

图 2－6

（三）编制试算平衡表

表 2－6 总分类账户本期发生额及余额试算表 单位：元

账户名称（会计科目）	期初余额		本期发生额		期末余额	
	借 方	贷 方	借 方	贷 方	借 方	贷 方
库存现金	3 000		5 200	1 600	6 600	
银行存款	38 000		260 000	22 000	276 000	
应收账款	25 000			10 000	15 000	
其他应收款	1 000		1 000	1 000	1 000	
原材料	50 000		10 000	10 000	50 000	
库存商品	30 000		49 000	20 000	59 000	
固定资产	240 000		100 000		340 000	
累计折旧				30 000		30 000
短期借款		80 000		200000		280 000

（续表）

账户名称（会计科目）	期初余额		本期发生额		期末余额	
	借　方	贷　方	借　方	贷　方	借　方	贷　方
应付账款		30 000	5 000			25 000
其他应付款		2 000				2 000
应付职工薪酬				10 000		10 000
实收资本		320 000		100 000		420 000
盈余公积		5 000				5 000
生产成本	50 000		49 000	49 000	50 000	
制造费用			2 000	2 000		
主营业务收入			50 000	50 000		
主营业务成本			20 000	20 000		
销售费用			600	600		
管理费用			3 800	3 800		
本年利润			24 400	50 000		25 600
合　计	437 000	437 000	580 000	580 000	797 600	797 600

在此需要指出的是，试算平衡只是一种用来检查和验证账户记录是否正确的方法。在试算平衡表中，如果借贷金额不平衡（指借贷方本期发生额的合计数、期末余额的合计数），可以肯定账户记录或计算有错误；如果借贷金额平衡，可以大体上推断账户的记录与计算是正确的，但不能绝对肯定记账没有错误，因为有些错误并不影响借贷金额的平衡。例如某项经济业务被漏记，即未编制会计分录未记账；又如记录某项经济业务的会计分录被重复记账；又如记录某项经济业务的会计科目使用错误或借贷反向；又如记录某项经济业务的会计科目使用正确，但是被错记了账户，或借贷记账方向反向。诸如此类的错误，并不能通过试算平衡的结果而发现，需要在对账、查账时予以发现并纠正。所以试算平衡的结果正确，不足以说明账户的记录不存在错误。

第三节　总分类账户与明细分类账户

在会计核算工作中，为了充分发挥会计的职能，全面提供经济管理所需要的总括会计资料和明细会计资料，既需要设置总分类账户据以进行总分类核算，又需要设置明细分类账户据以进行明细分类核算。

一、设置总分类账户和明细分类账户的意义

在一定会计时期内，企业发生的经济业务各种各样，但任何一项经济业务都需要在有关账户中进行登记。对有关账户的登记，既要提供企业总括的会计核算资料，又要提供企业详细的会计核算资料。

一般而言，总括的会计核算资料主要包括经济业务所涉及会计要素的基本内容和货币金额。例如，某项经济业务所涉及的资产是原材料还是固定资产，其总金额是多少；再如，某项经济业务所涉及的负债是应付账款还是应付票据，其总金额是多少。

企业只有设置总分类账户，才能据以进行总分类核算，反映经济业务的货币指标和总括情况。明细的会计核算资料主要包括经济业务所涉及会计要素的具体内容和实物数量。例如，某项经济业务涉及的资产如果是原材料，其原材料的具体品名、种类、规格是什么，每种原材料的单价、数量和金额各是多少；再如，某项经济业务涉及的负债如果是应付账款，其债权人是谁、有几个、应当偿还每个债权人的债务金额分别是多少。企业只有在设置一定的总分类账户下继续设置相应的明细分类账户，才能据以进行明细分类核算，反映经济业务的实物数量指标和其他详细情况。

总分类账户也称“总账账户”或“一级账户”，它是根据总分类科目设置的用来提供总括核算资料的账户。例如，“原材料”“应付账款”和“固定资产”等账户均属于总分类账户。总分类账户可以总括反映企业在一定时期内各项资产、负债、所有者权益、收入、费用和利润的增减变动情况及其结果，促使企业全面掌握和有效控制自身的生产经营活动及其资金运动。但是，总分类账户也具有一定的局限性，它只能反映经济业务所涉及的货币指标，无法反映经济业务所涉及的实物种类和数量指标以及其他详细信息，难以满足经济管理上的具体需要。因此，企业应当在设置总分类账户的同时，结合经济管理和编制财务会计报告的实际需求，为某些总分类账户设置相应的明细分类账户。

明细分类账户是按照明细分类科目设置的用来提供详细核算资料的账户。企业应当对不同总分类账户采用不同的方法设置相应的明细分类账户。例如，企业在“原材料”总分类账户下按照材料的具体品名设置了“钢材”“木材”等明细分类账户，进而可以在“原材料”账户的各个明细分类账户中登记各种材料的数量和金额，详细了解各种原材料的收入、发出和结存情况；再如，企业在“应付账款”总分类账户下按照债权人的名称设置了“畅达公司”“华杰公司”等明细分类账户，从而可以运用这些明细分类账户登记企业应当向每个债权人偿还的债务金额，详细了解各项债务及其偿还情况。明细分类账户不仅可以较为详细地反映企业在一定时期内各项资产、负债、所有者权益、收入、费用和利润的增减变动情况及其结果，而且可以反映某些实物资产的数量指标，以便掌握相关资产要素的价值与使用价值。

由于各企业经营规模的大小和经济业务内容的繁简程度不同，明细分类账户的具体设置情况也并不相同。有些总分类账户包含的内容很多，若用一个总分类账户直接控制众多的所属明细分类账户，容易造成记账差错且不便查找。因此，为了满足经营管理和编制财务会计报告的实际需求，应当在总分类账户和明细分类账户之间设置一些类别账户，进行分层控制。通常，人们将类别账户称为二级账户，其所属的明细分类账户则称为三级账户，二级账户与三级账户之间存在着控制与被控制的关系。例如，企业在“固定资产”一级账户之下，按照大类设置了“生产用固定资产”和“管理用固定资产”等二级账户，并在“生产用固定资产”二级账户之下设置了“机器”“厂房”等三级账户。大多数的总分类账户都需要设置相应的明细分类账户，但是设置明细分类账户的层次和数目应当从实际出发，既不能过于简化，也不能过细过多。极少数的总分类账户，其核算内容比较单一，也可以不设置明细分类账户，如“库存现金”账户等。

二、总分类账户和明细分类账户的关系及其平行登记

总分类账户与所属明细分类账户之间具有统驭与被统驭的关系。两者在会计核算工作中相互联系，共同发挥作用。具体而言，总分类账户是所属明细分类账户的统驭账户，对所属明细分类账户起着控制作用；明细分类账户是特定总分类账户的从属账户，对其对应的总分类账户起着补充说明的作用。

总分类账户与所属明细分类账户核算的经济内容相同，只是提供资料的详细程度有所不同。因此，在会计核算工作中，应当对两者进行平行登记。所谓平行登记，是指对同一项经济业务，应当在同一会计期间，既登记相应的总分类账户，又登记所属的有关明细分类账户，并做到两者的登记方向相同、金额相等。

（一）平行登记的要点

具体而言，总分类账户和明细分类账户平行登记的要点主要有四个方面。

（1）依据相同。对于同一项经济业务，应当由不同的会计人员根据相同的会计凭证分别登记总分类账户和明细分类账户，以便相互核对与控制。应当注意，不能根据总分类账户登记所属的明细分类账户；反之，也不能根据明细分类账户登记其总分类账户。

（2）期间相同。对于同一项经济业务，应当在同一会计期间登记总分类账户与所属的明细分类账户，不能在一个会计期间仅登记总分类账户，而在另一个会计期间仅登记该总分类账户所属的明细分类账户。由于目前我国对外提供财务会计报告的会计期间至少是月度，因此这里的同一会计期间，一般是指同一月份。应当注意，同一会计期间并非同一会计日期。在会计实务中，企业通常可以定期汇总登记总分类账户。例如，每隔 5 天或 10 天汇总登记一次。但是，对明细分类账户则应当随时逐笔进行日常登记。

（3）方向相同。对于同一项经济业务，应当在总分类账户与所属明细分类账户相同的方向进行登记。如果在总分类账户的借方进行了登记，其在明细分类账户中也应当登记在借方；反之，两者都应当在贷方进行登记。

（4）金额相等。对于同一项经济业务，登记在总分类账户的金额应当与登记在所属各明细分类账户的金额之和相等。

（二）平行登记的方法

为便于理解，下面将以“原材料”账户为例，说明总分类账户和明细分类账户的平行登记方法。

【例 2-36】 假设务实公司在会计核算工作中，设置了“原材料”总分类账户，并在“原材料”总分类账户下，按照材料的名称设置了“A 材料”和“B 材料”两个明细分类账户。2015 年 11 月 30 日，该公司“原材料”总分类账户及其明细分类账户的资料如下：

表 2-7 “原材料”总分类账户及其明细分类账户表

名 称	数 量	单 价	金 额
A 材料	600 千克	200 元	120 000 元
B 材料	2 000 吨	40 元	80 000 元
合 计			200 000 元

2015 年 12 月份，该公司发生有关原材料收入与发出的经济业务如下（假定不考虑相关税费）。

(1) 12 月 5 日，向甲公司购入价值为 640 000 元的材料一批，并已验收入库，但材料价款尚未支付。其中，A 材料3 000千克，单价 200 元，金额 600 000 元；B 材料 1 000 吨，单价 40 元，金额 40 000 元。

(2) 12 月 10 日，向本公司生产车间发出材料一批，用于制造产品。其中，A 材料 3 500千克，单价 200 元，金额 700 000 元；B 材料 2 500 吨，单价 40 元，金额 100 000 元。

(3) 12 月 25 日，向乙公司购入 A 材料一批，数量 1 000 千克，单价 200 元，金额 200 000元。材料已验收入库，价款尚未支付。

第一步分别编制上述三项经济业务的会计分录。

(1) 12 月 5 日，购入材料。

借：原材料——A 材料　　600 000

　　　　　——B 材料　　40 000

　　贷：应付账款——甲公司　　640 000

(2) 12 月 10 日，发出材料。

借：生产成本　　800 000

　　贷：原材料——A 材料　　700 000

　　　　　　　——B 材料　　100 000

(3) 12 月 25 日，购入 A 材料。

借：原材料——A 材料　　200 000

　　贷：应付账款——乙公司　　200 000

第二步进行平行登记。

会计人员应当根据务实公司 2015 年 11 月末的资料和 12 月份发生的上述三项经济业务及其所编制的相应会计分录，于 2015 年 12 月份对“原材料”总分类账户及其所属明细分类账户进行平行登记。具体登记方法如下。

(1) 在“原材料”总分类账户的余额栏中，登记期初余额 200 000 元，并在“A 材料”和“B 材料”明细分类账户的余额栏中，分别登记期初余额 120 000 元和 80 000 元。

(2) 根据 12 月 5 日的经济业务及其所编制的会计分录，一方面在“原材料”总分类账户的借方金额栏中，登记 12 月 5 日的发生额 640 000 元；另一方面将所购买 A、B 两种材料的数量、单价和金额分别登记在“A 材料”和“B 材料”明细分类账户的相关栏。

(3) 根据 12 月 10 日的经济业务及其所编制的会计分录，一方面在“原材料”总分类账户的贷方金额栏中，登记 12 月 10 日的发生额 800 000 元；另一方面将所发出的 A、B 两种材料的数量、单价和金额分别登记在“A 材料”和“B 材料”明细分类账户的相关栏。

(4) 根据 12 月 25 日的经济业务及其所编制的会计分录，一方面在“原材料”总分类账户的借方金额栏中，登记 12 月 25 日的发生额 200 000 元；另一方面将所购买的 A 材料的数量、单价和金额登记在“A 材料”明细分类账户的相关栏。

(5) 根据上述登记，分别结出“原材料”总分类账户及其各明细分类账户的本期发生额和期末余额，以便进行核对。

按照上述平行登记方法，务实公司 2015 年 12 月份对"原材料"总分类账户及其所属明细分类账户的登记结果如表 2-8、2-9、2-10 所示。

表 2-8　总分类账户

账户名称：原材料　　　　金额单位：元

2015 年		凭证字号	摘　要	借　方	贷　方	借或贷	余　额
月	日						
12	1		月初余额			借	200 000
12	5		购　入	640 000		借	840 000
12	10		发　出		800 000	借	40 000
12	25		购　入	200 000		借	240 000
12	31		发生额及期末余额	840 000	800 000	借	240 000

表 2-9　明细分类账户

账户名称：原材料——A 材料　　计量单位：千克　　金额单位：元

2015 年		凭证字号	摘要	收入			发出			结存		
月	日			数量	单价	金额	数量	单价	金额	数量	单价	金额
12	1	略	月初余额							600	200	120 000
12	5		购入	3 000	200	600 000				3 600	200	720 000
12	10		发出				3 500	200	700 000	100	200	20 000
12	25		购入	1 000	200	200 000				1 100	200	220 000
12	31		发生额及期末余额	4 000	200	800 000	3 500	200	700 000	1 100	200	220 000

表 2-10　明细分类账户

账户名称：原材料——B 材料　　计量单位：吨　　金额单位：元

2015 年		凭证字号	摘要	收入			发出			结存		
月	日			数量	单价	金额	数量	单价	金额	数量	单价	金额
12	1	略	月初余额							2 000	40	80 000
12	5		购入	1 000	40	40 000				3 000	40	120 000
12	10		发出				2 500	40	100 000	500	40	20 000
12	31		发生额及期末余额	1 000	40	40 000	2 500	40	100 000	500	40	20 000

为了便于理解，也可将上述总分类账户和明细分类账户之间的平行登记情况，以“T”形账户的形式简单表示，如图2-7、2-8、2-9所示。

借方	原材料		贷方
期初余额	200 000		
（1）购入	640 000	（2）发出	800 000
（3）购入	200 000		
本期发生额	840 000	本期发生额	800 000
期末余额	240 000		

图2-7　原材料总账

借方	原材料 A		贷方
期初余额	120 000		
（1）购入	600 000	（2）发出	700 000
（3）购入	200 000		
本期发生额	800 000	本期发生额	700 000
期末余额	220 000		

图2-8　原材料明细账（A材料）

借方	原材料 B		贷方
期初余额	80 000		
（1）购入	40 000	（2）发出	100 000
本期发生额	40 000	本期发生额	100 000
期末余额	20 000		

图2-9　原材料明细账（B材料）

从上述举例中不难发现，通过平行登记，“原材料”总分类账户的期初、期末余额和本期借方、贷方发生额，均分别与其所属的两个明细分类账户的期初、期末余额和本期借方、贷方发生额的合计数相等，即：

账　户	总分类账户	明细分类账户（A）	明细分类账户（B）
期初余额：	200 000	＝120 000	＋80 000
本期借方发生额：	840 000	＝800 000	＋40 000
本期贷方发生额：	800 000	＝700 000	＋100 000
期末余额：	240 000	＝220 000	＋20 000

总之，在一定的会计期间，平行登记的结果能够使得任何一个总分类账户的期初、期

末余额和本期借方、贷方发生额，均分别与其所属的各个明细分类账户的期初、期末余额和本期借方、贷方发生额的合计数相等。利用这种相等的结果，我们可以检查总分类账户和明细分类账户的登记是否正确、完整，如不相等，则表明记账有错误，应当及时查明原因并予以更正。

值得说明的是，总分类账户和明细分类账户平行登记的依据虽然相同，但核算程序并不相同。因此，为了做到账账相符，以保证会计核算质量，应当经常对总分类账户和明细分类账户中登记的金额以及其他内容进行相互核对。

复习思考题与练习题

一、复习思考题

1. 简述复式记账原理。

2. 简述复式记账法的特点及意义。

3. 简述借贷记账法的产生与发展。

4. 简述各类账户借贷的一般运用规律。

5. 简述借贷记账法的记账规则。

6. 简述账户的对应关系。

7. 简述会计分录的编制步骤。

8. 简述借贷记账法的试算平衡的两种方法。

9. 企业经济业务有哪几种基本类型？各类经济业务的发生会不会破坏会计等式的平衡关系？

10. 简述总分类账户与明细分类账户关系。

二、练习题

1. 判断题

(1) 会计等式在任何一个时点上均是平衡的。(　　)

(2) 收入往往表现为现金流入，但并非所有的现金流入都是收入。(　　)

(3) 无论发生何种经济业务，会计等式的平衡关系均不会遭到破坏。(　　)

(4) 没有无资产的权益，也没有无权益的资产。(　　)

(5) 经济业务的发生会引起资产的增加和负债的减少。(　　)

(6) 所有经济业务的发生，都会引起会计等式两边发生相应的变化。(　　)

(7) 从某种意义上讲，费用的发生会导致所有者权益减少，有时还会引起负债的增加。(　　)

(8) 任何流入企业的资产都可定义为收入。(　　)

(9) 所有者权益的确认依赖于资产和负债的确认。(　　)

(10) 确认收入的同时，也必须确认资产和负债。(　　)

(11) 企业从事生产经营活动取得的利润，一方面取得了资产，另一方面增加了所有者权益。(　　)

(12) 一项资产增加，某项负债或所有者权益必然增加。(　　)

(13) 资产的增减变动可能是由取得收入或发生费用而引起的，因此，“资产＝负债＋所有者权益”不应作为会计的基本等式。(　　)

2. 选择题

(1) 会计等式的公式可表示为(　　)。

A. 资产＝负债＋所有者权益

B. 资产＝权益

C. 资产＝债权人权益＋所有者权益

D. 资产＋费用＝负债＋所有者权益＋收入

(2) 下列经济业务中，引起资产一增一减的有(　　)。

A. 应收账款收回存入银行　　B. 以银行存款购入原材料

C. 从银行提取现金　　D. 以银行存款偿还前欠货款

(3) 下列经济业务中，引起会计等式两方同时发生增减变动的有(　　)。

A. 取得贷款存入银行　　B. 投资者追加投资

C. 购货未付款　　D. 从银行提取现金

(4) 收入的取得会影响的会计要素是(　　)。

A. 负债　　B. 利润　　C. 资产　　D. 费用

(5) 企业发生的费用可表现为(　　)。

A. 负债的增加　B. 利润的减少　C. 资产的减少　D. 收入的减少

3. 业务题

[目的] 练习经济业务对会计等式的影响。

[资料] 天利公司 2016 年 6 月末资产、负债、所有者权益余额如表 2－11 所示。

表 2－11　天利公司 6 月 30 日有关资料

资产类		负债及所有者权益类	
账户名称	金额（元）	账　户	金额（元）
现　金	5 000	短期借款	40 000
银行存款	30 000	应付账款	40 000
应收账款	20 000	其他应付款	10 000
其他应收款	3 000	实收资本	240 000
原材料	20 000	盈余公积	8 000
库存商品	60 000		
固定资产	240 000		
合　计	378 000	合　计	338 000

该公司 7 月份发生下列经济业务。

(1) 接受投资者投入货币资金 100 000 元款项存入银行。

(2) 以银行存款结算支付前欠货款 20 000 元。

(3) 职工暂借差旅费、签发现金支票 1 000 元付讫。

(4) 签发银行转账支票 10 000 元，支付前欠货款。

(5) 收到银行收款通知单一份，收回应收销货款 20 000 元。

(6) 以银行存款缴纳应交未交税金 5 000 元。

(7) 销货收到的商业汇票到期，收到对方承兑支付汇票款 30 000 元。

(8) 从银行提取现金 3 000 元。

(9) 以银行存款 30 000 元发放应付未付利润。

[要求]

(1) 确认每项经济业务引起的资产、负债和所有者权益的变化，并编相关分录。

(2) 编制 7 月 31 日的资产负债变化表，格式如表 2－12 所示。

表 2－12　资产负债变化表　　单位：元

资　产　项　目					负债和所有者权益项目				
项目名称	月初余额	本期增加	本期减少	月末余额	项目名称	月初余额	本期增加	本期减少	月末余额
合　计									

第三章　制造业公司业务的核算

【知识目标】

理解制造业公司主要经济业务的核算，包括接受投资者投入资本的核算、向债权人筹集资金的核算、固定资产购入的核算、材料采购业务的核算、生产过程业务核算的主要内容、产品生产业务的核算、直接材料费用的核算、完工产品的生产成本计算与结转、销售业务的核算、财务成果的核算、资金退出业务的核算。

【能力目标】

能够准确分析经济业务所属环节，同时设置正确的会计科目及对应科目，能够熟练进行不同业务环节的结转。掌握制造企业各个环节会计分录的书写，能够整体把握制造企业核算过程。

第一节　制造业公司基本经济业务概述

制造业公司也叫工业公司，是市场经济体系中的产品生产单位。其基本任务是按照市场经济的要求，生产出满足经济发展需要以及人民生活消费需要的社会产品，通过销售，以收抵支，不断增加公司的价值。因此，产品制造公司的主要经济业务就是产品的生产经营活动，其基本内容可以概括为以下几点。

一、筹集生产所需资金业务

公司为了进行生产经营活动，就必须拥有一定数量的经营资金，而这些经营资金都是从一定的来源渠道取得的，主要包括向公司权益投资者筹集权益性资金和向公司债权人筹集债务性资金。

二、产品生产经营过程业务

公司经营资金在生产经营过程中被具体运用时表现为不同的占用形态，而且随着生产经营过程的不断进行，其资金形态不断转化，资金形态由“货币资金—储备资金—生产资金—成品资金—货币资金”不断转化，依次经过采购、生产、销售三个过程。

（一）采购过程

在采购过程中，公司用货币资金购买机器设备等劳动资料形成固定资产，购买原材料等劳动对象形成储备资金，生产产品做好物资上的准备，货币资金分别转化为固定资产形态和储备资金形态。由于固定资产一旦购买完成将长期供公司使用，因而采购过程的主要核算内容是用货币资金（或形成结算债务）购买原材料的业务，包括支付材料价款和税款、发生采购费用、计算采购成本、材料验收入库、结转成本等，完成了采购过程的核算内容，为生产产品做好各项准备，进入生产过程。

（二）生产过程

在生产过程中，劳动者借助劳动资料对劳动对象进行加工，生产出各种产品。生产过程既是产品的制造过程，又是物化劳动和活劳动的耗费过程，即费用、成本的发生过程。具体而言，生产产品要耗费材料形成材料费用，耗费活劳动形成工资及福利等人工费用，使用厂房、机器设备等劳动资料形成折旧费用等等，生产过程中发生的这些生产费用的总和，构成产品的生产成本。生产过程使资金形态从固定资产、储备资金和一部分货币资金形态转化为生产资金形态，随着生产过程的不断进行，产成品生产出来并验收入库之后，其资金形态又转化为成品资金形态。

（三）销售过程

在销售过程中，公司通过销售产品，并按照销售价格与购买单位办理各种款项的结算，收回货款，从而使得成品资金形态转化为货币资金形态，回到了资金运动的起点状态，完成了一次资金的循环。另外，销售过程中还要发生各种诸如包装、广告等销售费用，计算并及时缴纳各种销售税金，结转销售成本，这些都属于销售过程的业务。

三、形成和分配经营成果

公司在生产经营过程中所获得的各项收入遵循配比原则抵偿了各项成本、费用之后的差额，形成公司的所得，即利润。公司实现的利润，一部分要以所得税的形式上缴国家，形成国家的财政收入；另一部分即税后利润，要按照规定的程序在各有关方面进行合理的分配。如果发生了亏损，还要按照规定的程序弥补。通过利润分配，一部分资金要退出公司，一部分资金要以公积金等形式继续参加公司的资金周转。

综合上述内容，公司在经营过程中发生的主要经济业务内容包括筹集资金业务，采购过程业务，生产过程业务，产品销售过程业务，财务成果形成和利润分配业务。

第二节　筹资业务的核算

制造公司的基本任务是按照市场经济的规则，开展生产经营活动，制造出满足市场需要的产品。货币资金是公司进行生产经营必备的条件，也是公司资金运动的出发点。公司只有运用货币资金购买劳动资料和劳动对象，雇用生产人员，才能进行生产活动，制造出各种产品，因此公司经济活动中首要的环节就是筹集资金。当然，筹集资金的形式并不局限于货币资金一种类型，也可以是机器设备、原材料等生产经营所需的资产。随着市场经济的发展，筹资在公司经济活动中的重要作用日益凸现，筹资活动的具体形式也逐渐多样化。概括起来，公司生产经营所需的资金主要有两种来源：一种是公司通过发行股票或接受直接投资等方式从投资者手中取得；另一种是公司向债权人借入，如从银行等金融机构借款或通过发行债券筹得。这两种来源的资金性质不同，核算方式各异。

一、接受投资者投入资本的核算

投资者投入的资本是保证公司生产经营正常进行的必要条件。它形成公司的永久性资本，没有偿还期限，是公司所有者权益的重要组成部分。所有者权益是投资者对公司净资产的所有权，包括投资者投入资本、资本公积、盈余公积和未分配利润等。投资者投入资本之后，可以通过分配公司的经营利润等方式取得投资收益，同时也承担着公司经营过程中存在的风险。投资者可以是国家、公司法人，也可以是个人。投入资本的形式包括现金、银行存款等货币资金，原材料、固定资产等实物资产，以及商标权、土地使用权等无形资产。公司接受投资业务需要设置相应的账户进行核算。

（一）账户设置

1. “实收资本”账户

“实收资本”账户用于核算公司实际收到的投资者投入的资本，属于所有者权益类账户。其贷方反映按照公司章程规定投资者投入的资本；借方核算投资者抽回投资的情况，由于投资者的投资是一种永久资本，在没有减资的情况下借方一般没有发生额；期末余额在贷方，表示期末投资者投资的实有数。“实收资本”账户应按投资者设置明细账户，进行明细核算。

2. “资本公积”账户

“资本公积”账户用于核算资本公积的增减变化和结余情况，属于所有者权益类账户。其贷方反映投资者投入资本超过其在公司注册资本中应享有份额的溢价、接受捐赠以及其他原因引起的资本公积的增加额；借方反映公司按法定程序将资本公积转增资本或其他原因引起的资本公积的减少额；期末余额在贷方，表示公司期末资本公积的结余数。

3. “银行存款”账户

“银行存款”账户用于核算公司存放在银行的款项的收、付和结存情况，属于资产类账户。其借方反映公司银行存款的增加数；贷方反映公司银行存款的减少数；期末余额在借方，表示公司期末银行存款的实有数额。

4. “固定资产”账户

“固定资产”账户用于核算公司持有固定资产的增减变动情况，属于资产类账户。其借方登记固定资产取得时的成本，包括买价、进口关税、运输和保险等相关费用，即按历史成本反映的固定资产的原价；贷方登记由于出售、报废、毁损和盘亏等减少的固定资产的原价；期末余额一般在借方，表示公司期末固定资产的账面原价。该账户应按固定资产的类别、使用部门和每项固定资产进行明细核算。

5. “无形资产”账户

“无形资产”账户用于核算公司的专利权、专有技术、商标权、著作权、土地使用权等各种无形资产的增减变化和结余情况，属于资产类账户。其借方登记公司购入、投资者投入、自行开发或通过其他途径取得的无形资产的价值；贷方登记公司因转让、投资转出以及摊销等减少的无形资产的价值；期末余额在借方，表示公司持有无形资产的摊余价值。该账户按无形资产的类别设置明细账户进行明细核算。

（二）账务处理

对投资者投入资本的账务处理主要涉及公司取得投资时投入资本与相关资产相应增加的核算问题。投资者投入资本主要业务的核算可用图 3 - 1 表示。

假定得力公司 2016 年 6 月发生下列经济业务。

【例 3 - 1】　1 日，接受 A 公司的现金投资 500 000 元，存入银行存款户。该项经济业

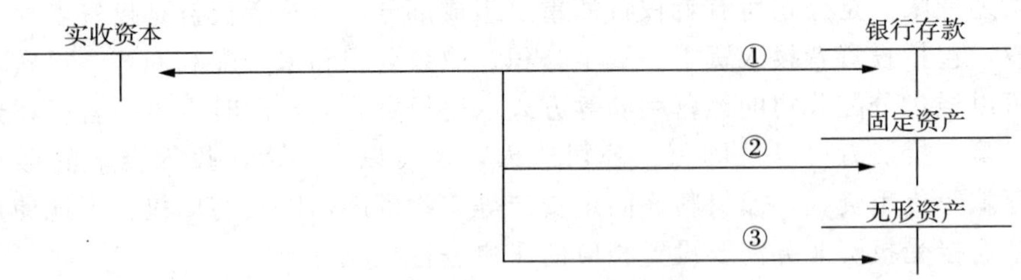

图 3-1　投资者投入资本核算

务的发生，一方面，使银行存款增加，应记入“银行存款”账户的借方；另一方面，使公司的资本金增加，应记入“实收资本”账户的贷方。该项经济业务的会计分录如下。

借：银行存款　　500 000
　　贷：实收资本——A 公司　　500 000

【例 3-2】　2 日，B 公司投入一台设备，账面原价 100 000 元，已提折旧 2 000 元。该项经济业务的发生，一方面，使公司的固定资产增加，应按设备账面原价 100 000 元记入“固定资产”账户的借方；另一方面，设备已提折旧 2 000 元，使折旧费用增加，应记入“累计折旧”账户的贷方；同时，固定资产原价和累计折旧的差额 98 000 元是公司实际增加的资本金，应记入“实收资本”账户的贷方。该项经济业务的会计分录如下。

借：固定资产——设备　　100 000
　　贷：累计折旧　　2 000
　　　　实收资本——B 公司　　98 000

【例 3-3】　3 日，华农厂以土地使用权作为对得力公司的投资，投资各方确认的公允价值为 150 000 元。这项经济业务的发生，一方面，使公司的无形资产增加，应按投资各方确认的公允价值 150 000 元，记入“无形资产”账户的借方；另一方面，使公司收到的非现金投资增加，应记入“实收资本”账户的贷方。该项经济业务的会计分录如下。

借：无形资产——土地使用权　　150 000
　　贷：实收资本——华农厂　　150 000

【例 3-4】　5 日，接受 D 公司捐赠的现金 100 000 元，存入银行存款户。该项经济业务的发生，一方面，使银行存款增加，应记入“银行存款”账户的借方；另一方面，使资本公积金增加，应记入“资本公积”账户的贷方。该项经济业务的会计分录如下。

借：银行存款　　100 000
　　贷：资本公积——接受现金捐赠　　100 000

二、向债权人筹集资金的核算

在市场经济比较发达的情况下，公司生产经营使用的资金一般不会局限于投资者的投入。为了弥补投资者投入资金的不足，或者为了利用负债的财务杠杆作用，或者为了债务利息的抵税作用等，公司通常会从外部借入资金。公司可以选择从银行等金融机构贷款，也可以通过向社会公开发行债券借入资金。在经营过程中，公司还可以通过赊购货物、推迟付款等方式，间接借入资金。公司从外部借入资金的期限可长可短，借款的方式多种多样。借款取得的资金不能无限期使用，公司应按照事先约定的时间和方式支付利息、偿还本金。

（一）账户设置

对于借入资金，公司应设置"短期借款""长期借款""应付债券""财务费用"等账户来进行核算。

1. "短期借款"账户

"短期借款"账户用于核算从银行等金融机构借入，偿还期限在 1 年以内的短期借入资金，属于负债类账户。其贷方登记短期借款的增加，即公司借入款项；借方登记短期借款的减少，即公司归还借款；期末余额在贷方，表示尚未归还的短期借款。该账户应按债权人和借款种类设置明细账户，进行明细核算。

2. "长期借款"账户

"长期借款"账户用于核算从银行等金融机构借入，偿还期限在 1 年以上的长期借入资金，属于负债类账户。其贷方登记公司借入长期借款的本金，以及按期计提的长期借款利息；借方登记公司偿还长期借款的本息；期末余额在贷方，表示尚未归还的长期借款的本金和利息。该账户应按照债权人和借款种类设置明细账户，进行分类核算。

3. "应付债券"账户

"应付债券"账户用于核算公司依法定程序对外发行债券筹集资金的过程，属于负债类账户。其贷方登记通过发行债券方式借入的资金，以及按期计提的债券利息；借方登记偿还债券本息的数额；期末余额在贷方，表示尚未偿还的债券本息。

4. "财务费用"账户

"财务费用"账户用于核算公司为筹集生产经营所需资金而发生的费用，包括利息支出（减利息收入）以及相关的手续费等，属于损益类账户。其借方登记发生的利息支出、手续费等财务费用；贷方登记由于在银行存款而获得的利息收入；期末余额转入"本年利润"账户，同公司经营取得的收入相配比，结转后该账户应无余额。

（二）账务处理

对于债权人借入资金的账务处理，主要是对借入、归还本金，偿付利息以及确认利息费用的核算，涉及的账户包括负债类和损益类两种。债权人借入资金主要业务的核算可用图 3－2 表示。

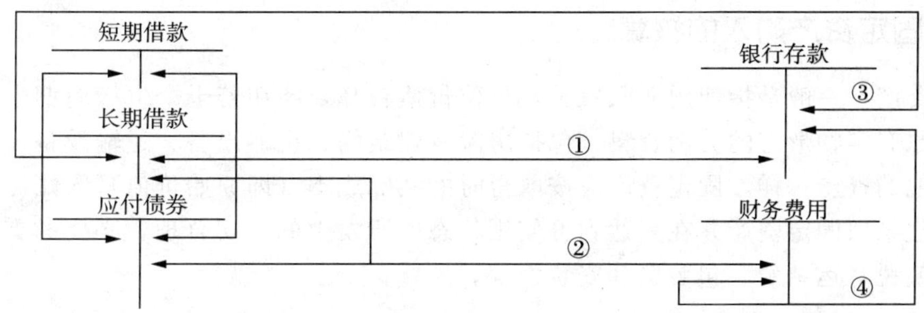

图 3－2　债权人借入资金核算

现以 2016 年 7 月得力公司部分借款业务为例说明债权人借入资金的账务处理。

【例 3-5】 4 日，向银行借款 200 000 元、期限半年、利率 6%，存入银行存款户。该项经济业务的发生，一方面，使公司的银行存款增加 200 000 元，应记入“银行存款”账户的借方；另一方面，公司向银行借款 200 000 元，形成对银行的一项负债，应记入“短期借款”账户的贷方。该项经济业务的会计分录如下。

借：银行存款　　200 000
　贷：短期借款　　200 000

【例 3-6】 5 日，以银行存款归还到期的银行短期借款本金 100 000 元、利息 3 000 元。该项经济业务的发生，一方面，使债务减少 100 000 元，应记入“短期借款”账户的借方，利息费用增加，应记入“财务费用”账户的借方；另一方面，使银行存款减少，制造业公司主要经济业务的核算为 103 000 元，应记入“银行存款”账户的贷方。该项经济业务的会计分录如下。

借：短期借款　　100 000
　财务费用　　3 000
　贷：银行存款　　103 000

【例 3-7】 6 日，发行面值为 1 000 000 元、期限 5 年、票面利率为 8%的债券，发行时市场利率也为 8%，债券按面值发行，到期一次还本付息。公司发行债券，当债券票面利率和市场利率相等时（如例中均为 8%），债券按面值发行。该项经济业务的发生，一方面，发行债券收回现金，使公司银行存款增加 1 000 000 元，应记入“银行存款”账户的借方；另一方面，发行债券使公司长期负债增加，应记入“应付债券”账户的贷方。该项经济业务的会计分录如下。

借：银行存款　　1 000 000
　贷：应付债券——债券面值　　1 000 000

第三节　采购业务的核算

为了进行产品生产，公司必须购置机器设备并进行材料采购。因此，固定资产采购业务和材料采购业务的核算就构成了采购业务的核算。

一、固定资产购入的核算

固定资产，一般是指使用期限较长，单位价值较高，能在若干个生产周期中发挥作用并保持其原有实物形态的劳动资料，包括房屋及建筑物、机器设备、运输设备、工具器具等。与其他的资产一样，固定资产应按取得时的实际成本（即原始价值）入账。实际成本是指为购建某项固定资产并在其达到可使用状态前所发生的一切合理、必要的支出，包括买价、增值税、运杂费、包装费和安装费等。

（一）账户设置

为了反映和监督公司固定资产的增减变动和结存情况，应设置“固定资产”账户，并按照固定资产的种类设置明细账，进行明细分类核算。

1. “在建工程”账户

固定资产自行建造、更新改造和大修理项目支出核算的账户是“在建工程”账户。本账户按工程项目和外购工程物资设置明细账户。该账户借方登记投入在建工程的各项支出增加数；贷方登记工程竣工、固定资产交付使用的工程成本数及项目工程物资和退回工程款、退库材料的发生额；借方余额表示尚未竣工的在建工程的实际成本。

2. “应付职工薪酬”账户

工资是公司支付给职工的劳动报酬，它实际上是一种活劳动的耗费。其中，支付建设固定资产的工人工资计入在建工程；支付给生产工人和车间管理人员的工资属于生产费用，应计入产品生产成本；支付给行政管理人员的工资属于经营管理费用，应计入管理费用。“应付职工薪酬”账户属于负债类账户，其贷方核算计入成本费用的应支付给职工的劳动报酬；借方登记实际支付给职工的工资；该账户期末一般没有余额。

3. “原材料”账户

该账户属于资产类，用来核算公司库存材料的收入、发出和结存情况。该账户借方登记已经验收入库材料的实际成本；贷方登记发出材料的实际成本；期末余额在借方，表示库存材料的实际成本。该账户按材料的品种、规格设置明细账户，进行明细分类核算。

4. “应交税费”账户

该账户属于负债类，用来核算公司应交纳的各种税金，包括增值税、消费税、所得税、资源税、土地增值税、城市维护建设税、房产税、教育附加等，在“应交税费”账户下设置“应交增值税”明细分类账户。借方登记公司购进货物或接受应税劳务支付的进项税额和实际交纳的增值税，贷方登记公司销售货物或提供应税劳务应交纳的销项税额。纳税人从销项税额中抵扣进项税额后向税务部门交纳增值税。期末余额在贷方，表示公司尚未交纳的增值税。若为借方余额则表示多交或尚未抵扣的增值税。

（二）账务处理

以机器设备为例，得力公司购入的机器设备中，有的不需要安装即可投入生产使用，有的则需要安装、调试后才能投入生产使用。如果购入的是需要安装的设备，应将其购进时支付的价款、包装费、运杂费和安装费用记入“在建工程”账户的借方；在安装完工交付使用时，再将购进和安装该备的全部支出（即其原始价值）从“在建工程”账户贷方转入“固定资产”账户的借方。

【例 3-8】 得力公司购入不需要安装的机器设备 1 台，买价 30 000 元和增值税税金 5 100元，运费 1000 元和增值税税金 110 元，运杂费全部款项已用银行存款支付。

这项经济业务的发生，涉及“固定资产”“应交税费”和“银行存款”三个账户。固定资产的增加是资产的增加，应原始价值记入“固定资产”账户的借方；应交增值税的减少是负债的减少，应记入“应交税费”账户的借方；银行存款的减少是资产的减少，应记入“银行存款”账户的贷方。这项业务应编制如下会计分录。

借：固定资产	31 000	
应交税费——应交增值税	5 210	
贷：银行存款		36 210

【例 3-9】 得力公司购入需要安装的机器设备 1 台，买价 50 000 元和增值税税金 8 500元，运费 5 000 元和增值税税金 550 元，全部款项已用银行存款支付。在安装过程

中，耗用材料 2 400 元，耗用人工 1 400 元。安装完毕，经验收合格交付使用。

本例包括两项经济业务。

(1) 购入固定资产的安装工程。这项经济业务的发生，一方面使得力公司的在建工程支出增加 58 800 元，应交增值税增加 9 050 元；另一方面使得力公司银行存款减少 64 050 元，库存材料减少 2 400 元，应付工资增加 1 400 元（其中进项增值税忽略不计）。因此，这项经济业务涉及“在建工程”“应交税费”“银行存款”“原材料”“应付职工薪酬”五账户。在建工程支出的增加是费用的增加，应记入“在建工程”账户的借方；“应交税费”进项税增加应计入借方；银行存款和库存材料的减少是资产的减少，应记入“银行存款”和“原材料”账户的贷方；应付工资的增加是负债的增加，应记入“应付职工薪酬”账户的贷方。这项业务应编制如下会计分录。

借：在建工程	58 800	
应交税费——应交增值税	9 050	
贷：银行存款		64 050
原材料		2 400
应付职工薪酬		1 400

(2) 安装完毕，经验收合格交付使用时，应按该项工程的实际成本（即固定资产的原始价值）借记“固定资产”账户，贷记“在建工程”账户。应编制如下会计分录：

借：固定资产	58 800	
贷：在建工程		58 800

二、材料采购业务的核算

公司要进行正常的生产经营活动，就必须购买和储备一定品种和数量的材料。在材料采购过程中，一方面是公司从供应单位购进各种材料物资，另一方面是公司要支付材料的买价和各种采购费用并与供应单位发生货款结算关系。公司购进的各种材料，经验收入库后即为可供生产领用的库存材料。材料买价加上采购费用就构成材料采购成本。采购业务、结算业务以及计算材料采购成本，就是公司材料采购业务核算的主要内容。

（说明：本处只介绍实际成本法下的核算）

（一）材料采购业务核算设置的账户

为了加强对材料采购业务的管理，核算和监督公司库存材料增减变动和结存情况，以及因采购材料而与供应单位发生的债权债务关系，确定材料采购的实际成本，企业需要设置以下账户：

1.“在途物资”账户

该账户属于资产类，用来核算公司货款已经支付或商业汇票已经承兑，但尚未到达或验收入库材料的实际成本。该账户借方登记已经支付或已承兑商业汇票的材料的实际成本；贷方登记验收入库材料的实际成本；期末余额在借方，表示公司已经支付或已经将商业汇票承兑，但尚未到达或尚未验收入库材料的实际成本。该账户一般按供货单位和材料种类设置明细账户，进行明细分类核算。

2.“应付账款”账户

该账户属于负债类，用来核算公司因采购材料物资和接受劳务供应等而应付给供应单位的款项。该账户贷方登记应付给供应单位的款项；借方登记偿还的应付款项；期末余额在贷方，表示尚未偿还的应付款项。该账户按供应单位的名称设置明细分类账户，进行明细分类核算。

3. “预付账款”账户

该账户属于资产类，用来核算公司按供货合同预付给供应单位的货款。该账户借方登记预付或补付的货款；贷方登记所购货物数额及退回的多付货款；期末余额在借方，表示已预付但尚未收到货物的金额。该账户按照供应单位的名称设置明细账户，进行明细分类核算。

（二）材料采购主要经济业务的核算

材料采购业务的核算主要分两个环节：一是与供应单位的货款结算，二是仓库验收材料。前者主要是根据供应单位的结算凭证办理，后者则是根据仓库转来的收料凭证进行账务处理。如果说付款和收料手续都办妥，则表明材料采购过程结束。

下面以得力公司 2016 年 8 月材料采购业务为例。

【例 3-10】 公司从本市购进甲材料 100 千克，单价为 700 元/千克，价款合计为 70 000元。增值税率为 17%，进项税额为 11 900 元。款项已用银行存款支付，材料已运达公司并验收入库。这项经济业务发生，一方面，使公司材料采购成本增加 70 000 元，应记入“原材料”账户的借方；同时增值税进项税额支出 11 900 元，是负债的减少，应记入“应交税费——应交增值税”账户的借方。另一方面，其使“银行存款”减少 81 900 元，应记入“银行存款”账户的贷方。这项业务应编制如下会计分录。

借：原材料　　70 000
　　应交税费——应交增值税（进项税额）　　11 900
　　贷：银行存款　　81 900

【例 3-11】 公司从大华工厂购入甲材料 40 千克，单价为 700 元，乙材料 60 千克，单价为 900 元，价款合计 82 000 元，增值税进项税额 13 940 元；运杂费甲材料 1 040 元、乙材料 1 560 元，发票账单已到，款项已用银行存款支付，材料尚未运到公司。

这项经济业务发生，一方面使在途物资成本增加 84 600 元，其中材料买价 82 000 元，运杂费 2 600 元，记入“在途物资”账户的借方；同时，增值税进项税额支出 13 940 元，记入“应交税费——应交增值税”账户的借方。另一方面，其使银行存款减少 98 540 元，记入“银行存款”账户的贷方。这项业务应编制如下会计分录。

借：在途物资——甲材料——大华工厂　　29 040
　　　　　　——乙材料——大华工厂　　55 560
　　应交税费——应交增值税（进项税额）　　13 940
　　贷：银行存款　　98 540

【例 3-12】 上述从大华工厂购入甲、乙两种材料已运达公司并验收入库，结转入库材料实际成本 84 600 元。

这项经济业务发生，一方面使库存原材料成本增加了 84 600 元，应记入“原材料”账户的借方；另一方面使在途物资的成本减少了 84 600 元，应记入“在途物资”账户的贷方。这项业务应编制如下会计分录：

借：原材料——甲材料　　29 040
　　　　——乙材料　　55 560
　贷：在途物资——甲材料——大华工厂　　29 040
　　　　　　　——乙材料——大华工厂　　55 560　　84 600

【例 3-13】 公司从长庆工厂购入丙材料 10 千克，单价为 500 元，价款 5000 元，增值税进项税额 850 元，运杂费 200 元，材料已运到公司并验收入库，发票账单已到，但货款尚未支付。

这项经济业务的发生，一方面使公司库存原材料成本增加 5 000 元，记入"原材料"账户的借方；同时，增值税进项税额支出 850 元，记入"应交税费——应交增值税"账户的借方。另一方面，其使应付账款增加 6 050 元，记入"应付账款"账户的贷方。这项业务应编制如下会计分录。

借：原材料——丙材料　　5 200
　　应交税费——应交增值税（进项税额）　　850
　贷：应付账款——长庆工厂　　6 050

【例 3-14】 公司以银行存款预付新华工厂购料款 50 000 元。

这项经济业务发生，一方面使预付账款增加 50 000 元，应记入"预付账款"账户的借方；另一方面使银行存款减少 50 000 元，记入"银行存款"账户的贷方。这项业务应编制如下会计分录。

借：预付账款——新华工厂　　50 000
　贷：银行存款　　50 000

【例 3-15】 公司以银行存款归还以前欠长庆工厂购材料款 6 050 元。

这项经济业务发生，一方面使应付账款减少 6 050 元，记入"应付账款"账户的借方；另一方面使银行存款减少 6 050 元，记入"银行存款"账户的贷方。这项业务应编制如下会计分录。

借：应付账款——长庆工厂　　6 050
　贷：银行存款　　6 050

【例 3-16】 新华工厂按合同发来前已预付账款的丙材料 80 千克，单价为 500 元，价款 40 000 元，增值税进项税额 6 800 元，运杂费 400 元，余额 2 800 元已退回存入银行，材料运到公司，并验收入库。

这项经济业务的发生，一方面使库存材料成本增加了 40 400 元，应记入"原材料"账户的借方；同时，增值税进项税额支出 6 800 元，记入"应交税费——应交增值税"账户的借方，余额退回银行存款增加 2 800 元记入"银行存款"账户借方。另一方面，其使预付账款减少 50 000 元，记入"预付账款"账户的贷方。这项业务应编制如下会计分录。

借：原材料——丙材料　　40 400
　　应交税费——应交增值税（进项税额）　　6 800
　　银行存款　　2 800
　贷：预付账款——新华工厂　　50 000

补充说明：在材料采购业务核算中，库存材料的日常核算如果按计划成本计价，可不设置"在途物资"账户，而设置"材料采购"和"材料成本差异"账户。

第四节　生产过程业务的核算

一、生产过程业务核算的主要内容

制造公司购入了一定数量和品种的原材料，其目的主要是为生产产品做储备。从原材料投入生产到产品的完工入库，这一过程称为生产过程。在生产过程中，公司会发生各种耗费，这些耗费可分为两部分，一部分称为生产费用，另一部分称为期间费用。

生产费用主要是为生产产品而发生的耗费。生产费用有不同的分类标准，其中按经济用途分类称为成本项目，包括直接材料、直接人工、制造费用。直接材料是指公司在生产过程中直接用于产品生产，并构成产品实体的原材料；直接人工是指直接从事产品生产的工人工资以及福利费；直接材料和直接人工又称为直接成本费用。制造费用是指公司各个生产车间为组织和管理生产而发生的各项费用，包括生产车间管理人员工资以及福利费、生产车间固定资产的折旧费、修理费、办公费、水电费、劳动保护费、差旅费等，这些费用在发生时记入制造费用，在一定的会计期末，需要采取一定的分配方法在有关产品之间进行分配，记入有关产品的成本。制造费用又称为间接费用。

期间费用包括管理费用、财务费用、销售费用。管理费用是指公司管理部门为组织和管理生产而发生的各种耗费，包括行政管理部门的职工工资和福利费、固定资产折旧费、修理费、办公水电费、工会经费、待业保险费、劳动保险费、董事会费、咨询费、诉讼费、业务招待费、房产税、土地使用税、印花税、车船使用税、无形资产摊销费、职工教育经费、排污费、坏账损失费等；财务费用是指公司为筹集资金等而发生的有关费用，包括利息收入（利息支出）、汇兑收益（汇兑损失）以及相关的手续费等；销售费用是指公司在销售商品过程中发生的费用，包括运输费、装卸费、包装费、保险费、展览费和广告费，以及为销售本公司商品而专设的销售机构人员工资以及福利费和其他经费。期间费用必须于发生当期直接记入损益。

由此可见，公司在生产过程中费用的发生、归集和分配以及产品成本的形成和结转，构成了生产过程业务核算的主要内容。

二、生产过程业务核算应设置的主要账户

为了对各项生产费用进行合理的归集和分配，及时计算完工产品的成本，同时也为了正确核算期间费用，在生产过程中应设置“生产成本”“制造费用”“累计折旧”“库存商品”“其他应付款”“管理费用”等账户。

（一）“生产成本”账户

该账户为成本类账户，用来核算公司为生产产品而发生的生产费用。该账户的借方登记为生产产品而发生的材料费、人工费和分配的制造费用；贷方登记转出的已完工入库产品的实际生产成本；期末余额在借方，表示尚未完工的在产品的实际成本。该账户可按产品的品名或种类设置明细账户，进行明细分类核算。

（二）“制造费用”账户

该账户为成本类账户，用来核算公司为生产产品而发生的各项间接费用。该账户的借方登记生产车间的一切费用，贷方登记分配记入有关产品的制造费用。该账户月末一般没有余额。为了详细核算制造费用，公司应按不同的车间、部门和费用项目设置明细专栏，进行明细核算。

（三）“累计折旧”账户

该账户是固定资产的备抵调整账户，用来核算固定资产的磨损情况。固定资产在使用过程中会发生磨损，从而使固定资产的价值减少，但因为管理的需要，“固定资产”账户只能反映公司固定资产的原始价值，其磨损而发生的减少额应通过“累计折旧”账户来反映，其记账结构与“固定资产”账户的记账结构正好相反。贷方登记提取固定资产折旧的增加额；借方登记已提固定资产折旧的减少额；余额通常在贷方，表示公司现有固定资产已计提的累计折旧额。“累计折旧”账户只进行总分类核算，不进行明细分类核算。

（四）“库存商品”账户

该账户是资产类账户，用来核算公司库存的各种商品的实际成本。该账户的借方登记完工入库产品的实际生产成本；贷方登记发出产成品的实际生产成本；月末余额在借方，表示库存商品的实际成本。该账户可按库存商品的种类、品种和规格设置明细账户，进行明细分类核算。

（五）“其他应付款”账户

该账户是负债类账户，用来核算公司按规定从成本费用中预先提取但尚未支付的费用。该账户与“预付账款”账户一样，也是根据权责发生制原则的要求，为了划清各个会计期间的费用界限而设置的。该账户的贷方登记按规定预先提取、应由本期负担的各项费用，例如预提的修理费、预提的借款利息等。借方登记各项费用的实际支出数。期末余额如在贷方，表示已经预提但尚未支付的费用；期末余额如在借方，表示公司实际支出数大于预提数，实际为待摊费用。该账户应按费用种类设置明细账，进行明细分类核算。

（六）“管理费用”账户

该账户是损益类账户，用来核算公司为组织和管理公司生产经营而发生的管理费用。该账户的借方登记发生的各项管理费用，贷方登记期末全部转入“本年利润”账户的数额，期末结转后本账户无余额。该账户应按费用种类设置明细账户，进行明细核算。

（七）“预付账款”账户

该账户是资产类账户，用于核算按照合同规定，预先以货币或货币等价物形式支付给供应单位的款项，如预付购货款、预付财产保险费、经营性租赁费、预付报刊费等。借方登记预付增加数；贷方登记减少数；期末余额在借方，表示有未收回的货物或未推销的费用。

三、产品生产业务的核算

（一）直接材料费用的核算

下面以得力公司 2016 年 8 月产品生产过程业务为例。

【例 3－17】 12 日，得力公司仓库发出材料汇总，如表 3－1 所示。

表 3-1　发出材料汇总表　　单位：元

用　途		甲材料		乙材料		
		数量（公斤）	金　额	数量（公斤）	金　额	合　计
生产车间	A 产品	550	110 000	220	33 000	143 000
生产车间	B 产品	400	80 000	330	49 500	129 500
车间耗用				60	9 000	9 000
行政管理部门耗用		20	4 000			4 000
合　计		970	194 000	610	91 500	285 500

从“发出材料汇总表”中可看出，仓库发出的材料，其中直接用于 A 产品生产的 143 000元和用于 B 产品生产的 129 500 元，属于直接材料费用，应直接记入“生产成本——A 产品”和“生产成本——B 产品”账户的借方；仓库发出材料，使甲材料减少 190 000元，乙材料减少 82 500 元，应记入“原材料——甲材料”和“原材料——乙材料”账户的贷方。该项经济业务的会计分录为如下。

借：生产成本——A 产品　　143 000
　　　　　　——B 产品　　129 500
　　贷：原材料——甲材料　　190 000
　　　　　　　——乙材料　　82 500

（二）直接工资及福利费用的核算

【例 3-18】　13 日，签发现金支票 80 000 元，向银行提取现金备发工资。

该项经济业务的发生，一方面，提取现金使现金增加 80 000 元，应记入“库存现金”账户的借方；另一方面，银行存款减少 80 000 元，应记入“银行存款”账户的贷方。该项经济业务的会计分录如下。

借：库存现金　　80 000
　　贷：银行存款　　80 000

【例 3-19】　13 日，以现金 80 000 元给职工发放工资。

该项经济业务的发生，一方面，发放工资，使得负债减少 80 000 元，应记入“应付职工薪酬”账户的借方；另一方面，现金也减少 80 000 元，应记入“库存现金”账户的贷方。该项经济业务的会计分录如下。

借：应付职工薪酬——工资　　80 000
　　贷：库存现金　　80 000

【例 3-20】　13 日，得力公司计提本月职工工资及福利费。月末编制“工资及福利费用分配表”如表 3-2 所示。

表 3-2 工资及福利费用分配表

单位：元

用途		工资费用	福利费用	合计
基本生产车间生产工人	A 产品	36 000	5 040	41 040
	B 产品	20 000	2 800	22 800
车间管理人员		8 000	1 120	9 120
行政管理人员		16 000	2 240	18 240
合计		80 000	11 200	91 200

从“工资及福利费用分配表”中可以看出，公司提取本月应付职工工资共计 80 000 元，其中 A 产品生产工人工资 36 000 元和 B 产品生产工人工资 20 000 元，属于直接人工费用，应直接记入“生产成本——A 产品”和“生产成本——B 产品”账户的借方；公司提取本月职工工资费用，形成公司对职工的一项负债，应记入“应付职工薪酬”账户的贷方。该项经济业务的会计分录如下。

借：生产成本——A 产品　　　　36 000
　　　　　　——B 产品　　　　20 000
　贷：应付职工薪酬——工资　　　　56 000

《公司会计制度》规定，公司应按职工工资总额的 14%计提应付职工福利费。提取的职工福利费主要用于支付职工医疗卫生费用、职工困难补助和其他福利费，以及应付的医务、福利人员工资等。从“工资及福利费用分配表”中看出，公司提取 A 产品生产工人的福利费 5 040 元和 B 产品生产工人的福利费 2 800 元，属于其他直接费用，应直接记入“生产成本——A 产品”和“生产成本——B 产品”账户的借方；公司提取本月职工福利费费用，形成公司对职工的一项负债，应记入“应付职工薪酬”账户的贷方。该项经济业务的会计分录如下。

借：生产成本——A 产品　　　　5 040
　　　　　　——B 产品　　　　2 800
　贷：应付职工薪酬——福利费　　　　7 840

（三）制造费用的归集与分配

制造费用是指公司各生产车间为组织和管理生产而发生的各项间接生产费用，包括车间一般材料消耗、车间管理人员的工资和福利费、车间用固定资产折旧费、修理费以及水电费、劳动保护费、办公费等其他间接费用。如果一个生产车间只生产一种产品，则这个生产车间发生的所有费用均属于直接生产费用，应直接记入“生产成本”账户进行核算；如果一个生产车间生产两种以上的产品，则这个生产车间所发生的费用应属于间接生产费用。间接生产费用不能直接计入产品制造成本，应先归集到“制造费用”账户，然后再按一定的分配标准，在有关成本计算对象间进行分配并结转到有关成本计算对象中。

【例 3-21】 12 日，从上述“发出材料汇总表”中可看出，仓库发出的材料中，用于车间一般消耗的乙材料 60 公斤、每公斤 150 元、计 9 000 元。

该项经济业务的发生，一方面，车间耗用乙材料，属于间接材料费用的增加，应归集在“制造费用”账户的借方；另一方面，仓库发出乙材料，使材料资产减少，应记入“原材料”账户的贷方。该项经济业务的会计分录如下。

借：制造费用——材料费　　9 000

　　贷：原材料——乙材料　　9 000

【例 3-22】　13 日，从上述“工资及福利费用分配表”中可以看出，公司提取本月应付职工工资总额 80 000 元，其中车间管理人员工资为 8 000 元。

该项经济业务的发生，一方面，提取车间管理人员工资，属于间接人工费用的增加，应归集在“制造费用”账户的借方；另一方面，公司提取车间管理人员工资，形成公司对职工的一项负债，应记入“应付职工薪酬”账户的贷方。该项经济业务的会计分录如下。

借：制造费用——工资　　8 000

　　贷：应付职工薪酬——工资　　8 000

【例 3-23】　13 日，从上述“工资及福利费用分配表”中可以看出，公司提取本月职工福利费用共计 11 200 元，其中车间管理人员的福利费 1 120 元。

该项经济业务的发生，一方面，提取车间管理人员的福利费，属于其他间接费用，应归集在“制造费用”账户的借方；另一方面，公司提取车间管理人员的福利费，形成公司对职工的一项负债，应记入“应付职工薪酬”账户的贷方。该项经济业务的会计分录如下。

借：制造费用——福利费　　1 120

　　贷：应付职工薪酬——福利费　　1 120

【例 3-24】　15 日，用现金 300 元购买生产车间办公用品。

该项经济业务的发生，一方面，购买的办公用品用于生产车间，使得间接费用增加 300 元，应记入“制造费用”账户的借方；另一方面，现金减少 300 元，应记入“库存现金”账户的贷方。该项经济业务的会计分录如下。

借：制造费用——车间办公用品费　　300

　　贷：库存现金　　300

【例 3-25】　17 日，签发转账支票 3 300 元支付车间生产水电费。

该项经济业务的发生，一方面，支付生产车间水电费，使得间接费用增加 3 300 元，应记入“制造费用”账户的借方；另一方面，银行存款减少 3 300 元，应记入“银行存款”账户的贷方。该项经济业务的会计分录如下。

借：制造费用——水电费　　3 300

　　贷：银行存款　　3 300

【例 3-26】　31 日，提取车间固定资产折旧费用 8 000 元。

该项经济业务的发生，一方面，提取车间固定资产折旧费用，使间接费用增加8 000 元，应记入“制造费用”账户的借方；另一方面，提取折旧费用表示固定资产价值耗损增加 8 000 元，应记入“累计折旧”账户的贷方。该项经济业务的会计分录如下。

借：制造费用——设备　　8 000

　　贷：累计折旧　　8 000

【例 3-27】　31 日，预提本月车间固定资产大修理费用 3 000 元。

该项经济业务的发生，一方面，预提车间固定资产大修理费用，使得本期间接费用增加 3 000 元，应记入“制造费用”账户的借方；另一方面，预提费用增加 3 000 元，应记入“其他应付款”账户的贷方。该项经济业务的会计分录如下。

借：制造费用——修理费　　3 000

　贷：其他应付款　　3 000

【例 3-28】　31 日，摊销年初预付应由本月生产车间负担的财产保险费 2 000 元。

该项经济业务的发生，一方面，摊销应由本月车间负担的财产保险费 2 000 元，使得本期间接费用增加 2 000 元，应记入“制造费用”账户的借方；另一方面，摊销年初预付的财产保险费，使得待摊费用减少 2 000 元，应记入“预付账款”账户的贷方。该项经济业务的会计分录如下。

借：制造费用——保险费　　2 000

　贷：预付账款　　2 000

【例 3-29】　31 日，将上述发生的制造费用登记在“制造费用明细账”中，计算出本月发生的制造费用共计 34 720 元，按生产工人工资分配结转到 A、B 两种产品的“生产成本”中去。“制造费用明细账”如表 3-3 所示。

表 3-3　制造费用明细账

车间：基本生产车间　　时间：8 月 31 日　　单位：元

摘要	材料费	工资及福利费	折旧费	大修理费	办公费	保险费	水电费	合　计	转　出
材料费用分配	9 000							9 000	
工资及福利费分配		9 120						9 120	
折旧费用分配			8 000					8 000	
预提大修理费				3 000				3 000	
购买办公用品					300			300	
摊销财产保险费						2 000		2 000	
支付水电费							3 300	3 300	
制造费用的分配									34 720
合计	9 000	9 120	8 000	3 000	300	2 000	3 300	34 720	34 720

分配并结转“制造费用”。

分配标准：生产工人工资总额

分配率＝制造费用总额/生产工人工资总额

＝34 720/（36 000 ＋20 000）＝0.62

A 产品应负担的制造费用＝0.62×36 000＝22 320

B 产品应负担的制造费用＝0.62×20 000＝12 400

该项经济业务的发生，一方面，A、B 产品应负担的制造费用，属于直接生产费用的增加，应记入“生产成本”账户的借方；另一方面，制造费用经过分配结转后减少，应记入“制造费用”账户的贷方。该项经济业务的会计分录如下。

借：生产成本——A 产品　　22 320

　　　　　　——B 产品　　12 400

　贷：制造费用　　34 720

（四）计算并结转完工产品的生产成本

通过上述对直接材料费用、直接工资费用和其他直接费用的归集；对间接生产费用，即制造费用的归集和分配结转后，在“生产成本”账户中已经分别批号汇集了全部生产费用，这样就可以根据各批产品的完工情况分别计算产品生产成本。如果产品已全部完工，则编制“产品生产成本计算表”，按成本计算对象，计算出该批产品的总成本和单位成本，并将其从“生产成本”账户转入“库存商品”账户。

【例 3－30】　31 日，假定得力公司在月初无在产品，本月投产的 A、B 产品全部制造完工并已验收入库，A 产品 500 件，B 产品 600 件，编制“产品生产成本计算表”，按成本计算对象，计算 A 产品和 B 产品的总成本和单位成本，并结转完工产品的生产成本，如表 3－4 所示。

表 3－4　产品生产成本计算表　　单位：元

成本项目	A 产品（500 件）		B 产品（600 件）	
	总成本	单位成本	总成本	单位成本
原材料	143 000	286	129 500	215.83
工资及福利费	41 040	82.08	22 800	38
制造费用	22 320	44.64	12 400	20.67
合　计	206 360	412.72	164 700	274.50

从上表可知，A 产品的总成本 206 360 元，B 产品的总成本 164 700 元。一方面，完工产品成本结转后，产成品增加，应记入“库存商品”账户的借方；另一方面，生产成本减少，应记入“生产成本”账户的贷方。该项经济业务的会计分录如下。

借：库存商品——A 产品　　206 360

　　　　　　——B 产品　　164 700

　贷：生产成本——A 产品　　206 360

　　　　　　　——B 产品　　164 700

（五）管理费用和财务费用的核算

【例 3-31】 10 日，职工王林预借差旅费 500 元。

该项经济业务的发生，一方面，公司对职工王林的债权增加 500 元，应记入“其他应收款——王林”账户的借方；另一方面，现金减少 500 元，应记入“库存现金”账户的贷方。该项经济业务的会计分录如下。

借：其他应收款——王林　　500
　　贷：库存现金　　500

【例 3-32】 12 日，从上述“发出材料汇总表”中可以看出，仓库发出的材料中，公司行政管理部门领用甲材料 20 公斤，共计 4 000 元，用于房屋修缮。

该项经济业务的发生，一方面，行政管理部门材料费用增加，应记入“管理费用”账户的借方；另一方面，材料消耗，原材料减少，应记入“原材料”账户的贷方。该项经济业务的会计分录如下。

借：管理费用——材料费　　4 000
　　贷：原材料——甲材料　　4 000

【例 3-33】 13 日，从上述“工资及福利费用分配表”中可以看出，公司提取本月职工工资共计 80 000 元，其中行政管理人员工资 16 000 元。

该项经济业务的发生，一方面，行政管理部门工资费用增加，应记入“管理费用”账户的借方；另一方面，提取工资，形成公司对职工的一项负债，应记入“应付职工薪酬”账户的贷方。该项经济业务的会计分录如下。

借：管理费用——工资　　16 000
　　贷：应付职工薪酬——工资　　16 000

【例 3-34】 13 日，从上述“工资及福利费用分配表”中可以看出，公司提取本月职工福利费用共计 11 200 元，其中行政管理人员的福利费 2 240 元。

该项经济业务的发生，一方面，行政管理部门福利费用增加，应记入“管理费用”账户的借方；另一方面，公司提取福利费，形成公司对职工的一项负债，应记入“应付职工薪酬”账户的贷方。该项经济业务的会计分录如下。

借：管理费用——福利费　　2 240
　　贷：应付职工薪酬——福利费　　2 240

【例 3-35】 16 日，职工王林报销差旅费 550 元，王林原预借 500 元，补给王林 50 元现金。

该项经济业务的发生，一方面，行政管理部门差旅费用增加 550 元，应记入“管理费用”账户的借方；另一方面，应转销“其他应收款”账户 500 元，记入“其他应收款——王林”账户的贷方；补给王林现金，现金减少 50 元，应记入“库存现金”账户的贷方。该项经济业务的会计分录如下。

借：管理费用——差旅费　　550
　　贷：其他应收款——王林　　500
　　　　库存现金　　50

【例 3-36】 17 日，按工资总额的 2% 提取工会经费，共计 1 600 元。

该项经济业务的发生，一方面，工会经费增加 1 600 元，应记入“管理费用”账户的借方；另一方面，提取的工会经费应付给工会，形成对工会的负债，应记入“其他应付款”账户的贷方。该项经济业务的会计分录如下。

借：管理费用——工会经费　　1 600

　　贷：其他应付款——工会　　1 600

【例 3-37】　21 日，接到银行结息通知单，本季度银行存款利息 500 元。

该项经济业务的发生，一方面，银行已将应支付给公司的存款利息 500 元转入公司银行存款户，使得公司银行存款账户余额增加，应记入“银行存款”账户的借方；另一方面，公司收到的利息收入，应冲减财务费用，应记入“财务费用”账户的贷方。该项经济业务的会计分录如下。

借：银行存款　　500

　　贷：财务费用——利息　　500

【例 3-38】　21 日，接到银行结息通知单，本季度银行借款利息 4 000 元，已预提 3 000元。

该项经济业务的发生，一方面，应转销已预提的财务费用 3 000 元，记入“其他应付款”账户的借方，同时将其差额 1 000 元记入“财务费用”账户的借方；另一方面，银行已将公司应支付的银行借款利息从公司银行存款账户中扣除，使得公司银行存款账户余额减少 4 000 元，应记入“银行存款”账户的贷方。该项经济业务的会计分录如下。

借：其他应付款——利息　　3 000

　　财务费用——利息　　1 000

　　贷：银行存款　　4 000

【例 3-39】　31 日，计提行政管理部门固定资产折旧费用 3 200 元。

该项经济业务的发生，一方面，行政管理部门固定资产折旧费用增加 3 200 元，应记入“管理费用”账户的借方；另一方面，提取折旧费用表示固定资产价值耗损增加 3 200 元，应记入“累计折旧”账户的贷方。该项经济业务的会计分录如下。

借：管理费用——折旧　　3 200

　　贷：累计折旧　　3 200

【例 3-40】　31 日，摊销年初预付应由本月负担的行政管理部门的报纸杂志订阅费 1 200元。

该项经济业务的发生，一方面，本月负担的行政管理部门报纸杂志订阅费用增加 1 200元，应记入“管理费用”账户的借方；另一方面，摊销预付的费用，使得待摊费用减少 1 200 元，应记入“预付账款”账户的贷方。该项经济业务的会计分录如下。

借：管理费用——报刊费　　1 200

　　贷：预付账款——报刊费　　1 200

【例 3-41】　31 日，预提本月银行借款利息 600 元。

该项经济业务的发生，一方面，预提利息费用，使财务费用增加了 600 元，应记入“财务费用”账户的借方；另一方面，使预提费用增加了 600 元，应记入“其他应付款”账户的贷方。该项经济业务的会计分录如下。

借：财务费用——利息　　600

　　贷：其他应付款　　600

【例 3-42】 31 日，签发转账支票 24 000 元，预付下年房屋租金。

该项经济业务的发生，一方面，预付费用增加 24 000 元，应记入“预付账款”账户的借方；另一方面，银行存款减少 24 000 元，应记入“银行存款”账户的贷方。该项经济业务的会计分录如下。

借：预付账款——房租　　24 000

　贷：银行存款　　24 000

第五节　销售过程业务的核算

一、销售业务核算的内容

销售过程是公司生产经营过程的最后一个阶段。公司销售业务按其销售对象的不同可以分为商品销售业务和其他销售业务两大类。

商品销售是公司销售过程的主要业务活动。在这一过程中，公司销售商品，取得收入，并按售价向购买单位收取货款和增值税税款，以及计算确定销售成本和应交纳的各种税金及附加，如应交纳的增值税、消费税、城建税、教育费附加等。其他销售业务主要指销售原材料、固定资产出租带来的租金收入等，因此，销售业务核算的内容主要包括以下几个方面。

（一）一般商品销售收入

一般商品销售收入称为主营业务收入，是指公司销售商品而实现的收入。对于制造业而言，它是指公司将其生产的产成品销售给购货方而实现的收入。主营业务收入总额是销售量与单位售价的乘积。

（二）商品销售成本

商品销售成本称为主营业务成本，是指公司销售商品的实际成本。商品销售成本＝销售量×单位库存商品成本。由于商品入库时间不同，每次入库商品的成本水平不一样。因此，发出商品的成本也应选择适当的方法计价，有先进先出法、后进先出法、加权平均法、移动加权平均法等。

（三）增值税及销项税额

增值税是指商品在流转增值过程中增收的一种税种，属国家统一征收。销项税额是指公司在销售商品时向购货方收取的增值税税额。

销项税额＝销售额×增值税税率。销售额为不含税的销售额，若为含税的销售额应换算成不含税的销售额。

不含税销售额＝含税销售额/（1＋增值税税率）。一般纳税人的增值税税率为 17%。

进项税额＝采购不含税原材料进价总额×增值税税率。进项税额在公司缴纳增值税时可对应抵扣。其公式如下。

当期应交纳的增值税＝当期的销项税额－当期的进项税额

（四）其他业务销售收入

对于制造业而言，其他销售收入是指公司将其生产的原材料销售给购货方或固定资产出租等而实现的收入。其他业务收入总额一般指销售量与单位售价的乘积。

（五）其他业务成本

其他业务成本，是指公司销售原材料或出租设备的对应分担的实际成本。原材料销售成本＝销售量×单位成本，出租设备成本＝设备的折旧率×出租的时间。

二、账户设置

为了核算销售收入、销售成本以及其他销售费用，公司应设置“主营业务收入”“主营业务成本”“营业税金及附加”“其他业务收入”“其他业务成本”账户和“销售费用”等账户；结算收入应设置“应收账款”“预收账款”和“应收票据”等账户。

（一）“主营业务收入”账户

“主营业务收入”账户用于核算在销售商品等日常活动中所取得的收入，属于损益类账户。当发生的业务符合收入确认条件时，应按实际收到或应收的价款在该账户的贷方登记相应的金额。如果销售出去的产品由于质量等原因而被买方退回，则应冲减原已确认的销售收入，按实际支付或应退还的价款在该账户的借方登记相应的金额。该账户贷方发生额与借方发生额的差额为产品销售净收入，期末将其从该账户的借方转至“本年利润”账户的贷方，以便同成本费用相配比，确定当期的公司经营成果。该账户期末应无余额。该账户可按主营业务的种类设置明细账户，进行明细核算。

（二）“主营业务成本”账户

“主营业务成本”账户用于核算因销售商品等日常活动而发生的实际成本，属于损益类账户。其借方登记售出产品的生产成本；贷方登记期末转入“本年利润”账户同销售收入相配比的金额；期末应无余额。该账户应按主营业务的种类设置明细账户，进行明细核算。

（三）“销售费用”账户

该账户为损益类账户，用于核算公司销售商品过程中发生的费用。其借方登记发生的相关费用；贷方登记期末转入“本年利润”账户同销售收入相配比的金额；该账户期末应无余额。

（四）“营业税金及附加”账户

公司在销售产品的过程中通常要按照规定为特定的销售行为缴纳税金，为此缴纳的税金属于销售收入的抵减项目，应设置“营业税金及附加”账户进行核算。“营业税金及附加”账户用于核算公司应负担的税金及附加。其借方登记公司按照规定计算得出应由企业营业所负担的营业税金及附加；贷方登记公司收到的先征后返的消费税等原记入该账户的各种税金；期末应将该账户的余额转入“本年利润”账户，同销售收入相配比计入当期损益，结转后该账户没有余额。

（五）“其他业务收入”账户

“其他业务收入”账户用以核算和监督公司除主营业务收入以外的其他销售或其他业务的收入，如材料销售、代购代销、包装物出租等收入。其他业务收入的实现原则，与主营业务收入实现原则相同，属于损益类账户。账户贷方登记当期实现的其他业务收入；账户借方登记期末转入“本年利润”账户的其他业务收入；期末结转利润后，本账户应无余额。为详细反映本期其他业务收入的实现和结转利润情况，本账户应按其他业务的种类，如“材料销售”“代购代销”“包装物出租”等设置明细账，进行明细核算。

（六）“其他业务成本”账户

“其他业务成本”账户用以核算和监督公司除主营业务成本以外的其他销售或其他业务所发生的成本，包括销售材料、提供劳务等发生的相关成本、费用，以及相关税金及附加等，属于损益类账户。账户借方登记其他销售或其他业务本期确认发生的各项成本；账户贷方登记期末转入“本年利润”账户的其他业务成本；期末结转利润后，本账户应无余额。为详细反映本期其他业务成本的发生、期末结转利润情况，本账户应按其他业务的种类，如“材料销售”“代购代销”“包装物出租”等设置明细账，进行明细核算。

（七）“应收账款”账户

“应收账款”账户用于核算公司因销售商品、提供劳务等业务，应向购货单位或接受劳务单位收取的款项，属于资产类账户。其借方登记由于销售商品等原因应向买方收取的款项，反映的是一种债权；贷方登记收回的应收款项，反映债权的收回；期末借方余额反映公司尚未收回的应收账款，若为贷方余额则反映公司预收的款项。如果公司未设置“预收账款”账户，则“应收账款”账户的贷方还登记预收购货方的款项。该账户应按不同的购货单位或接受劳务的单位设置明细账户，进行明细核算。

（八）“应收票据”账户

“应收票据”账户用于核算公司因销售产品、提供劳务等而收到的商业汇票，包括银行承兑汇票和商业承兑汇票，属于资产类账户。其借方登记因销售商品、提供劳务等收到、开出、承兑的商业汇票的票面价值，以及带息票据计提的利息；贷方登记商业汇票到期时实际收回的金额；期末余额通常在借方，反映公司持有尚未到期的商业汇票的票面价值和应计利息。

（九）“预收账款”账户

“预收账款”账户用于核算公司按照合同规定向购货单位或接受劳务的单位预收的款项，属于负债类账户。其贷方登记预收购货单位的款项，由于还没有履行合同规定的发出商品等义务，无法确认销售收入，因此预收的款项实际上属于负债，以后要以提供商品或劳务的方式偿还；借方登记销售实现时的销售收入；期末余额在贷方反映公司预收的款项，如为借方余额则反映应由购货单位补付的款项。该账户应按购货单位或接受劳务的单位设置明细账户，进行明细核算。

三、账务处理

下面以得力公司 2016 年 8 月的销售业务为例。

【例 3－43】 10 日，销售成功公司 A 产品 300 件，每件售价 1 000 元，价款共计 300 000元；应收取的增值税销项税额 51 000 元。以上款项已通过银行转账结算收讫。

以上经济业务的发生，表明公司销售产品，实现了产品销售收入，使得其货币资产和主营业务收入及应交税费同时增加。应按实收的银行转账结算款项借记“银行存款”账户；按产品销售金额贷记“主营业务收入”账户，按产品销售的增值税销项税额贷记“应交税费——应交增值税”账户。根据有关凭证作会计分录如下。

借：银行存款　　　　　　　　　　351 000

　　贷：主营业务收入——A 产品　　　　　　　　　　　　　　　　　　300 000

　　　　应交税费——应交增值税（销项税额）　　　　　　　　　　　51 000

【例 3-44】　15 日，销售实力公司 B 产品 200 件，每件售价 500 元，价款共计 100 000元；应收取的增值税销项税额 17 000 元；另以银行存款代垫运杂费 3 000 元。以上款项暂未收到。

以上经济业务的发生表明，公司销售产品，实现了产品销售收入，但销售价款、增值税销项税额和代垫的运杂费均尚未收到，使得其主营业务收入和应交税费增加的同时，应收账款也发生对应增加。应按尚未收回的销售账款借记“应收账款”账户；按产品销售金额贷记“主营业务收入”账户，按产品销售的增值税销项税额贷记“应交税费——应交增值税”账户，按代垫运杂费减少的货币资金贷记“银行存款”账户。根据有关凭证作会计分录如下。

借：应收账款——实力公司　　　　　　　　　　　　　　120 000

　　贷：主营业务收入——商品销售（B 产品）　　　　　　　　　　100 000

　　　　应交税费——应交增值税（销项税额）　　　　　　　　　　17 000

　　　　银行存款　　　　　　　　　　　　　　　　　　　　　　　3 000

【例 3-45】　16 日，按照销售合同的有关规定，收到购货单位动力公司预付的 B 产品、A 产品订货款 500 000 元，存入银行存款户。

该项经济业务的发生，表明公司向购货单位预收款项而形成一笔流动负债，使得其货币资金和短期债务同时发生增加。应按实收货币金额借记“银行存款”账户；按形成的预收款项贷记“预收账款”账户。根据有关凭证作会计分录如下。

借：银行存款　　　　　　　　　　　　　　　　　　　500 000

　　贷：预收账款——动力公司　　　　　　　　　　　　　　　　500 000

【例 3-46】　20 日，根据合同的相关条款，采用商业汇票结算方式向土豆公司销售 B 产品 20 件，每件售价 500 元，价款共计 10 000 元；应收取的增值税销项税额 1 700 元。当即收到土豆公司开出并承兑的期限为 2 个月的不计息的商业承兑汇票一张，票面金额为11 700元。

该项经济业务的发生，表明公司销售产品，实现了产品销售收入，使得其票据债权资产和主营业务收入及应交税费同时增加。应按收到的商业承兑汇票票面金额借记“应收票据”账户；按产品销售价款贷记“主营业务收入”账户，按产品销售应收取的增值税销项税额贷记“应交税费——应交增值税”账户。根据有关凭证作会计分录如下。

借：应收票据——商业承兑汇票（土豆公司）　　　　　　11 700

　　贷：主营业务收入——商品销售（B 产品）　　　　　　　　　　10 000

　　　　应交税费——应交增值税（销项税额）　　　　　　　　　　1 700

【例 3-47】　22 日，采用银行转账结算方式支付产品销售广告费 25 000 元。

该项经济业务的发生，表明公司在产品销售过程中，以货币资金直接支付产品销售费用，使得其期间费用增加，银行存款资产减少。应按实际开支的产品广告费用借记“销售费用”账户；按实付货币资金贷记“银行存款”账户。根据有关凭证作会计分录如下。

借：销售费用——广告费　　　　　　　　　　　　　　　25 000

　　贷：银行存款　　　　　　　　　　　　　　　　　　　　　　25 000

【例 3-48】　23 日，接到银行收款通知，收到实力公司前欠销售 B 产品货款及增值税额等共计 1 173 000 元。

该项经济业务的发生，表明公司已收回购货单位暂欠的销售产品价款和增值税额及代垫运杂费等，使得其账款债权资产减少，货币资金增加。应按实收的货币金额借记“银行存款”账户；按已收回的债权贷记“应收账款”账户。根据有关凭证作会计分录如下。

借：银行存款　　1 173 000

　　贷：应收账款——实力公司　　1 173 000

【例 3－49】 24 日，按合同的规定，向预付货款的动力公司销售 B 产品 200 件，每件售价 500 元，价款共计 100 000 元；销售 A 产品 100 件，每件售价 1 000 元，价款共计 100 000 元；应收取的增值税销项税额共计 34 000 元。以上款项除抵付向动力公司前已预收的款项外，其余差额款暂未收到。

该项经济业务的发生表明，公司销售产品，实现了产品销售收入，但销售价款和增值税销项税额除抵付前已预收款项外均未收到，使得其主营业务收入和应交税费增加的同时，应收账款也相应增加。应按商品销售价款和增值税销项税额借记“预收账款”账户；按产品销售金额贷记“主营业务收入”账户，按应收取的增值税销项税额贷记“应交税费——应交增值税”账户。根据有关凭证作会计分录如下。

借：预收账款——动力公司　　234 000

　　贷：主营业务收入——商品销售（B 产品）　　100 000

　　　　　　　　　　——商品销售（A 产品）　　100 000

　　　　应交税费——应交增值税（销项税额）　　34 000

【例 3－50】 24 日，向神马公司让售甲材料 100 吨，每吨售价 200 元，价款共计 20 000元；出售乙材料 200 吨，每吨售价 400 元，价款共计 100 000 元；应收取的增值税销项税额共计 17 000 元。以上款项均已收妥存入银行。

该项经济业务的发生，表明公司让售材料，形成了其他业务收入，使得其货币资金与其他业务收入及应交税费同时增加。应按实收的货币金额借记“银行存款”账户；按材料出售价款贷记“其他业务收入”账户，按应收取的增值税销项税额贷记“应交税费——应交增值税”账户。根据有关凭证作会计分录如下。

借：银行存款　　117 000

　　贷：其他业务收入——材料销售　　100 000

　　　　应交税费——应交增值税（销项税额）　　17 000

【例 3－51】 25 日，接到银行收款通知，收到特里公司补付的暂欠购货差额款 300 000元。

该项经济业务的发生表明，公司已收回购货单位暂欠的销售产品价款和增值税额的差额款，使得其短期债权资产减少，货币资产增加。应按实收的货币金额借记“银行存款”账户；按已收回的销货差额款贷记“预收账款”账户。根据有关凭证作会计分录如下。

借：银行存款　　300 000

　　贷：预付账款——动力公司　　300 000

【例 3－52】 月末，计算并结转本月销售材料的实际成本 80 000 元，其中甲材料成本 30 000 元，乙材料成本 50 000 元。

该项经济业务的发生表明，因公司计算结转销售材料实际成本，使得其材料销售成本增加，库存材料资产减少。应按计算结转的材料成本的合计数额借记“其他业务成本”账户；按销售材料的成本贷记“原材料”账户。根据有关凭证作会计分录如下。

借：其他业务成本——材料销售　80 000

　　贷：原材料——甲材料　30 000

　　　　　　　——乙材料　50 000

【例 3－53】　月末，按 7%的适用税率计算本月产品销售业务应交城市维护建设税 8 449元（纳税人所在地在市区的，税率 7%；纳税人所在地在县城、镇的，税率 5%；纳税人所在地不在市区、县城或镇的，税率 1%），按 3%的适用附加率计算本月产品销售业务应交教育费附加 3 621 元。

该项经济业务的发生表明，根据公司本月主营业务应交增值税、消费税额和适用税率及附加率计算的应交城建税、教育费附加额，使得其费用要素与负债要素同时对应增加。

应按计算的城建税额与教育费附加额借记“营业税金及附加”账户；按应交的城建税额贷记“应交税费——应交城建税”账户，按应交的教育费附加额贷记“应交税费——应交教育费附加”账户。根据有关凭证作会计分录如下。

借：营业税金及附加——商品销售　12 070

　　贷：应交税费——应交城建税　8 449

　　　　　　　　——应交教育费附加　3 621

【例 3－54】　月末，计算并结转本月已销产品的生产成本 288 613 元。其中，B 产品销售 450 件，生产成本 123 525 元；A 产品销售 400 件，生产成本 165 088 元。

该项经济业务的发生表明，公司应根据生产完工、验收入库产成品的实际成本资料，计算本月已销产品的实际生产成本。由于本月销售的库存商品不一定均为本月生产的产成品，且各个月度生产的同一种产成品的单位生产成本可能存在差异，所以计算确定本月已销产品的生产成本就如前述计算确定发出材料的实际成本一样，必须采用一定的存货计价方法，如加权平均法、移动平均法、先进先出法、后进先出法、个别计价法和分配计价法等。

由于本月销售的产品均为本月生产的产成品，根据本月产品成本计算单编制已销产品成本计算表，如表 3－5 所示。

表 3－5　已销产品成本计算表

产品种类	本月销售数量（件）	单位成本（元）	总成本（元）
A 产品	400	412.72	165 088
B 产品	450	274.5	123 525
合　计			288 613

计算并结转本月已销产品的生产成本，使得公司本月产品销售成本增加，库存商品成本减少。应按计算结转的已销产品的实际生产成本借记“主营业务成本”账户，贷记“库存商品”账户。根据有关凭证作会计分录如下。

借：主营业务成本——A 产品　165 088

　　　　　　　　——B 产品　123 525

贷：库存商品——A产品　　165 088

　　　　　　——B产品　　123 525

第六节　财务成果的核算

财务成果是公司一定时间内生产经营取得的最终成果，表现为利润或亏损。它是反映公司生产经营效益的综合指标，也是进行财务预测、投资决策的重要依据。一般情况下，公司一定时间财务成果的高低反映其经营状况的优劣。制造公司的经济活动包含多种多样的内容，因此财务成果主要包括营业利润、投资损益、营业外收支净额、所得税费用等几部分。

一、财务成果的构成

公司财务成果又称利润，是指公司在一定会计期间生产经营活动的最终成果，即收入与费用相抵后的差额。收入包括主营业务收入、其他业务收入、投资收益、营业外收入等；费用包括主营业务成本、营业税金及附加、其他业务成本、营业费用、管理费用、财务费用、营业外支出等。

公司的利润，就其构成来看，既有通过生产经营活动而获得的，也有通过投资活动而获得的，还包括那些与生产经营活动无直接关系的事项所引起的收支净额。根据我国《公司会计准则》的规定，公司利润一般包括营业利润、投资净收益和营业外收支净额三部分，以上三部分构成利润总额。当期利润总额扣除所得税费用，即为当期的净利润。用公式表示为：

利润总额＝营业利润＋投资净收益＋营业外收支净额

净利润＝利润总额－所得税

其中：　应交所得税＝应纳税所得额×25％

下面具体介绍利润的构成项目。

（一）营业利润

营业利润是公司利润的主要来源，营业利润等于营业收入减去营业成本、营业税金及附加、销售费用、管理费用、财务费用。用公式表示为：

营业利润＝营业收入－营业成本－营业税金及附加－销售费用－管理费用－财务费用

营业收入＝主营业务收入＋其他业务收入

营业成本＝主营业务成本＋其他业务成本

（二）投资净收益

投资净收益是公司对外投资取得的投资业务收入（如对外投资分得的利润、股利、债券利息等）减去投资损失后的净额。用公式表示为：

投资净收益＝投资收入－投资损失

（三）营业外收入和营业外支出

营业外收入是指与公司生产经营活动没有直接关系的各项收入，包括固定资产盘盈、处理固定资产净收益、罚款净收入、确实无法支付而按规定程序经批准后转作营业外收入的应付款项等。

营业外支出是指不属于公司生产经营费用，与公司生产经营活动没有直接关系，但按照有关规定应从公司实现的利润总额中扣除的支出。它包括固定资产盘亏、处理固定资产损失、资产评估减值、债务重组损失、罚款支出、捐赠支出、非常损失等。营业外收入和营业外支出虽然与生产经营活动没有直接关系，但从公司主体来考虑，同样会引起经济利益的流入和流出，对公司利润总额产生影响。用公式表示为：

营业外收支净额＝营业外收入－营业外支出

二、账户设置

公司对于财务成果及其分配应设置“营业外收入”“营业外支出”“投资收益”“所得税”“本年利润”“利润分配”与“盈余公积”等账户进行核算。

（一）“营业外收入”账户

“营业外收入”账户用于核算公司取得的、与生产经营没有直接关系的各项收入，包括固定资产盘盈、处置固定资产净收益、出售无形资产收益、罚款净收入等，属于损益类账户。其贷方登记取得的营业外收入，借方登记转入“本年利润”账户的数额，结转后，该账户期末没有余额。该账户应按营业外收入项目进行明细核算。

（二）“营业外支出”账户

“营业外支出”账户用于核算公司付出的与生产经营没有直接关系的各项支出，如对外捐赠支出、处置固定资产净损失、计提的固定资产减值准备、罚款支出、非常损失等，属于损益类账户。其借方登记已发生的营业外支出；贷方登记转入“本年利润”账户的数额；结转后该账户期末没有余额。该账户应按营业外支出项目进行明细核算。

（三）“投资收益”账户

“投资收益”账户用于核算公司对外投资取得的收益和发生的损失，属于损益类账户。其贷方登记对外投资过程中取得的收益，借方登记发生的损失。期末如果贷方发生额合计大于借方发生额合计，则为投资净收益，应从该账户的借方转入“本年利润”账户的贷方，增加当期利润；如果借方发生额合计大于贷方发生额合计，则为投资净损失，应从该账户的贷方转入“本年利润”账户的借方，减少当期利润。结转后，该账户应无余额。

（四）“所得税”账户

“所得税”账户用于核算公司按规定计算应从本期损益中减去的所得税费用，属于损益类账户。其借方登记当期应计入损益的所得税费用；贷方登记期末转入“本年利润”账户的金额；期末结转后，该账户应无余额。

（五）“本年利润”账户

“本年利润”账户用于计算会计年度内累计实现的利润（或亏损）总额，属于所有者权益类账户。其贷方登记期末从损益类账户转入的利润增加项目的金额，如主营业务收入、投资收益等；借方登记期末从损益类账户转入的利润减少项目的金额，如主营业务成本、营业费用等。结转后，将该账户借贷方的累计发生额相比较，若贷方发生额大于借方发生额，则表示本年度实现利润，应通过该账户的借方结转至“利润分配”账户的贷方；若借方发生额大于贷方发生额，则表示本年度发生亏损，应从该账户的贷方转入“利润分配”账户的借方；期末结转后，该账户应没有余额。

“本年利润”账户的结构如下图所示。

借方　　　　　　本年利润	贷方
从有关费用账户转入的： ①主营业务成本 ②营业税金及附加 ③销售费用 ④管理费用 ⑤财务费用 ⑥其他业务成本 ⑦营业外支出 ⑧所得税	从有关的收入账户转入的： ①主营业务收入 ②其他业务收入 ③营业外收入
余额：累计发生的亏损	余额：累计实现的利润

图 3-3“本年利润”账户结构图

三、财务成果的核算

下面以得力公司 2016 年 9 月财务成果主要业务的核算为例。

【例 3-55】 25 日，查明应付某单位的货款 8 000 元，因该单位撤销，确实无法支付，经批准转作营业外收入处理。

这项经济业务的发生，一方面使营业外收入增加了 8 000 元，另一方面使应付账款减少了 8 000 元。会计分录如下。

借：应付账款　　8 000

　贷：营业外收入　　8 000

【例 3-56】 25 日，公司库存现金被盗 600 元，经批准作营业外支出处理。

这项经济业务的发生，一方面使现金减少 600 元，另一方面使营业外支出增加了 600 元。会计分录如下。

借：营业外支出　　600

　贷：库存现金　　600

【例 3-57】 9 月末，公司将收入类账户的余额结转“本年利润”账户。本身“主营业务收入”账户余额 166 000 元，“营业外收入”账户余额 8 000 元。

这项经济业务的发生，一方面使本年利润增加了 174 000 元，另一方面使产品销售收入和营业外收入减少了 166 000 元和 8 000 元。会计分录如下。

借：主营业务收入　　166 000

　　营业外收入　　8 000

　贷：本年利润　　174 000

【例 3-58】 9 月末，公司将费用类账户的余额结转“本年利润”账户。本月“主营业务成本”账户余额 140 400 元，“销售费用”账户余额 1 100 元，“营业税金及附加”账户余额 697 元，“管理费用”账户余额 6 900 元，“财务费用”账户余额 500 元，“营业外支出”账户余额 600 元。这项经济业务的发生，一方面使本年利润减少了 150 197 元，另一方面使全部费用账户余额减少。会计分录如下。

借：本年利润　　150 197
　贷：主营业务成本　　140 400
　　营业税金及附加　　697
　　销售费用　　1 100
　　管理费用　　6 900
　　财务费用　　500
　　营业外支出　　600

经过上述结转，月末即可确定本月利润总额（174 000－150 197）23 803 元。

【例 3-59】　按税率 25%计算结转应交所得税。

这项经济业务的发生，应根据公司利润总额计算应交所得税。本月利润总额（174 000－150 197）23 803 元，应交所得税（23 803×25%）5 950.75 元。根据计算结果，一方面使公司所得税费用增加 5 950.75 元；另一方面由于税款未付，使应交税费增加了 5 950.75 元。会计分录如下。

借：所得税　　5 950.75
　贷：应交税费——应交所得税　　5 950.75

【例 3-60】　公司将“所得税”账户余额结转“本年利润”账户。这项经济业务的发生，一方面使本年利润减少了 5 950.75 元，另一方面使所得税费用减少 5 950.75 元。会计分录如下。

借：本年利润　　5 950.75
　贷：所得税　　5 950.75

根据以上分录及前面有关资料，公司全部损益类账户在结转本年利润后，其余额为零。公司本期的净利润为（174 000－150 197－5 950.75）17 852.25 元。

第七节　资金退出业务的核算

资金退出公司是资金运动的终点。公司向银行借入的款项，在借款期满时要予以归还；公司销货收取的增值税销项税额减去购货支付的进项税额的差额要交纳国库；公司采购材料等各项物资暂欠的款项，也要予以归还；公司提取的职工福利费要用于职工的福利，从而形成了资金的退出。同时，公司的资金经过采购过程、生产过程和销售过程的经营活动，获得了增值。增值中的一部分以税金的形式上交国库，作为国家的财政收入；一部分以应付股利的形式分配给投资者，这也形成了资金退出公司。

公司向股东分派股利，应按一定的顺序进行。按照我国公司法的有关规定，利润分配应按下列顺序进行。

第一步，计算可供分配的利润。将本年净利润（或亏损）与年初未分配利润（或亏损）合并，计算出可供分配的利润。如果可供分配的利润为负数（即亏损），则不能进行后续分配；如果可供分配的利润为正数（即本年累计盈利），则进行后续分配。

第二步，计提法定盈余公积金。按抵减年初累计亏损后的本年净利润计提法定盈余公积金。提取盈余公积金的基数，不是可供分配的利润，也不一定是本年的税后利润。只有不存在年初累计亏损时，才能按本年税后利润计算应提取数。这种“补亏”是按账面数字进行的，与所得税法的亏损后转无关，关键在于不能用资本发放股利，也不能在没有累计盈余的情况下提取盈余公积金。

第三步，计提任意盈余公积金。

第四步，向股东（投资者）支付股利（分配利润）。

利润分配流程如下图所示。

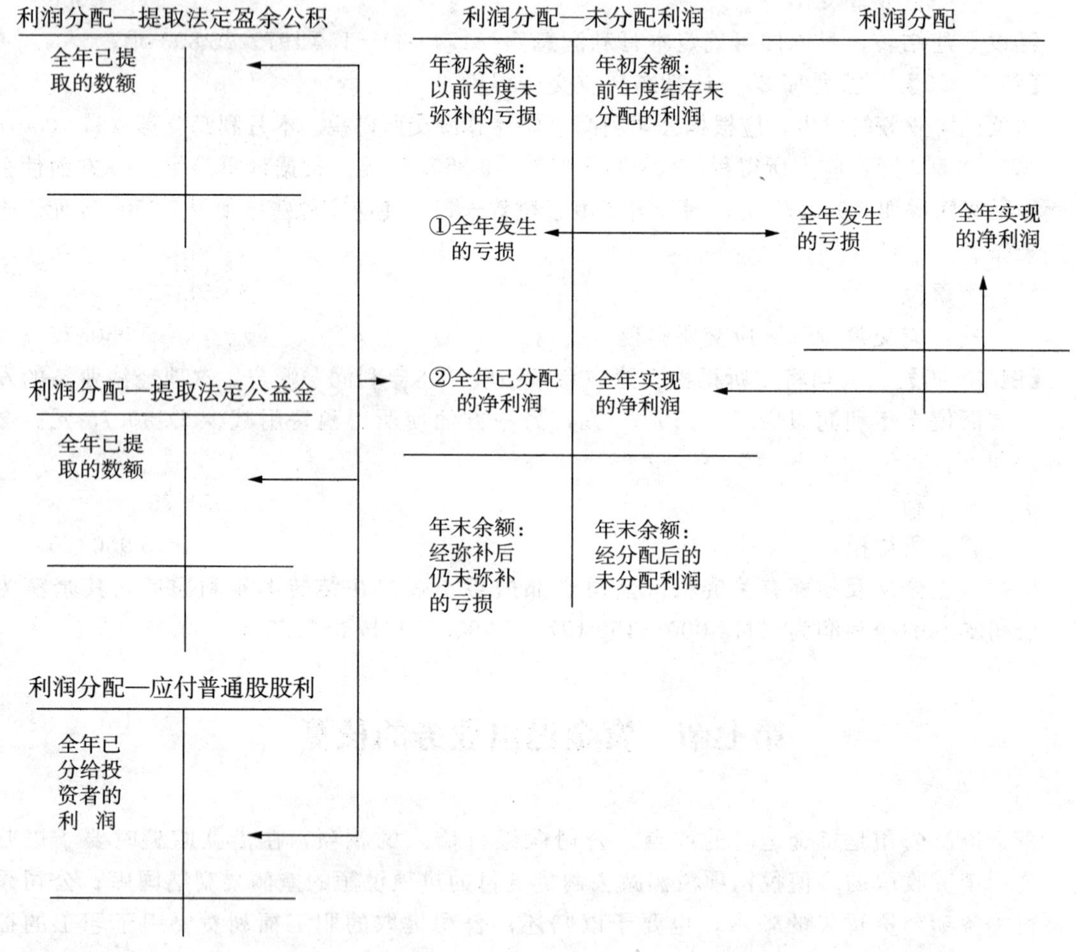

图 3-4 “利润分配——未分配利润”账户的运用方法及其与“本年利润”账户、“利润分配”其他明细账户的关系图

一、账户设置

为了核算上缴税金、分配利润等业务，公司应设置“应交税费”“应付股利”等账户；为了核算偿还借款等业务，公司应设置“长期借款”“短期借款”“其他应付款”和“应付

债券”等账户；为了核算投资业务，公司应设置“短期投资”和“长期股权投资”等账户；为了核算固定资产报废和出售业务，公司应设置“固定资产清理”账户；为了核算福利费开支，公司应设置“应付职工薪酬”账户。这些账户中的部分内容及相关账务处理已经在前面几节中介绍，这里不再重复。

（一）“利润分配”账户

“利润分配”账户用于核算公司利润分配或亏损的弥补，以及历年分配或弥补后的结存余额，属于所有者权益类账户。其借方登记从“本年利润”账户转入的本期亏损额，以及按规定提取的盈余公积、向投资者分配的利润或股利等；贷方登记从“本年利润”账户转入的本期利润额以及用盈余公积弥补亏损的数额；期末借方余额表示累计未弥补亏损，贷方余额表示累计未分配利润。该账户主要按利润分配项目设置明细账户，进行明细核算。

（二）“盈余公积”账户

“盈余公积”账户用于核算公司按规定从净利润中提取盈余公积，以及运用盈余公积的情况，属于所有者权益类账户。其贷方登记提取盈余公积的金额；借方登记运用盈余公积的情况；期末余额一般在贷方，表示公司提取的盈余公积的余额。

（三）“应付股利”账户

负债类账户核算公司经董事会或股东大会，或类似机构决议确定分配的现金股利或利润。其贷方登记应付给投资者的股利数；借方登记实际支付的股利数。期末余额在贷方为尚未支付的股利数。

（四）“短期投资”账户

“短期投资”账户用于核算公司购入能随时变现并且持有时间不准备超过1年（含1年）的投资，包括各种股票、债券、基金等，属于资产类账户。其借方登记公司取得股票、债券、基金等短期投资时实际支付的价款或所付出的其他代价，即短期投资的成本；贷方登记公司出售或收回的短期投资的成本；期末借方余额反映公司持有的各种股票、债券、基金等短期投资的成本。

（五）“固定资产清理”账户

“固定资产清理”账户用于核算公司因出售、报废和毁损等原因转入清理的固定资产价值及其在清理过程中所发生的清理费用和清理收入等，属于资产类账户。其借方登记转入清理的固定资产的账面价值，及其在清理过程中发生的清理费用；贷方登记出售固定资产的价款、残料价值以及变价收入等。完成清理后该账户的余额如果在借方表示固定资产清理的净损失，生产经营期间的净损失应转入“营业外支出”账户；完成清理后，该账户的余额如果在贷方表示固定资产清理的净收益，生产经营期间的净收益应转入“营业外收入”账户；结转后，该账户应无余额。

二、账务处理

以2016年9月得力公司部分资金退出业务为例，说明制造公司有关资金退出业务的核算。

【例3－61】　按净利润的10％提取盈余公积。

接上例公司净利润（23 803－5 950.75）17 852.25元，应提取盈余公积（17 852.25×

10%）1 785.23 元。这项经济业务的发生，一方面使盈余公积增加了 1 785.23 元，另一方面使利润分配增加了 1 785.23 元。会计分录如下。

借：利润分配——提取盈余公积　　1 785.23

　　贷：盈余公积　　1 785.23

【例 3-62】　按有关规定应分配给投资者利润 10 000 元。

这项经济业务的发生，一方面使利润分配增加了 10 000 元，另一方面使公司应付利润增加了 10 000 元。会计分录如下。

借：利润分配——应付利润　　10 000

　　贷：应付利润　　10 000

【例 3-63】　9 月份，公司在本年 3 月借入的 100 000 元 6 个月短期借款到期，支付利息 3 000 元（每月利息 500 元），并偿还本金。偿还本金使该公司银行存款和短期借款同时减少。由于利息已经提前计提在"其他应付款"账户，因此偿付利息一方面使银行存款减少，另一方面使作为负债的预提费用减少。会计分录如下。

借：短期借款　　100 000

　　其他应付款——利息　　3 000

　　贷：银行存款　　103 000

【例 3-64】　9 月，公司购入北方公司 10 000 股股票，准备短期持有，购入时该股票每股市价 2 元，相关款项已经用银行存款 20 000 元支付。用银行存款购入股票作为短期投资，一方面银行存款减少；另一方面短期投资增加，即一种资产减少，同时另一种资产增加。会计分录如下。

借：短期投资——股票　　20 000

　　贷：银行存款　　20 000

【例 3-65】　以银行存款 41 454 元向投资者支付本年应付的现金股利。

在这项经济业务当中，一方面银行存款减少，另一方面分配利润时记为负债的应付股利减少。会计分录如下。

借：应付股利　　41 454

　　贷：银行存款　　41 454

【例 3-66】　以银行存款支付本期应交的税金，包括销售过程中应交的税金和本期应交所得税，共计 64 580 元。

在这项经济业务当中，一方面银行存款减少，另一方面以前记为负债的应交税金减少。会计分录如下。

借：应交税费　　64 580

　　贷：银行存款　　64 580

【例 3-67】　以现金支付职工困难补助 1 200 元。

在这项经济业务当中，一方面库存现金减少，应贷记"库存现金"科目；另一方面发生职工福利费支出，应借记"应付职工薪酬"科目。会计分录如下。

借：应付职工薪酬——福利费　　1 200

　　贷：库存现金　　1 200

【例 3-68】　公司以银行存款归还短期借款 50 000 元。

这笔经济业务的发生，减少了短期借款，同时也减少了银行存款。会计分录如下。

借：短期借款——银行 50 000

贷：银行存款 50 000

【例 3－69】 公司以银行存款偿还前欠光华公司货款 75 000 元。这笔经济业务的发生，减少了应付账款，同时也减少了银行存款。会计分录如下。

借：应付账款——光华公司 75 000

贷：银行存款 75 000

【例 3－70】 公司职工报销医药费 360 元，以现金付讫。

这笔经济业务的发生，减少了应付职工薪酬，同时也减少了现金。会计分录如下。

借：应付职工薪酬——福利费 360

贷：库存现金 360

【例 3－71】 公司以银行存款交纳增值税 5 100 元，城市维护建设税 357 元，所得税 6 600 元。

这笔经济业务的发生，减少了应交税金，同时也减少了银行存款。会计分录如下。

借：应交税费——应交增值税——已交税金 （31 280－26 180）5 100

——应交城市维护建设税 357

——应交所得税 6 600

贷：银行存款 12 057

【例 3－72】 公司以银行存款分配给投资者利润 9 380 元。

这笔经济业务的发生，减少了应付股利，同时也减少了银行存款。会计分录如下。

借：应付股利——股东 9 380

贷：银行存款 9 380

【例 3－73】 9 月，公司一台机器设备到期报废，账面显示该设备原价为 50 000 元，已提折旧 45 000 元，清理过程中，用现金支付清理费用 500 元，残料出售获得变价收入 5 500元，已存入银行。

首先应将固定资产的账面价值（本例中为报废的机器设备的账面原值与已计提的累计折旧的差额）转入"固定资产清理"账户的借方。固定资产清理过程中，用现金支付清理费用 500 元，一方面使库存现金减少，应贷记"库存现金"科目；另一方面应借记"固定资产清理"科目。清理过程中取得变价收入 5 500 元，一方面使银行存款增加，应借记"银行存款"科目；另一方面应贷记"固定资产清理"科目。清理结束后，"固定资产清理"账户余额为零，表示固定资产清理净损益为零。会计分录如下。

借：固定资产清理 5 000

累计折旧 45 000

贷：固定资产 50 000

借：固定资产清理 500

贷：库存现金 500

借：银行存款 5 500

贷：固定资产清理 5 500

复习思考题与练习题

一、复习思考题

1. 公司筹资业务主要包括哪些方面？如何进行筹资业务的会计核算？

2. 公司供应阶段会计核算内容主要有哪些？如何进行账务处理？

3. 如何理解材料采购成本的构成？怎样计算和结转材料采购成本？

4. 何谓制造费用？怎样进行制造费用的归集与分配？

5. 公司销售阶段会计核算内容主要有哪些？如何设置相应账户进行账务处理？

6. 何谓财务成果？其数量关系如何以计算公式进行表示？

7. 如何进行公司利润形成与分配的会计核算？

二、练习题

1. 判断题

(1) 供应单位销售发票上的材料销售单价，即为外购材料的单位采购成本。(　　)

(2)“在途物质”账户期末借方余额，即为期末在途材料的实际成本。(　　)

(3)“应交税费”账户属于负债类账户，其余额必定在贷方。(　　)

(4) 固定资产在使用过程中因磨损而减少的价值应记入“固定资产”账户的贷方。(　　)

(5) 固定资产的原始价值就是其购价。(　　)

(6) 公司所得税就其性质而言，是一种费用支出。(　　)

(7)“利润分配——未分配利润”明细账户的年末余额，表示本年的未分配利润（或未弥补亏损）。(　　)

(8) 公司财务成果反映公司一定日期从事生产经营活动所获得的最终经营成果。(　　)

2. 选择题

(1) 公司的材料采购成本一般包括(　　)。

A. 买价　B. 运杂费　C. 采购途中的仓储费　D. 采购人员工资

(2) 我国会计法规规定，公司会计核算应采用的会计处理基础是(　　)。

A. 收付实现制　B. 权责发生制　C. 应计制　D. 现金制

(3) 构成产品生产成本的成本项目主要有(　　)。

A. 制造费用　B. 废品损失　C. 直接工资　D. 直接材料

(4) 下列项目属于期间费用的有(　　)。

A. 营业费用　B. 制造费用　C. 其他应付款　D. 预付账款

(5)“生产成本”账户借方应登记(　　)。

A. 直接材料　B. 直接工资

C. 管理费用　D. 分配计入的制造费用

(6) 与营业收入相配比的成本、费用是(　　)。

A. 营业费用　B. 营业务成本

C. 营业税金及附加　　　　　　　　D. 管理费用

(7) 公司利润总额的构成项目是(　　)。

A. 税后利润　　　　　　　　　　B. 营业利润

C. 投资收益　　　　　　　　　　D. 营业外收支净额

(8) 在下列会计账户中，期末通常无余额的账户是(　　)。

A. 生产成本　　B. 制造费用　　C. 管理费用　　D. 材料采购

3. 业务题

习题一

[目的] 练习公司筹资业务的会计核算。

[资料] 普惠公司 2016 年 6 月有关筹资业务的资料如下。

(1) 收到千家惠公司投入的货币资金 1 000 000 元，存入银行；投入的商标权一项，评估确认价值 1 000 000 元。公司确认千家惠公司的投入资本为 2 000 000 元。

(2) 收到民惠公司投入的 A 材料 100 吨。每吨评估确认价 1 000 元，投入 B 材料 50 吨，每吨评估确认价 2 000 元，上述两种材料的增值税税率按 17%计算。公司按民惠公司投入资产价值的 90%确认其投入资本。

(3) 收到泽惠公司投入的厂房、机器设备、仓库、办公楼一套，该套固定资产原价 10 000 000元，现评估确认的净值为 9 000 000 元。公司按投入资产价值的 90%确认泽惠公司的投入资本。

(4) 按计划取得建设银行期限为 6 个月、年利率为 5%的短期借款 500 000 元，当即存入银行。

(5) 按计划取得中国银行期限为 2 年、年利率为 6%的长期借款 1 000 000 元，即存入银行。

(6) 购进生产设备一套，价款 1 000 000 元，增值税额 170 000 元，以上款项均以银行存款付讫。另以银行存款支付上项设备运杂费 10 000 元，安装调试费 20 000 元。上项设备已交付生产部门使用。

[要求]

(1) 根据上述资料编制会计分录并进行账户登记。

(2) 根据账户记录，计算确定公司的资产、负债和股东权益，并进行试算平衡。

习题二

[目的] 练习材料采购业务的核算和材料采购实际成本的计算。

[资料] 安厦公司 2016 年 6 月有关材料采购业务的资料如下。

(1) 从安达公司购入甲材料 100 吨，每吨购价 1 000 元；购入乙材料 200 吨，每吨购价 500 元；购入丙材料 700 吨，每吨购价 100 元。以上三种购入材料的增值税进项税额均按材料购价款的 17%计算。以上款项均以银行存款结算支付，材料已验收入库。

(2) 以银行存款转账支付上项三种采购材料的运输费 16 000 元，装卸费 2 000 元，包装费 1 000 元，保险费 1 000 元。上述费用按三种采购材料的重量比例分摊。

(3) 从安华公司购入丁材料 100 吨，每吨购价 300 元；购入戊材料 100 吨，每吨购价 200 元。上述两种购入材料的增值税率均为 17%。安华公司代垫运杂费 5 000 元。以上款项尚未支付。材料已验收入库，运杂费按两种材料的购价比例分摊。

(4) 按合同以银行存款预付安大公司购货款 100 000 元。

(5) 从安永公司购入丁材料 600 吨，每吨购价 300 元，根据合同开出并承兑期限为 3 个月的商业承兑汇票一张，抵付材料价款和 17%的增值税额。另以银行存款支付材料运杂费 1 000 元，材料已验收入库。

(6) 从安利公司购入戊材料 50 吨，每吨购价 200 元，增值税率 17%，材料价款和增值税额均以银行存款支付，但材料尚未运达公司。

(7) 收到安大公司发来的庚材料 100 吨，每吨购价 2 000 元；增值税率 17%，安大公司代垫付运杂费 2 000 元。材料已验收入库。

(8) 材料采购员王五报销差旅费 3 500 元，原预借差旅费 3 000 元，差额以现金找补。

(9) 材料采购员李四预借差旅费 2 000 元，以现金预付。

(10) 月末，计算结转本月已验收入库的采购材料的实际成本。

[要求]

(1) 根据上述资料，编制会计分录。

(2) 编制本月材料采购成本计算表，计算确定本月采购材料的实际成本。

习题三

[目的] 练习产品生产业务的核算和产品生产成本的计算。

[资料] 光华公司 2016 年 6 月生产加工甲、乙两种产品，有关产品生产业务的资料如下。

(1) 本月各部门领用材料汇总表，如表 3-6 所示。

表 3-6 领用材料汇总表　　单位：元

项　目	A 材料	B 材料	C 材料	合计
产品生产耗用	120 000	200 000	100 000	420 000
其中：甲产品	50 000	100 000	100 000	250 000
乙产品	80 000	60 000	60 000	200 000
车间一般耗用	10 000		20 000	30 000
管理部门耗用	5 000		5 000	10 000
销售部门耗用	3 000	1 000	6 000	10 000
合　计	268 000	361 000	291 000	920 000

(2) 以现金支票从银行提取现金 200 000 元，备发工资。

(3) 以现金发放职工工资 200 000 元。

(4) 以银行存款购入车间劳保用品和办公用品 5 000 元，当即发放使用。

(5) 以银行存款支付公司行政管理部门办公费用 1 000 元。

(6) 摊销本月应负担的报纸杂志等资料费 2 000 元，其中生产车间 1000 元，公司行政管理部门 500 元，产品销售部门 500 元。

(7) 以银行存款支付本月水电费 20 000 元，其中生产车间 10 000 元，公司管理部门 5 000元，销售部门 5 000 元。

(8) 摊销本月应负担的生产车间设备租金 2 000 元。

（9）管理部门按月预提本月应负担的机器设备大修理费 2 000 元。

（10）月末，计算本月应付职工工资 350 000 元，具体分配如表 3－7 所示。

表 3－7　职工工资表

产品生产工人工资	200 000 元
车间管理人员工资	100 000 元
公司管理人员工资	20 000 元
产品销售人员工资	20 000 元
医务福利人员工资	10 000 元
合　计	350 000 元

产品生产工人工资按两种产品的生产工时比例予以分配（甲产品生产工时 100 小时，乙产品生产工时 100 小时）。

（11）按本月应付职工工资总额的 14％，计提本月的职工福利费。

（12）租入厂房一间，预付三个月的租金 10 000 元。

（13）按规定折旧率计提本月固定资产折旧费 10 000 元，其中生产车间折旧费 5 000 元，公司管理部门折旧费 2 000 元，产品销售部门折旧费 3 000 元。

（14）将本月归集的制造费用按甲、乙两种产品的生产工时予以分配。

（15）月末，根据上述资料编制本月甲、乙两种产品的成本计算单。甲产品本月投产 500 件，全部完工验收入库；乙产品本月投产 200 件，全部未完工。

［要求］

（1）根据上述资料，编制会计分录。

（2）编制甲、乙两种产品的成本计算单，计算两种产品的生产成本。

习题四

［目的］练习产品销售业务的核算。

［资料］振兴公司 2016 年 6 月有关产品销售业务的资料如下。

（1）销售振华公司 A 产品 200 件，销售单价 500 元；B 产品 300 件，销售单价 1 000 元；两种产品均按 17％的增值税税率计算销项税额；签发银行转账支票代垫运杂费 6 000 元。以上款项均已收到，存入银行。

（2）按合同预收乐华公司货款 100 000 元，款项收妥存入银行。

（3）按合同收到新华公司上月购货欠款 200 000 元，款项已存入银行。

（4）按合同收到强华公司开出并承兑的银行承兑汇票一张，面额 100 000 元，抵付上月的购货欠款。

（5）以银行存款支付商品广告费 50 000 元。

（6）销售给建华公司 C 产品 500 件，销售单价 1 600 元，增值税税率 17％；本公司代垫运杂费 6 000 元，以银行存款支付。以上款项尚未收到。

（7）按合同销售 D 产品 1 000 件给乐华公司，销售单价 2 000 元，增值税销项税额按销售价款的 17％计算，银行已收 50％，余下部分未收。

（8）按规定计算本月应负担的产品销售税金及附加 20 000 元。

(9) 以银行存款支付商品展销费 10 000 元，产品销售运杂费 50 000 元。

(10) 接银行收款通知，收到乐华公司汇来本月购入 D 产品 1 000 件的差额款。

(11) 月末，计算结转本月已销 A、B、C、D 四种产品的实际生产成本。其中，A 产品单位成本 500 元，B 产品单位成本 800 元，C 产品单位成本 1 200 元，D 产品单位成本 1 600元。

[要求] 根据上述资料，编制会计分录。

习题五

[目的] 练习财务成果业务的核算。

[资料] 大华公司 2016 年 6 月份发生下列经济业务。

(1) 生产领用材料 180 000 元，车间一般耗费领用 20 000 元，公司管理部门领用材料 100 000 元，产品销售部门领用材料 60 000 元。

(2) 以银行存款支付产品销售广告费 20 000 元，支付产品销售的运杂费 28 000 元。

(3) 以银行存款支付车间水电费 20 000 元，行政管理部门水电费 5 000 元，产品销售部门水电费 5 000 元。

(4) 由外地采购材料一批，价款 100 000 元；增值税进项税额 17 000 元。以上款项均通过银行转账付讫。

(5) 签发转账支票 2 000 元支付上项材料采购的运杂费，上述材料已验收入库。

(6) 销售产品一批，销售价款 300 000 元，增值税销项税额 51 000 元。以上款项均已收到，存入银行。

(7) 取得长期借款 200 000 元，存入银行。

(8) 以银行存款支付车间电话通信费 300 元，行政管理部门电话通信费 500 元，产品销售部门电话通信费 1 200 元。

(9) 由银行提取现金 300 000 元，备发工资。现金 300 000 元，备发工资。

(10) 以现金发放职工工资 300 000 元。

(11) 销售产品一批，销售价款 200 000 元，增值税销项税额 34 000 元。通过银行转账收到货币资金 250 000 元，余款尚未收到。

(12) 计算分配本月应付职工工资 300 000 元。其中，产品生产工人工资 170 000 元，车间管理人员工资 30 000 元，行政管理人员工资 40 000 元，产品销售人员工资 50 000 元，医务福利人员工资 10 000 元。

(13) 月末，根据规定按本月职工工资总额的 14%计提职工福利费。

(14) 月末，根据规定分别按本月职工工资总额的 2%和 1.5%计提工会经费和职工教育经费。

(15) 月末，按规定计提生产车间固定资产折旧 20 000 元，行政管理部门固定资产折旧费 6000 元，产品销售部门固定资产折旧费 9 000 元。

(16) 摊销本月应负担的设备租金 5 000 元。

(17) 摊销本月应负担的行政管理大楼修理费用 5 000 元。

(18) 出售材料一批，价款 10 000 元，增值税销项税额 1 700 元。以上款项收妥存入银行。

(19) 向社会扶贫基金捐款 5 000 元，以银行转账支票付讫。

(20) 收到长河公司违反合同的罚金 3 000 元，款项已存入银行。

(21) 将本月归集的制造费用转入产品生产成本。

(22) 本月投产的产品全部完工入库，计算结转完工产品成本。

(23) 月末，计算结转本月出售材料的实际成本 5 000 元，计算出售材料应交的城建税和教育费附加。(城建税以实际缴纳的增值税、消费税为基础按照法定比例缴纳，市区 7%、县城和镇 5%、其他地区 1%。教育费附加以实际缴纳的增值税、消费税为基础按照 3%缴纳)

(24) 月末，按规定计算本月产品销售业务应交的城建税和教育费附加。

(25) 月末，计算结转本月已销产品的成本 300 000 元。

(26) 将以上应计入本月损益的收支账户的本月发生额结转计入“本年利润”账户，计算确定本月实现的利润总额。

(27) 根据本月实现的利润总额，按 25%的适用税率计算本月应交的所得税额。

(28) 年终，按净利润的 10%计提法定盈余公积，按净利润的 5%计提法定公益金；按净利润的 30%计算应付现金股利。

(29) 年终，计算结转本年的实现利润和分配利润，并计算确定年末积存的未分配利润。

[要求]

根据上述经济业务，编制会计分录。

第四章 成本核算

【知识目标】

理解成本核算的基本要求，以及成本核算的一般程序。

【能力目标】

能够整体把握材料采购成本核算、产品生产成本的核算及掌握品种法成本核算方法。

第一节 成本核算的基本要求和一般程序

一、成本核算的基本要求

企业要做好成本核算工作，充分发挥成本核算的作用，必须切实注意下述几点基本要求。

（一）严格遵守国家规定的成本开支范围和费用开支标准

为了加强成本管理，节约资金耗费，并便于进行企业之间的成本评比活动，国家根据企业生产经营活动中所发生的费用的不同性质，以及企业实际经济核算制的需要，对各企业统一规定了成本开支范围。成本开支范围，就是对哪些开支应计入成本、哪些开支不应计入成本的统一规定。成本开支范围的主要内容包括：企业为生产产品和提供劳务等发生的各项支出，应计入生产经营成本；销售费用、管理费用、财务费用作为期间费用，直接计入当期损益；企业购置和建造固定资产，购入无形资产和其他资产的支出，对外投资的支出，被没收的财物损失，各项罚款、赞助、捐赠支出，以及在公积金、公益金中开支的支出等不得列入成本费用。费用开支标准是对某些费用开支的数额、比例做出的统一规定，如应付福利费的提取比例等。严格遵守国家规定的成本开支范围和费用开支标准这一财经纪律，是国家对企业成本核算工作提出的一项最基本的要求，各企业必须遵照执行。

（二）正确划分各种费用支出的界限

1. 正确划分收益性支出与资本性支出的界限

收益性支出是为取得本期收入而发生的支出，应计入产品成本或当期损益。资本性支出是为取得几个会计期间的收益而发生的支出，不能直接计入当期成本、费用，如购入固定资产、无形资产的支出。

2. 正确划分产品成本和期间费用的界限

企业在生产经营过程中发生的费用，有的应计入产品成本，有的不应计入产品成本。其中，为生产一定种类、一定数量的产品所发生的生产费用，应计入产品成本。而与产品生产无直接关系的管理费用、财务费用和销售费用不应计入产品成本，而是作为期间费用直接计入当期损益。

3. 正确划分各期间的产品成本界限

凡应由本期产品成本承担的费用，无论是否在本期发生，均应全部计入本期产品成本。凡不应由本期产品成本承担的费用，即使在本期发生，也不能计入本期产品成本。

4. 正确划分不同产品的费用界限

为了分品种分析和考核产品成本，对于计入产品成本的生产费用，还需在各种产品之间进行划分，以最终计算出每种产品的成本，防止在不同产品之间任意调节成本等错误做法。

5. 正确划分在产品和产成品成本的界限

在确定了各成本核算对象应承担的成本后，如果期末某成本核算对象既有产成品又有在产品，就需要采用适当的方法，将成本在产成品和在产品之间进行分配，分别计算出产成品和在产品成本，不得人为压低或提高在产品成本。

（三）做好成本核算的各项基础工作

如果基础工作做得不好，会影响成本核算的准确性。因此，为正确核算成本，做好各项基础工作是非常重要的。成本核算的各项基础工作主要包括：制定各种定额并及时修订，建立、健全财产物资的计量、收发制度，建立和健全原始成本记录制度，建立责任会计制度等。

（四）选择恰当的成本核算方法

成本核算方法有多种，各有其适用范围。企业在进行成本核算时，应根据企业生产类型的特点和管理要求，选择合适的成本核算方法。在一个企业里，可以同时使用多种成本核算方法，但成本核算方法一经选定，一般就不应经常变动。

二、成本核算的一般程序

（一）收集、整理成本资料

成本核算，必须以正确、完整的成本资料为依据。收集、整理成本资料，提供有关数据，是成本核算的基础。为此，企业对购进、领用的各种材料，各项费用的支出，工时动力等消耗，质量检验，在产品、半成品的内部转移和产成品入库、出库等，都应按照各项活动的特点，分别取得或填制不同格式的原始凭证。这些凭证中登记的原始记录可以提供企业活动的第一手资料，提供成本核算的各项数据。这些数据是否准确，直接影响成本核算工作的质量。为了更好地收集、整理成本资料，必须建立健全原始成本记录，同时还要确定科学合理的数据加工程序和方法，以满足成本核算的需要。

（二）确定成本核算对象

在进行成本核算时，首先要确定成本核算对象。所谓成本核算对象，就是费用的归属对象，也是成本的承担者。成本核算对象可以是一种产品、一批产品、一道工序、一个项目、一个顾客或一个部门等。为了确定成本核算对象，首先必须考虑所算成本的有用性，也就是说所算成本能够有效地反映某一部门、单位、工序的工作质量；其次是在确定成本核算对象时，应该是主要产品从细，一般产品从粗。

（三）确定成本核算期

成本核算期，就是多长时间计算一次产品成本。从产品生产成本的形成过程看，产品生产完工之时，才是产品生产成本完全形成之日。产品成本核算期的确定受企业生产组织特点的影响。为了使产品生产成本的计算比较准确，产品生产成本核算期最好同产品的生产周期保持一致。但是，只有当企业按单件、小批量组织产品生产时，才可能按产品的生产周期确定成本核算期。如果企业反复不断地大量、大批生产同一种或几种产品，为了及时取得成本指标，加强成本计划管理，就只能按月核算产品成本。

（四）确定成本项目

对于计入产品成本的生产费用，按其用途可以分为若干项目，在会计上称为产品成本项目。成本项目，就是对产品成本的构成内容所做的分类，通常按产品成本中费用的经济用途划分。产品成本项目，通常包括三项基本内容：直接材料、直接人工和制造费用。直接材料指加工后直接构成产品实体的原材料、主要材料与外购半成品，以及有助于产品形成的辅助材料等；直接人工，又称直接工资，指生产工人为生产产品而发生的工资及提取的福利费；制造费用是指企业在生产过程中发生的除了直接材料和直接人工以外的各项费用。

各企业根据生产特点和成本管理要求的不同，可对上述成本项目进行增减调整。例如，可增加“燃料和动力”“废品损失”等成本项目；又如，在高度自动化的企业中，直接人工在产品成本中占比很小，则可以将直接人工和制造费用合并成一个成本项目——加工成本。

在进行成本核算时，必须正确确定成本项目，这对于分析和考核成本降低任务的完成情况，具有重要意义。根据成本中所包括的成本项目，我们可以清楚地了解费用的经济用途和成本的经济构成。通过对某一对象的成本项目的分析，我们可以初步查明其成本升降的原因，以便挖掘降低成本的潜力。

（五）正确地归集和分配各种费用

成本核算的过程，实际上就是按一定成本核算对象归集和分配费用的过程。为了正确地归集和分配各种费用，必须遵守成本开支范围，划清费用的补偿界限。各种不同用途的费用，应该由不同的资金来源补偿。凡是用于产品生产的费用支出，都应计入产品成本，由生产资金开支；不是用于产品生产的费用支出，不应计入产品成本，由特定的资金来源开支。遵守国家规定的成本开支范围，是正确归集和分配费用的前提，也是工业企业必须执行的一项重要的财经制度。

为了正确地归集和分配各种费用，对应计入产品成本的费用，还应划分为应由本期产品成本负担和应由其他各期产品成本负担的费用、应由各种产品负担的费用以及应由产成品和在产品负担的费用，这对如实反映各期生产费用水平，正确核算各种产品成本是非常重要的。从费用的发生与成本计算对象的关系看，有些费用的发生只与某一个成本核算对象有关，这些费用应当直接计入该成本核算对象；有些费用的发生是与许多成本核算对象有关，就必须按一定的标准分配计入各有关成本核算对象。可以直接计入成本核算对象的费用称为直接费用，而需经分配才能计入成本核算对象的费用称为间接费用。应注意的是，所选择的进行间接费用分配的标准是否适当，对成本核算的正确性影响很大，所以分配标准的选用，必须慎重，坚持按受益原则或因果关系原则进行分配。费用分配的标准一经选定，不应随意变更，以保持各期成本核算口径的一致性。

（六）设置和登记费用、成本明细账，编制成本核算表

在成本核算过程中，应按成本核算对象分别设置费用、成本明细分类账户，登记有关

费用、成本的核算资料。然后，根据资料编制各种成本核算表，借以计算确定该成本核算对象的总成本和单位成本，全面、系统地反映各种成本指标的经济构成和形成情况。

第二节 材料采购成本的核算

材料采购成本的核算，就是把购买材料支付的买价和各项费用，按材料品种或类别加以归集和分配，核算各种材料的实际采购总成本和单位成本。材料采购成本主要包括买价和附带成本。买价主要是指采购价格，附带成本包括材料入库前发生的运输费、装卸费、保险费、仓储费、运输途中的合理损耗、入库前的挑选整理费用、进口材料的关税等等。

材料采购成本的核算，可以反映和监督材料采购计划和采购合同的执行情况，促使企业不断完善材料采购的内部控制制度，坚持按计划和合同进行采购，既能防止盲目采购造成超储积压物资浪费，又可保证生产的顺利进行，提高材料采购工作的管理水平，努力降低材料采购成本，同时还可以反映和监督材料采购资金的使用情况，合理地使用采购资金，加速资金周转，提高资金使用效率。材料采购成本的核算，对于买价可直接计入材料的采购成本；对于附带成本，凡是能分清归属的，可直接计入各种材料的采购成本，但同一次购入多种材料而不能分清归属的附带成本，可根据各种材料的特点，采用一定的分配方法，分别计入各种材料采购成本。可供选择的分配标准主要有重量、体积、买价等。

【例 4－1】 得力公司用银行存款购入 A、B、C 三种材料，其中 A 材料 100 吨，买价为 300 元/吨，B 材料 200 吨，买价为 400 元/吨，C 材料 150 吨，买价为 500 元/吨，共支付运费 9 000 元。A 材料入库前经过挑选整理，实际入库 98 吨，整理费用 150 元。B 材料在运输途中合理损耗 0.5 吨。运费按材料重量比例进行分摊。三种材料采购成本的计算如下：

A 材料买价：100×300＝30 000（元）

B 材料买价：200×400＝80 000（元）

C 材料买价：150×500＝75 000（元）

按重量分摊运费，计算公式为：

分配率＝运费/（A、B、C 的重量之和）

＝9 000/（100＋200＋150）

＝20（元/吨）

所以，A 应分摊的运费为 100×20＝2 000（元）

B 应分摊的运费为 200×20＝4 000（元）

C 应分摊的运费为 150×20＝3 000（元）

三种材料采购成本核算单填制如表 4－1 所示。

表4-1 材料采购成本核算单 单位：元

材料名称	买 价	运 费	其他费用	总成本	单位成本
A	30 000	2 000	150	32 150	328.06
B	80 000	4 000		84 000	421.05
C	75 000	3 000		78 000	520.00
合 计	185 000	9 000	150	194 150	

A、B两种产品因发生损耗，应以实际入库数计算单位产品成本，即：

A产品的单位成本＝32 150/98＝328.06（元/吨）

B产品的单位成本＝84 000/199.5＝421.05（元/吨）

根据材料采购成本核算单，编写会计分录如下。

借：原材料——A材料 32 150
　　　　——B材料 84 000
　　　　——C材料 78 000
　贷：银行存款 194 150

第三节 产品生产成本的核算

生产过程是工业企业经营活动的一个重要阶段。在这一阶段中，必然会形成各种各样的生产费用，如材料费、支付给工人的工资、按规定计提的福利费、机器设备折旧费以及其他费用等。将生产费用进行归集和分配，就可以核算出各产品的生产成本。

一、产品生产成本的构成

构成产品生产成本的项目主要有“直接材料”“直接工资”和“制造费用”，企业还可以根据需要增设“废品损失”等项目。

如果企业只生产一种产品，则成本核算对象只有一个，所发生的生产费用不需要分配，直接按成本项目进行归集就可以计入该产品的成本。如果生产多种产品，成本核算对象就不止一个，需要分清直接费用和间接费用。对于直接费用，直接计入各该产品的成本；对于间接费用，需要先进行归集和分配，再分别计入各该成本核算对象的成本核算单。间接费用的分配标准一般有：生产工时、机器工时、生产工人的工资、产品产量等。

二、产品生产成本核算方法

不同的企业，由于生产的工艺过程、生产组织，以及成本管理要求不同，成本核算的方法也不一样。不同成本核算方法的区别主要表现在三个方面：一是成本核算对象不同；二是成本核算期不同；三是生产费用在产成品和半成品之间的分配情况不同。常用的成本核算方法主要有品种法、分批法和分步法。

（一）品种法

品种法是以产品品种作为成本核算对象来归集生产费用、核算产品成本的一种方法。由于品种法不需要按批计算成本，也不需要按步骤来计算半成品成本，因而这种成本核算方法比较简单。品种法主要适用于大批量单步骤生产的企业，如发电、采掘等。品种法一般按月定期计算产品成本。

（二）分批法

分批法也称订单法，是以产品的批次或订单作为成本核算对象来归集生产费用、计算产品成本的一种方法。分批法主要适用于单件和小批的多步骤生产，如重型机床、船舶、精密仪器和专用设备等。分批法的成本核算期是不固定的，一般把一个生产周期（即从投产到完工的整个时期）作为成本核算期定期计算产品成本。由于在未完工时没有产成品，完工后又没有在产品，产成品和在产品不会同时并存，因而也不需要把生产费用在产成品和在产品之间进行分配。

（三）分步法

分步法是按产品的生产步骤归集生产费用、核算产品成本的一种方法。分步法适用于大量或大批的多步骤生产，如机械、纺织、造纸等。分步法由于生产的数量大，在某一时间上往往即有已完工的产成品，又有未完工的在产品和半成品，不可能等全部产品完工后再核算成本。因而分步法一般是按月定期核算成本，并且要把生产费用在产成品和半成品之间进行分配。

三、产品生产成本的核算

经过生产费用的归集和分配，就构成本期各产品的生产费用。这时，需将生产成本明细账上所归集的期初在产品成本和本期生产费用之和，在完工产品和期末在产品之间进行分配，从而核算出本期完工产品和期末在产品的成本。在确定在产品成本时，应充分考虑企业自身的生产特点和实际情况。生产费用在完工产品和在产品之间常用的分配方法有：不核算在产品成本法；在产品按固定成本核算法；在产品按所耗原材料费用计价法；约当产量比例法；在产品按定额成本计价法和定额比例法等。

对于不同的成本核算对象，生产费用计入产品成本的程序、成本核算期、在产品计价方法都有不同的要求。因此，企业应结合自身的特点要求，从以上成本核算方法中选用合适的方法核算产品成本。

四、品种法的应用分析

（一）品种法的适用范围及特点

品种法是以各种产品作为成本核算对象，计算其半成品与产成品总成本的成本核算方法。它主要适用于以下类型的企业：

（1）大量大批单步骤生产的企业，如发电企业等。

（2）大量大批多步骤生产，但管理上不要求按生产步骤核算半成品成本的企业，如织布公司等。

（3）封闭式的大量生产的企业，即从原材料投入到产出的全过程都是在一个车间内完成的，或者生产是按流水线组织的，但管理上不要求按生产步骤核算产品成本的企业，如供水车间等。

从品种法的使用范围可知，该方法不必考虑产品的生产步骤和产品的批别，因此，它的成本核算实体可直接确定为产品品种；又因为采用该方法的企业大多是大量大批生产的企业，其生产是连续不断的，为了按月核算损益，该方法的成本核算期通常采用公历月度计算，即与会计期一致，但与产品生产周期不一致，月末一般有完工产品和在产品之间的成本分配。

（二）品种法的核算程序

（1）按照产品的品种设置成本核算单，单内按成本项目设立专栏或专行，用以归集费用和计算成本。

（2）根据各项要素费用分配表，按费用的经济用途和费用项目登记制造费用等明细账。

（3）编制各种费用分配表，将生产费用在各种产品之间进行分配和归集，然后，再根据费用分配表编制会计分录，登记总账和明细账。

（4）最后，核算产成品的总成本和单位成本，如月末有在产品的，还需将归集的全部生产费用在完工产品和在产品之间进行分配，核算完工产品和在产品的成本。

品种法的核算程序可见图 4－1。

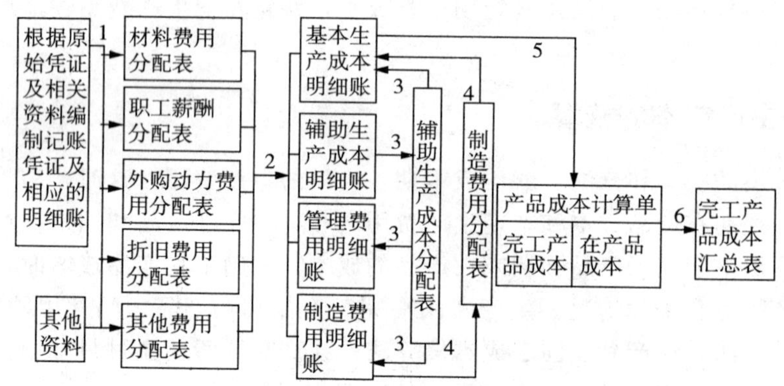

图 4－1 品种法流程图

（三）品种法成本核算举例

【例 4－2】 大通公司大量生产 A、B 两种产品，其下设基本生产车间和管理部门。该公司采用品种法核算成本。该公司 2016 年 6 月份有关成本资料如下。

第一，产量资料见表 4－2 所示。

表 4－2 2016 年 6 月产量资料

单位：件

产品名称	月初在产品	本月投产	本月完工量	月末在产品	在产品完工率
A	200	800	900	100	50%
B	100	600	700	0	50%

第二，月初在产品成本见表 4－3 所示。

表 4－3　2016 年 6 月初在产品成本资料　　单位：元

产品名称	直接材料	直接工资	制造费用	合　计
A	10 000	1 000	3000	14 000
B	2 000	1000	1000	4 000
合　计	12 000	2 000	4000	18 000

第三，本月份发生的有关成本资料如下。

（1）产品生产耗用原材料 160 000 元，基本生产车间管理耗用 A 原材料 5 000 元，B 原材料 5 000 元，公司管理部门耗用 A 原材料 5 000 元，B 原材料 5 000 元。

（2）基本生产车间生产工人工资 30 000 元，基本生产车间管理人员工资 8 000 元，公司管理部门人员工资 12 000 元。公司按工资总额的 14%计提职工福利费。

（3）以银行存款支付取暖费 5 000 元，其中基本生产车间取暖费 2 000 元，公司管理部门取暖费 3 000 元；月终计提本月固定资产折旧费 10 000 元，其中基本生产车间折旧费 8 000 元，公司管理部门折旧费 2 000 元；以银行存款支付办公费 5 000 元，其中基本生产车间办公费 3 000 元，公司管理部门办公费 2 000 元。

（4）工时记录。A 产品本月耗用实际工时 5 000 小时，B 产品本月耗用实际工时 10 000小时。

（5）原材料按本期投入产品材料定额消耗比例分配。其中，A 产品定额单耗 10 公斤/件，B 产品定额单耗 20 公斤/件，A、B 产品耗用原材料均在开工时一次投入。

（6）工资及福利费、制造费用按工时比例在 A、B 产品之间分配；各产品的生产成本在完工产品和期末在产品之间采用约当产量比例法分配。

根据以上资料，大通公司 2016 年 6 月份成本核算过程如下。

第一步，根据凭证，编制“原材料费用分配表”（见表 4－4）。

表 4－4　2016 年 6 月原材料费用分配表　　单位：元

项目	实际产量（件）	材料定额单耗（公斤/件）	材料定额消耗总量（公斤）	分配率（元/公斤）	分配额
A 产品	800	10	8 000	5	40 000
B 产品	600	20	12 000	10	120 000
合　计			20 000		160 000
生产车间					10 000
管理部门					10 000
合　计					180 000

根据材料费用分配表及凭证，编制会计分录如下。

借：生产成本——A 产品　　40 000

　　　　　　——B 产品　　120 000

　　制造费用——物料消耗　　10 000

　　管理费用——物料消耗　　10 000

贷：原材料——A 材料　　50 000

——B 材料　　130 000

第二步，根据工资结算单、职工福利费核算表，编制“工资费用及福利费分配表”（见表 4-5）。

表 4-5　2016 年 6 月工资费用及福利费分配表　　单位：元

项　目	分配职工工资			分配福利费	
	生产工时（小时）	分配率（元/小时）	分配额	分配额	合　计
A 产品	5 000	20	10 000	1 400	11 400
B 产品	10 000	20	20 000	2 800	22 800
合　计	15 000		30 000	4 200	34 200
生产车间			8 000	1 120	9 120
管理部门			12 000	1 680	13 680
合　计			50 000	7 600	57 600

根据工资费用分配表、工资结算单、职工福利费核算表，编制会计分录如下。

(1) 借：生产成本——A 产品　　10 000

——B 产品　　20 000

制造费用——工资　　8 000

管理费用——工资　　12 000

贷：应付职工薪酬——工资　　50 000

(2) 借：生产成本——A 产品　　1 400

——B 产品　　2 800

制造费用——福利费　　1 120

管理费用——福利费　　1 680

贷：应付职工薪酬——福利费　　7 600

第三步，根据银行结算凭证和取暖费、办公费支出凭证，编制会计分录如下。

借：制造费用——取暖费　　2 000

——办公费　　3 000

管理费用——取暖费　　3 000

——办公费　　2 000

贷：银行存款　　10 000

第四步，月终根据固定资产折旧核算凭证与折旧费用分配表，编制会计分录如下。

借：制造费用——折旧费　　8 000

管理费用——折旧费　　2 000

贷：累计折旧　　10 000

第五步，根据记账凭证登记“制造费用明细账”（见表 4-6）。

表 4-6　2016 年 6 月制造费用明细账

车间：基本生产车间　　　　　　　　　　　　　　　　　　单位：元

费用项目	原材料	工　资	福利费	取暖费	折旧费	办公费	合　计
金　额	10 000	8 000	1 120	2 000	8 000	3 000	32 120

第六步，根据“制造费用明细账”，编制“制造费用分配表”（见表 4-7）。

表 4-7　2016 年 6 月制造费用分配表

车间：基本生产车间　　　　　　　　　　　　　　　　　　单位：元

项　目	实耗工时	分配率（元/小时）	分配额	合　计
基本生产——A 产品	5 000	2.1413	10 107	10 107
基本生产——B 产品	10 000	2.1413	21 413	21 413
合　计	15 000			32 120

根据制造费用分配表，编制会计分录如下。

借：生产成本——A 产品　　　　　　10 107

　　　　　　——B 产品　　　　　　21 413

　贷：制造费用　　　　　　　　　　　　32 120

第七步，根据各项生产费用分配表的资料，登记 A 产品和 B 产品的成本核算单，并将各种产品的生产费用在完工产品和在产品之间进行分配，从而求出完工产品的总成本和单位成本。

A 产品的成本核算单见表 4-8，B 产品的成本核算单见表 4-9。产品完工产量：900 件，在产品量：100 件，约当产量：50 件。

表 4-8　2016 年 6 月成本核算单

产品：A　　　　　　　　　　　　　　　　　　　　　金额单位：元

项　目	直接材料	直接人工	制造费用	合　计
期初在产品成本	10 000	1 000	3000	14 000
本期生产费用	40 000	11 400	10 107	17 744
合　计	50 000	12 400	13 107	31 744
期末在产品成本	5 000	653	690	6 343
完工产品总成本	45 000	11 747	12 417	69 164
完工产品单位成本	5000	1 305.22	1 379.67	7 684.89

（1）根据 A 产品成本核算单，编制会计分录如下。

借：库存商品——A 产品　　　　　　69 164

　贷：生产成本——A 产品　　　　　　　69 164

表 4-9 2016 年 6 月成本核算单

产品：B　　　　　　产品完工产量：750 件　　　　　　在产品量：100 件
金额单位：元　　　　　　　　　　　　　　　　　　　约当产量：50 件

项　目	直接材料	直接人工	制造费用	合计
期初在产品成本	2 000	1000	1000	4 000
本期生产费用	6 000	22 800	21 413	50 213
合　计	8 000	23 800	22 413	54 213
期末在产品成本	0	0	0	0
完工产品总成本	8 000	23 800	22 413	54 213
完工产品单位成本	1 143	3 400	3 204	7 745

(2) 根据 B 产品成本核算单，编制会计分录如下。

借：库存商品——B 产品　　54 213
　　贷：生产成本——B 产品　　54 213

复习思考题与练习题

一、复习思考题

1. 生产费用与产品成本之间有何联系与区别？

2. 成本核算有哪些基本要求？

3. 成本核算过程中，要正确划分哪些成本界限？

4. 何为成本核算对象？如何正确确定成本核算对象？

5. 如何理解成本核算的基本程序？

6. 简述品种法的核算过程。

7. 成本核算方法有哪些？

二、练习题

1. 判断题

(1) 成本的经济实质，是生产经营过程中所耗费的生产资料转移价值的货币表现。(　　)

(2) 凡支出的效益仅限于一个会计期的应作为资本性支出。(　　)

(3) 某会计期间发生的费用就是该期间产品的成本。(　　)

(4) 企业可以根据自身的特点，在“直接材料”“直接人工”和“制造费用”之外，另设置其他成本项目。(　　)

(5) 直接材料和直接人工都是直接费用。(　　)

(6) 品种法只适用于单步骤生产的产品成本核算。(　　)

(7) 产品成本的核算方法只有品种法、分步法、分批法。(　　)

(8) 产品成本项目是生产费用按其经济内容所做的分类。(　　)

2. 选择题

(1) 制造业企业设置的产品成本项目是(　　)。

A. 原材料　　B. 制造费用　　C. 工资及福利费　　D. 折旧费

(2) 不同的成本核算方法最终均要按(　　)核算出产品成本。

A. 产品的生产步骤　B. 产品的批别　　C. 产品的名称　　D. 产品品种

(3) 通常不作为间接费用的分配标准的是(　　)

A. 生产工时　　B. 机器工时　　C. 产品产量　　D. 约当产量

(4) 生产成本的借方登记(　　)。

A. 折旧费　　B. 直接材料

C. 直接工资　　D. 计入的制造费用

(5) 企业核算期间费用的账户有(　　)。

A. "制造费用"　B. "销售费用"　C. "财务费用"　D. "管理费用"

(6) 下列方法中不属于产品成本核算方法的基本方法是(　　)

A. 品种法　　B. 定额法　　C. 分步法　　D. 分批法

(7) 一般而言，发电厂宜采用的成本核算方法是(　　)

A. 品种法　　B. 完全成本法　　C. 分步法　　D. 分批法

(8) 在完工产品和在产品之间应分配的成本是(　　)

A. 制造费用　　B. 生产费用　　C. 间接费用　　D. 直接费用

3. 业务题

习题一

[目的] 练习产品生产成本的核算。

[资料] 龙祥公司 2016 年 6 月生产 A、B 两种产品，所发生的各项生产费用及有关资料整理如表 4－10 所示。

表 4－10　产品生产费用　　单位：元

产品名称	生产数量	生产工时（小时）	完工数量	直接材料	直接人工	制造费用	合　计
A 产品	1 000 件	800	1 000 件	6 600	4 200		
B 产品	1 600 件	1 250	1 200 件	4 800	3 000		
合　计		2 050		11 400	7 200	10 250	28 850

月末该公司生产的 A 产品全部完工，1 000 件 A 产品已验收入库。B 产品完工 1 200 件，已验收入库。B 产品耗用材料于生产开始时一次投入，加工费用均衡发生，期末在产品完成加工程度为 50%。(上月末没有 A、B 产品的在产品)

[要求]

(1) 采用品种法核算 A、B 产品的成本，生产费用在完工产品和在产品之间的分配采用约当产量比例法核算。

(2) 编制产品生产成本核算单。

(3) 编制相应的会计分录。

习题二

［目的］练习产品成本的核算。

［资料］新华公司大量生产A、B两种产品，产品只经过一个生产步骤加工完成，该公司采用品种法核算成本。8月份有关产量、发生的生产成本等资料见表4-11所示。

表4-11 8月份生产情况

生产记录：　　　　计量单位：台

产品	月初在产品	本月投产	本月完工	月末在产品	完工程度
A	10	110	100	20	50%
B	5	105	100	10	60%

期初在产品成本资料，见表4-12所示。

表4-12 期初在产品

单位：元

产品	材料费用	动力费	直接工资	制造费用	合 计
A	640	150	300	600	1 690
B	420	106	368	430	1 224
合计	1 060	256	568	1 030	2 914

本月份发生的费用：

(1) 材料费用：基本生产耗用材料10 580元，车间管理耗用材料3 000元；

(2) 工资费用：车间生产工人工资5 000元，车间管理人员的工资1 000元，企业按工资总额的14%计提职工福利费；

(3) 其他制造费用：折旧费50 000元，办公费500元，其他费用1 760元；

(4) 工时记录：A产品本月份实耗工时1 500小时，B产品本月份实耗工时1 350小时；

(5) 原材料费用按本月投入产品材料定额消耗比例分配。其中A产品定额消耗2公斤/件，B产品定额消耗3公斤/件，A产品原材料在开始加工时一次性投入，B产品原材料随加工程度逐步投入；

(6) 直接工资、制造费用按产品工时比例在各产品之间分配，生产成本采用约当产量法在完工产品和在产品之间分配。

［要求］

(1) 核算各产品的总成本、单位成本和期末在产品成本，并编制产品成本核算表。

(2) 编制期末完工产品验收入库的会计分录。

第五章 会计凭证

【知识目标】

了解原始凭证的填制要求、原始凭证的审核、记账凭证的填制要求、记账凭证的审核。

【能力目标】

辨别原始凭证的种类、会计凭证的种类，理解会计凭证的传递、会计凭证的保管。掌握填制和审核会计凭证的作用、记账凭证的填制方法、原始凭证的基本内容。

第一节 会计凭证的概念和作用

一、会计凭证的概念

在会计核算工作中，为了保证会计记录的客观真实性和明确经济责任，会计主体办理任何一项经济业务，都必须在经济业务发生、进行和完成时，填制、取得和审核足以证明经济业务发生经过并作为记账依据的会计凭证。

会计凭证，简称凭证，是记录经济业务、明确经济责任、具有法律效力并作为登记账簿依据的书面证明，包括各种复写卡片、文件、穿孔卡片和穿孔带或磁带。填制和审核会计凭证，是会计工作的一项重要的制度和手续，是整个会计工作的基础，也是会计核算的专门方法之一。

二、填制和审核会计凭证的作用

根据《会计法》的规定，凡属会计事项，都必须办理会计手续，填制和审核会计凭证。会计凭证的填制和审核，对于如实反映经济业务的内容，有效监督经济业务的合理性和合法性，保证会计核算资料的真实性、可靠性、合理性、合法性和合规性，发挥会计在经济管理中的作用和完成会计工作的任务具有重要意义。填制和审核会计凭证作为会计核算的一项重要内容，具有以下四个方面的作用：

（一）会计凭证是传递经济信息的工具

任何会计主体，都客观地以会计部门为中心，形成一个内外广泛联系的信息网络系统；通过这个信息网络系统，把所有证明本企业生产经营活动情况的会计凭证进行汇集、整理、分类、汇总，为各有关部门提供经济管理所需要的经济信息。因此，会计凭证是传递经济信息的工具。

（二）会计凭证是反映和监督经济活动的手段

企业的各项经济活动，首先通过会计凭证反映出来。填制和审核会计凭证，不仅可以反映企业的经济活动情况，而且可以检查经济业务的发生是否符合有关法令、制度，是否符合业务经营、财务收支的方针和计划、预算的规定，以确保经济业务的合理、合法、合规和有效性，从而发现企业经营管理中存在的问题，以便采取有效措施，改善经营管理，促使企业各项经济活动符合国家财经纪律、财务制度的规定。监督经济业务的发生、发展，控制经济业务的有效实施，是发挥会计管理职能的重要内容。这种监督是通过填制和审核会计凭证来进行的。因此，会计凭证是反映和监督企业经济活动的重要手段。

（三）会计凭证是明确有关人员经济责任的依据

会计制度规定，发生任何一项经济业务，都必须办理凭证手续：要取得或填制适当的会计凭证，证明经济业务已经发生或完成，说明经济业务的内容、数量和金额；同时要由有关的经办人员，在凭证上签字盖章，以明确有关人员的经济责任。会计凭证使有关责任人在其职权范围内各负其责，并作为处理争议的具有法律效力的依据。因此，会计凭证是明确有关人员经济责任的重要依据。

（四）会计凭证是登记账簿的依据

任何一项经济业务，都必须有可靠的足以证明经济业务发生情况的合法的会计凭证为依据登记账簿，以保证账簿记录的真实可靠。在会计工作中，不可能存在无凭证记载的经济业务，也不可能存在无根据的账簿记录。会计凭证是记账的依据。会计主体通过会计凭证的填制、审核，按一定方法对会计凭证进行整理、分类、汇总，为会计记账提供真实、可靠的依据。会计凭证如实记录经济业务的内容、数量和金额，并经审核无误后，才能登记入账。因此，会计凭证是登记账簿的依据。

总之，填制和审核会计凭证，是会计核算的基础，只有努力做好这一工作，才能不断提高会计工作质量，完成会计工作任务。为此，各企业单位应当根据企业管理和核算的实际需要设计会计凭证，规定会计凭证的种类、格式、内容、作用、份数及其传递程序，使会计信息及时、准确地传递到各有关部门，为经济管理发挥积极作用。

三、会计凭证的种类

经济业务的纷繁复杂决定了会计凭证是多种多样的。为了正确地使用和填制会计凭证，必须对会计凭证进行分类。会计凭证按照编制的程序和用途不同，分为原始凭证和记账凭证。

（一）原始凭证

原始凭证是在经济业务发生或完成时由相关人员取得或填制的，用以记录或证明经济业务发生或完成情况，并明确有关经济责任的一种原始凭据。任何经济业务的发生都必须填制和取得原始凭证，原始凭证是会计核算的原始依据。

（二）记账凭证

记账凭证是财会部门根据审核无误的原始凭证进行归类、整理，记载经济业务简要内容，确定会计分录的会计凭证。记账凭证是登记会计账簿的直接依据。

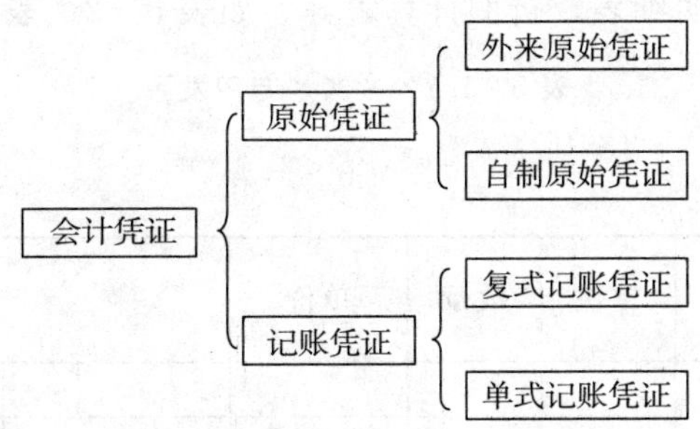

图 5-1　会计凭证的分类

第二节　原始凭证填制与审核

一、原始凭证的基本内容

由于经济业务的种类和内容不同，经营管理的要求不同，原始凭证的格式和内容也千差万别。但无论何种原始凭证，都必须做到所载明的经济业务清晰，经济责任明确，一般应具备以下基本内容（也称为原始凭证要素）。

（1）原始凭证名称。

（2）填制原始凭证的日期。

（3）接受原始凭证单位名称。

（4）经济业务内容（含数量、单价、金额等）。

（5）填制单位签章。

（6）有关人员签章。

（7）凭证附件。

实际工作中，根据经营管理和特殊业务的需要，除上述基本内容外，可以增加必要的内容。对于不同单位经常发生的共同性经济业务，有关部门可以制定统一的凭证格式。如人民银行统一制定的银行转账结算凭证，标明了结算双方单位名称、账号等内容；铁道部统一制定的铁路运单，标明了发货单位、收货单位、提货方式等内容。

二、原始凭证的种类

（一）按照来源不同，分为外来原始凭证和自制原始凭证

1. 外来原始凭证

它是指在经济业务发生或完成时，从其他单位或个人直接取得的原始凭证，如购买货物取得的增值税专用发票，对外单位支付款项时取得的收据，职工出差取得的飞机票、火车票等。如表 5-1 所示。

2. 自制原始凭证

它是指由本单位内部经办业务的部门和人员，在执行或完成某项经济业务时填制的、仅供本单位内部使用的原始凭证，如收料单、领料单、限额领料单、产品入库单、产品出

库单、借款单、工资发放明细表、折旧计算表等。如表 5－2、表 5－3、表 5－4 所示。

表 5－1　××××专用发票

发票联　　　　　　　　(2016)

付款单位：＿＿＿＿＿＿　　　　　　　　　　　　　　　　　支票号：＿＿＿＿＿＿

编　号	商品名称	规格	单位	数量	单价	金额								
小写金额合计														
大写金额合计	佰　拾　万　仟　佰　元　角　分													

收款单位（盖章）：　　　　开票人：　　　　　　　　　　　　　　年　月　日

表 5－2　领料单

领料部门：　　　　　　　　　　　　　　　　　　　　　　　凭证编号：

用　　途：　　年　　月　　日　　　　　　　　　　　　　　收料仓库：

材料编号	材料规格及名称	计量单位	数　量		价　格	
			请领	实领	单价	金额（元）
备　注					合计	

记账：　　　　　　　　发料：　　　　　　　　审批：　　　　　　领料：

表 5－3　限额领料单

领料部门：　　　　　　　　　　　　　　　　　　　　　　　凭证编号：

产品名称、号码：＿＿＿＿＿＿＿＿　　　　　　　　　　　　年　　月　　日

计划产量：＿＿＿＿＿＿　　单位消耗定额：＿＿＿＿＿＿　　编号：

材料编号	材料名称	规　格	计量单位	计划单位	领料限额	全月实用	
						数量	金额
领料日期	请领数量	实发数量	领料人签章	发料人签章		限额结余	
合　计							

供应部门负责人：　　　　　　　生产部门负责人：　　　　　　　仓库管理员：

表 5-4　产品入库单

凭证编号：　　　　　　　　　　　　　　　　　　　　　　　　　交库单位：
年　　月　　日　　　　　　　　　　　　　　　　　　　　　　　收料仓库：

产品编号	产品名称	规格	计量单位	交付数量	检验结果		实收数量	单价	金额
					合格	不合格			
备　注							合　计		

单位主管：　　　　　　保管员：　　　　　　记账员：　　　　　　制单：

（二）按照填制手续及内容不同，分为一次凭证、累计凭证和汇总凭证

1. 一次凭证

它是指一次填制完成、只记录一笔经济业务的原始凭证，如收据、领料单、收料单、发货票、借款单、银行结算凭证等。一次性凭证是一次有效的凭证。

2. 累计凭证

它是指在一定时期内多次记录发生的同类型经济业务的原始凭证。其特点是在一张凭证内可以连续登记相同性质的经济业务，随时结出累计数及结余数，并按照费用限额进行费用控制，期末按实际发生额记账。累计凭证是多次有效的原始凭证。具有代表性的累计凭证是限额领料单。

3. 汇总凭证

它是指对一定时期内反映经济业务内容相同的若干张原始凭证，按照一定标准综合填制的原始凭证。汇总原始凭证合并了同类型经济业务，简化了记账工作量。

常用的汇总原始凭证有：发出材料汇总表（如表 5-5 所示）、工资结算汇总表、差旅费报销单等。

表 5-5　发出材料汇总表　　　　　　年　　月　　日

会计科目		领料部门	原材料	燃料	合计
生产成本	基本生产车间	一车间			
		二车间			
		小　计			
	辅助生产车间	供电车间			
		供气车间			
		小　计			

（续表）

会计科目	领料部门	原材料	燃料	合计
制造费用	一车间			
	二车间			
	小　计			
管理费用	行政部门			
合　计				

财会负责人：　　　　复核：　　　　制表：

（三）按照格式不同，分为通用凭证和专用凭证

1. 通用凭证

它是指由有关部门统一印制、在一定范围内使用的具有统一格式和使用方法的原始凭证。通用凭证的使用范围，因制作部门不同而异，可以是某一地区、某一行业，也可以是全国通用。如某省（市）印制的发货票、收据等，在该省（市）通用；由人民银行制作的银行转账结算凭证，在全国通用等。

2. 专用凭证

它是指由单位自行印制、仅在本单位内部使用的原始凭证，如领料单、差旅费报销单、折旧计算表、工资费用分配表等。

（四）按照经济业务的类别不同，分为以下六类

1. 款项收付业务凭证

款项收付业务凭证是指记录库存现金和银行存款收付增减等业务的原始凭证。这类凭证既有外来的，也有自制的，但多为一次性凭证，如现金借据、现金收据、领款单、零星购物发票、车船机票、医药费单据、银行支票、付款委托书、托收承付结算凭证等。

2. 出入库业务凭证

出入库业务凭证是指记录材料、产成品出入库等情况的原始凭证。这类凭证可以是一次性凭证，也可以是累计凭证，如入库单、领料单、提货单等。

3. 成本费用凭证

成本费用凭证是指记录产品生产费用的发生和分配情况的原始凭证。这类凭证大都是内部自制凭证，如工资单、工资费用汇总表、折旧费用分配表、制造费用分配表、产品成本计算单等。

4. 购销业务凭证

购销业务凭证是指记录材料物品采购或劳务供应、产成品（商品）或劳务销售情况的原始凭证，前者为外来的凭证，后者为自制的凭证，如提货单、发货单、交款单、运费单据等。

5. 固定资产业务凭证

固定资产业务凭证是指记录固定资产购置、调拨、报废和盘盈、盘亏业务的原始凭证，如固定资产调拨单、固定资产移交清册、固定资产报废单和盘盈、盘亏报告单等。

6. 转账业务凭证

转账业务凭证是指会计期间终了，为了结平收入和支出等账户，计算并结转成本、利

润等，由会计人员根据会计账簿记录整理制作的原始凭证。这类凭证一般无固定格式，但需要注明制证人，并由会计主管签章。

三、原始凭证的填制要求

原始凭证是编制记账凭证的依据，是会计核算最基础的原始资料。要保证会计核算工作的质量，必须从保证原始凭证的质量做起，正确填制原始凭证。具体地说，原始凭证的填制必须符合下列要求。

（一）记录要真实

原始凭证所填列的经济业务内容和数字，必须真实可靠，符合实际情况。

（二）内容要完整

原始凭证所要求填列的项目必须逐项填列齐全，不得遗漏和省略。需要注意的是，年、月、日要按照填制原始凭证的实际日期填写；名称要齐全，不能简化；品名或用途要填写明确，不能含糊不清；有关人员的签章必须齐全。

（三）手续要完备

单位自制的原始凭证必须有经办单位领导人或者其他指定的人员签名盖章；对外开出的原始凭证必须加盖本单位公章等；从外部取得的原始凭证，必须盖有添置单位的公章；从个人取得的原始凭证，必须有填制人员的签名盖章。总之，取得的原始凭证必须符合手续完备的要求，以明确经济责任，确保凭证的合法性、真实性。

（四）书写要清楚、规范

原始凭证要按规定填写，文字要简明，字迹要清楚，易于辨认，不得使用未经国务院公布的简化汉字。大小写金额必须符合填写规范，小写金额用阿拉伯数字逐个书写，不得写连笔字，在金额前要填写人民币符号“￥”，人民币符号“￥”与阿拉伯数字之间不得留有空白，金额数字一律填写到角分，无角分的，写“00”或符号“—”，有角分的，分位写“0”，不得用符号“—”；大写金额用汉字壹、贰、叁、肆、伍、陆、柒、捌、玖、拾、佰、仟、万、亿、元、角、分、零、整等，一律用正楷或行书字书写，大写金额前未印有“人民币”字样的，应加写“人民币”三个字，“人民币”字样和大写金额之间不得留有空白，大写金额到元或角为止的，后面要写“整”或“正”字，有分的，不写“整”或“正”字。如小写金额为￥1008.00，大写金额应写成“壹仟零捌元整”。

（五）编号要连续

各种凭证要连续编号，以便考查。如果凭证已预先印定编号，如发票、支票等重要凭证，在写坏作废时，应加盖“作废”戳记，妥善保管，不得撕毁。

（六）不得涂改、刮擦、挖补

原始凭证有错误的，应当由出具单位重开或更正，更正处应当加盖出具单位印章。原始凭证金额有错误的，应当由出具单位重开，不得在原始凭证上更正。

（七）填制要及时

各种原始凭证一定要及时填写，并按规定的程序及时送交会计机构、会计人员进行审核。

四、原始凭证的审核

为了如实反映经济业务的发生和完成情况，充分发挥会计的监督职能，保证会计信息的真实性、可靠性和正确性，会计机构、会计人员必须对原始凭证进行严格审核，具体包括如下几点。

（一）审核原始凭证的真实性

原始凭证作为会计信息的基本信息源，其真实性对会计信息的质量具有至关重要的影响。其真实性的审核包括凭证日期是否真实、业务内容是否真实、数据是否真实等内容的审查。对外来原始凭证，必须有填制单位公章和填制人员签章；对自制原始凭证，必须有经办部门和经办人员的签名或盖章。此外，对通用原始凭证，还应审核凭证本身的真实性，以防假冒。

（二）审核原始凭证的合法性

审核原始凭证所记录经济业务是否有违反国家法律法规的情况，是否履行了规定的凭证传递和审核程序，是否有贪污腐化等行为。

（三）审核原始凭证的合理性

审核原始凭证所记录经济业务是否符合企业生产经营活动的需要，是否符合有关的计划和预算等。

（四）审核原始凭证的完整性

审核原始凭证各项基本要素是否齐全，是否有漏项情况，日期是否完整，数字是否清晰，文字是否工整，有关人员签章是否齐全，凭证联次是否正确等。

（五）审核原始凭证的正确性

审核原始凭证各项金额的计算及填写是否正确，包括阿拉伯数字分位填写，不得连写；小写金额前要标明“￥”字样，中间不能留有空位；大写金额前要加“人民币”字样，大写金额与小写金额要相符；凭证中有书写错误的，应采用正确的方法更正，不能采用涂改、刮擦、挖补等不正确方法。

（六）审核原始凭证的及时性

原始凭证的及时性是保证会计信息及时性的基础。为此，要求在经济业务发生或完成时及时填制有关原始凭证，及时进行凭证的传递。审核时应注意审查凭证的填制日期，尤其是支票、银行汇票、银行本票等时效性较强的原始凭证，更应仔细验证其签发日期。

原始凭证的审核是一项十分重要、严肃的工作，经审核的原始凭证应根据不同情况处理：

（1）对于完全符合要求的原始凭证，应及时据以编制记账凭证入账。

（2）对于真实、合法、合理但内容不够完整、填写有错误的原始凭证，应退回给有关经办人员，由其负责将有关凭证补充完整、更正错误或重开后，再办理正式会计手续。

（3）对于不真实、不合法的原始凭证，会计机构、会计人员有权不予接受，并向单位负责人报告。

第三节　记账凭证的填制与审核

一、记账凭证的填制要求

填制记账凭证是一项重要的会计工作。为了便于登记账簿，保证账簿记录的正确性，填制记账凭证应符合以下要求。

（一）依据真实

除结账和更正错误外，记账凭证应根据审核无误的原始凭证及有关资料填制，记账凭证必须附有原始凭证并如实填写所附原始凭证的张数。记账凭证所附原始凭证张数的计算一般应以原始凭证的自然张数为准。如果记账凭证中附有原始凭证汇总表，则应该把所附的原始凭证和原始凭证汇总表的张数一起记入附件的张数之内。但报销差旅费等零散票券，可以粘贴在一张纸上，作为一张原始凭证。一张原始凭证如果涉及几张记账凭证的，可以将原始凭证附在一张主要的记账凭证后面，在该主要记账凭证摘要栏注明“本凭证附件包括××号记账凭证业务”字样，并在其他记账凭证上注明该主要记账凭证的编号或者附上该原始凭证的复印件，以便复核查阅。如果一张原始凭证所列的支出需要由两个以上的单位共同负担，应当由保存该原始凭证的单位开给其他应负担单位原始凭证分割单。原始凭证分割必须具备原始凭证的基本内容，并可作为填制记账凭证的依据，计算在所附原始凭证张数之内。

（二）内容完整

记账凭证应具备的内容都要具备，要按照记账凭证上所列项目逐一填写清楚，有关人员的签名或者盖章要齐全，不可缺漏。如有以自制的原始凭证或者原始凭证汇总表代替记账凭证使用的，也必须具备记账凭证应有的内容。金额栏数字的填写必须规范、准确，与所附原始凭证的金额相符。金额登记方向、数字必须正确，角分位不留空格。

（三）分类正确

填制记账凭证，要根据经济业务的内容，区别不同类型的原始凭证，正确应用会计科目和记账凭证。记账凭证可以根据每一张原始凭证填制，或者根据若干张同类原始凭证汇总填制，也可以根据原始凭证汇总表填制，但不得将不同内容或类别的原始凭证汇总填制在一张记账凭证上，会计科目要保持正确的对应关系。一般情况下，现金或银行存款的收、付款业务，应使用收款凭证或付款凭证；不涉及现金和银行存款收付的业务，如将现金送存银行，或者从银行提取现金，应以付款业务为主，只填制付款凭证不填制收款凭证，以避免重复记账。在一笔经济业务中，如果既涉及现金或银行存款收、付，又涉及转账业务，则应分别填制收款或付款凭证和转账凭证。例如，单位职工出差归来报销差旅费并交回剩余现金时，就应根据有关原始凭证按实际报销的金额填制一张转账凭证，同时按收回的现金数额填制一张收款凭证。各种记账凭证的使用格式应相对稳定，特别是在同一会计年度内，不宜随意更换，以免引起编号、装订、保管方面的不便与混乱。

（四）日期正确

记账凭证的填制日期一般应填制记账凭证当天的日期，不能提前或拖后；按权责发生制原则计算收益、分配费用、结转成本利润等调整分录和结账分录的记账凭证，虽然需要到下月才能填制，但为了便于在当月的账内进行登记，仍应填写当月月末的日期。

（五）连续编号

为了分清会计事项处理的先后顺序，以便记账凭证与会计账簿之间的核对，确保记账凭证完整无缺，填制记账凭证时，应当对记账凭证连续编号。记账凭证编号的方法有多种：一种是将全部记账凭证作为一类统一编号；另一种是分别按现金和银行存款收入业务、现金和银行付出业务、转账业务三类进行编号，这样记账凭证的编号应分为收字第×号、付字第×号、转字第×号；还有一种是分别按现金收入、现金支出、银行存款收入、银行存款支出和转账业务五类进行编号，这种情况下，记账凭证的编号应分为现收字第×号、现付字第×号、银收字第×号、银付字第×号和转字第×号，或者将转账业务按照具体内容再分成几类编号。各单位应当根据本单位业务繁简程度、会计人员多寡和分工情况来选择便于记账、查账、内部稽核、简单严密的编号方法。无论采用哪一种编号方法，都应该按月顺序编号，即每月都从一号编起，按自然数1、2、3、4、5…顺序编至月末，不得跳号、重号。一笔经济业务需要填制两张或两张以上记账凭证的，可以采用分数编号法进行编号，例如有一笔经济业务需要填制三张记账凭证，凭证顺序号为6，就可以编成$6\frac{1}{3}$、$6\frac{2}{3}$、$6\frac{3}{3}$，前面的数表示凭证顺序，后面分数的分母表示该号凭证共有三张，分子表示三张凭证中的第一张、第二张、第三张。

（六）简明扼要

记账凭证的摘要栏是填写经济业务简要说明的，摘要应与原始凭证内容一致，能正确反映经济业务的主要内容，既要防止简而不明，又要防止过于烦琐。它应能使阅读者通过摘要就能了解该项经济业务的性质、特征，判断出会计分录的正确与否，一般不需要再去翻阅原始凭证或询问有关人员。

（七）分录正确

会计分录是记账凭证中重要的组成部分。在记账凭证中，要正确编制会计分录并保持借贷平衡，就必须根据国家统一会计制度的规定和经济业务的内容，正确使用会计科目，不得任意简化或改动。应填写会计科目的名称，或者同时填写会计科目的名称和会计科目编号，不应只填编号，不填会计名称。应填明总账科目和明细科目，以便于登记总账和明细分类账。会计科目的对应关系要填写清楚，应先借后贷，一般填制一借一贷、一借多贷或者多借一贷的会计分录。但如果某项经济业务本身就需要编制一个多借多贷的会计分录，也可以填制多借多贷的会计分录，以集中反映该项经济业务的全过程。填入金额数字后，要在记账凭证的合计行计算填写合计金额。记账凭证中借、贷方的金额必须相等，合计数必须计算正确。

（八）空行注销

填制记账凭证时，应按行次逐行填写，不得跳行或留有空行。记账凭证填完经济业务后，如有空行，应当在金额栏自最后一笔金额数字下的空行至合计数上的空行处划斜线或“～”行线注销。

（九）填错更改

填制记账凭证时如果发生错误，应当重新填制。已经登记入账的记账凭证在当年内发生错误的，如果是使用的会计科目或记账凭证方向有错误，可以用红字金额填制一张与原始凭证内容相同的记账凭证，在摘要栏注明“注销某月某日某号凭证”字样，同时再用蓝字重新填制一张正确的记账凭证，在摘要栏注明“更正某月某日某号凭证”字样；如果会计科目和记账方向都没有错误，只是金额错误，可以按正确数字和错误数字之间的差额，另编一张调整的记账凭证，调增金额用蓝数字，调减金额用红数字。发现以前年度的金额有错误时，应当用蓝字填制一张更正的记账凭证。

记账凭证中，文字、数字和货币符号的书写要求，与原始凭证相同。实行会计电算化的单位，其机制记账凭证应当符合对记账凭证的基本要求，打印出来的机制凭证上，要加盖制单人员、审核人员、记账人员和会计主管人员印章或者签字，以明确责任。

二、记账凭证的填制方法

（一）单式记账凭证的填制

单式记账凭证，就是在一张凭证上只填列一个会计科目。一项经济业务的会计分录涉及几个会计科目，就填几张记账凭证。为了保持会计科目间的对应关系，便于核对，在填制一个会计分录时编一个总号，再按凭证张数编几个分号，如第4笔经济业务涉及三个会计科目，编号则为$4\frac{1}{3}$、$4\frac{2}{3}$、$4\frac{3}{3}$。

单式记账凭证中，填列借方账户名称的称为借项记账凭证，填列贷方账户名称的称为贷项记账凭证。为了便于区别，两者常用不同的颜色印制。

（二）复式记账凭证的填制

复式记账凭证就是在一张记账凭证上记载一笔完整的经济业务所涉及的全部会计科目。为了清晰地反映经济业务的来龙去脉，不应将不同的经济业务合并填制。

1. 收款凭证的填制

收款凭证是根据审核无误的库存现金和银行存款收款业务的原始凭证编制的。收款凭证左上角的“借方科目”，按收款的性质填写“库存现金”或者“银行存款”；日期填写的是编制本凭证的日期；右上角填写编制收款凭证顺序号；“摘要”栏简明扼要地填写经济业务的内容梗概；“贷方科目”栏内填写与收入“库存现金”或“银行存款”科目相对应的总账科目及所属明细科目；“金额”栏内填写实际收到的现金或银行存款的数额，各总账科目与所属明细科目的应贷金额，应分别填写在总账科目或明细科目同一行的“总账科目”或“明细科目”金额栏内；“金额”栏的合计数，只合计“总账科目”金额，表示借方科目“库存现金”或“银行存款”的金额；“记账”栏供记账人员在根据收款凭证登记有关账簿后做记号用，表示已经记账，防止经济业务的事项的重记或漏记；该凭证右边“附件 张”根据所附原始凭证的张数填写；凭证最下方有关人员签章处供有关人员在履行了责任后签名或签章，以明确经济责任。

2. 付款凭证的填制

付款凭证是根据审核无误的库存现金和银行付款业务的原始凭证编制的。付款凭证的左上角“贷方科目”，应填列“库存现金”或者“银行存款”，“借方科目”栏应填写与“库存现金”或“银行存款”科目相对应的总账科目及所属的明细科目。其余各部分的填制方法与收款凭证基本相同，不再述及。

3. 转账凭证的填制

转账凭证是根据审核无误的不涉及库存现金和银行存款收付的转账业务的原始凭证编制的。转账凭证的“会计科目”栏应按照先借后贷的顺序分别填写应借应贷的总账科目及所属的明细科目；借方总账科目及所属明细科目的应记金额，应在与科目同一行的“借方金额”栏内相应栏次填写，贷方总账科目及所属明细科目的应记金额，应在与科目同一行的“贷方金额”栏内相应栏次填写；“合计”行只合计借方总账科目金额和贷方总账科目金额，借方总账科目金额合计数与贷方总账金额合计数应相等。

下面分别举例说明收款凭证、付款凭证和转账凭证的填制。

【例 5－1】 某企业 2016 年 6 月 12 日收到蓝天公司偿还所欠货款 10 000 元，存入银行。根据经济业务的原始凭证填制的收款凭证，如表 5－6 所示。

表 5－6 收款凭证

借方科目：银行存款　　　2016 年 6 月 12 日　　　　　　　　收字第 1 号银收 1

摘　要	贷方科目		金额										过账
	总账科目	明细科目	千	百	十	万	千	百	十	元	角	分	
收到蓝天公司偿还货款	应收账款	蓝天公司				¥	1	0	0	0	0	0	
	合　计					¥	1	0	0	0	0	0	

附单据 1 张

会计主管（签章）　记账（签章）　稽核（签章）　制单（签章）　　　　出纳（签章）

【例 5－2】 某企业 2016 年 8 月 17 日以现金支付采购员郭亮预借差旅费 3 000 元。根据这项经济业务的原始凭证填制的付款凭证，如表 5－7 所示。

表 5－7 付款凭证

出纳编号：

贷方科目：库存现金　　　2016 年 8 月 17 日　　　　　　　　付字第 1 号现付 1

摘　要	借方科目		金额										过账
	总账科目	明细科目	千	百	十	万	千	百	十	元	角	分	
预支差旅费	其他应收款	郭　亮				¥	3	0	0	0	0	0	
	合　计					¥	3	0	0	0	0	0	

附单据 1 张

会计主管（签章）　记账（签章）　稽核（签章）　制单（签章）　　　　出纳（签章）

【例 5－3】 某企业 2016 年 10 月 28 日销售产品 30 000 元（增值税暂不考虑），冲减得力公司的预收款。根据该项经济业务的原始凭证填制的转账凭证，如表 5－8 所示。

表5-8　转账凭证

2016 年 10 月 28 日　　　　　　　　　　　　　　　　　　　　转字第　1　号

摘要	总账科目	明细科目	借方金额										贷方金额										过账
			千	百	十	万	千	百	十	元	角	分	千	百	十	万	千	百	十	元	角	分	
销售产品冲预收款	预收账款	得力公司			¥	3	0	0	0	0	0	0											
	主营业务收入														¥	3	0	0	0	0	0	0	
合　计					¥	3	0	0	0	0	0	0			¥	3	0	0	0	0	0	0	

附单据 1 张

会计主管（签章）　记账（签章）　稽核（签章）　制单（签章）　出纳（签章）

三、记账凭证的审核

记账凭证编制以后，必须由专人进行审核，借以监督经济业务的真实性、合法性和合理性，并检查记账凭证的编制是否符合要求。特别要审核最初证明经济业务实际发生、完成的原始凭证。因此，对记账凭证的审核是一项严肃细致、政策性很强的工作。只有做好这项工作，才能正确地发挥会计反映和监督的作用。记账凭证审核的基本内容包括以下几项。

（一）内容是否真实

审核记账凭证是否有原始凭证为依据，所附原始凭证的内容是否与记账凭证的内容一致，记账凭证汇总表的内容与其所依据的记账凭证的内容是否一致等。

（二）项目是否齐全

审核记账凭证各项目的填写是否齐全，如日期、凭证编号、摘要、金额、所附原始凭证张数及有关人员签章等。

（三）科目是否准确

审核记账凭证的应借、应贷科目是否正确，是否有明确的账户对应关系，所使用的会计科目是否符合国家统一的会计制度的规定等。

（四）金额是否正确

审核记账凭证所记录的金额与原始凭证的有关金额是否一致、计算是否正确，记账凭证汇总表的金额与记账凭证的金额合计是否相符等。

（五）书写是否规范

审核记账凭证中的记录是否文字工整、数字清晰，是否按规定进行更正等。在审核过程中，如果发现不符合要求的地方，应要求有关人员采取正确的方法进行更正。只有经过审核无误的记账凭证，才能作为登记账簿的依据。

第四节 会计凭证的传递和保管

为了充分发挥会计凭证的作用，使会计核算工作有序而又及时，必须做好会计凭证的传递。会计凭证是企业单位重要的经济档案，为保证会计凭证的安全完整，必须做好会计凭证的保管工作。

一、会计凭证的传递

会计凭证的传递是指会计凭证从填制到归档保管期间，在本单位内部各有关部门和人员之间的传递程序和传递时间。会计凭证是由会计部门和各个业务部门分散办理的，并最后集中到会计部门，除作为记账依据之外，它还有其他的用途。会计凭证传递要满足传递程序合理和传递时间及时的要求，要规定各种凭证的传递环节、顺序和停留时间。

会计凭证的传递是企业内部控制制度的一个重要组成部分，应当在会计制度中做出明确的规定。正确地组织会计凭证的传递，对于及时地反映和监督经济业务的发生和完成情况，合理地组织经济活动，加强经济管理责任制，具有重要意义。正确地组织凭证的传递，能及时、真实地反映和监督经济业务的发生和完成情况；能将有关部门和人员组织起来，分工协作，使经济活动得以顺利实现；能考核经办业务的有关部门和人员是否按照规定的凭证手续办事，从而加强经营管理上的责任制，提高经营管理水平，提高经济活动的效率。会计凭证传递组织工作一般包括如下内容。

（一）确定会计凭证传递程序

要根据经济业务的特点、企业内部机构的设置和人员分工的情况，以及经营管理上的需要，恰当地规定各种会计凭证的格式、份数、传递的程序，做到既能满足会计核算的要求，也能兼顾计划、统计、管理上的需要；既避免凭证不必要的传递环节，又不影响按规定手续进行处理和审核。

（二）规定会计凭证传递的时间

要根据有关部门和人员对经济业务办理必要手续（如计量、检验、审核、登记等）的需要，恰当地规定凭证在各个环节停留的时间，保证业务手续的完成。要防止拖延和积压会计凭证，使会计凭证以最快速度传递，以充分发挥它及时传递经济信息的作用。

（三）建立凭证交接的签收制度

为了确保会计凭证的齐全和完整，在各个环节中都应指定专人处理交接手续，做到责任明确，手续完备、严密、简便易行。

二、会计凭证的保管

会计凭证的保管是指会计凭证记账后的整理、装订、归档和存查工作。会计凭证作为记账的依据，是重要的会计档案和经济资料。本单位以及有关部门、单位，可能因各种需要查阅会计凭证，特别是发生贪污、盗窃、违法乱纪行为时，会计凭证还是依法处理的有效证据。因此，任何单位在完成经济业务手续和记账之后，必须将会计凭证按规定的立卷归档制度形成会计档案资料，妥善保管，防止丢失，不得任意销毁，以便日后随时查阅。

对会计凭证的保管，既要做到完整无缺，又要便于翻阅查找。其主要要求有以下几点。

(1) 会计凭证应定期装订成册，防止散失。会计部门在依据会计凭证记账以后，应定期（每天、每旬或每月）对各种会计凭证进行分类整理，将各种记账凭证按照编号顺序，连同所附的原始凭证一起加具封面、封底，装订成册，并在装订线上加贴封签，由装订人员在装订线封签处签名或盖章。

从外单位取得的原始凭证遗失时，应取得原签发单位盖有公章的证明，并注明原始凭证的号码、金额、内容等，由经办单位会计机构负责人、会计主管人员和单位负责人批准后，才能代作原始凭证。若确实无法取得证明的，如车票丢失，则应由当事人写明详细情况，由经办单位会计机构负责人、会计主管人员和单位负责人批准后，代作原始凭证。

(2) 会计凭证封面应注明单位名称、凭证种类、凭证张数、起止号数、年度、月份、会计主管人员、装订人员等有关事项，会计主管人员和保管人员应在封面上签章。会计凭证封面的一般格式，如图 5-2 所示。

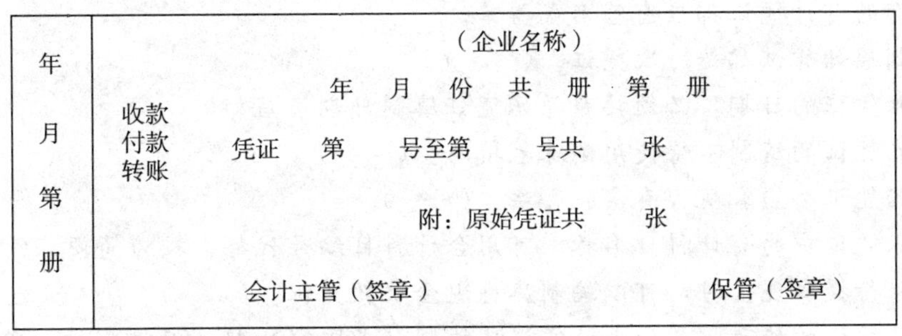

图 5-2 会计凭证封面

(3) 会计凭证应加贴封条，防止抽换凭证。原始凭证不得外借，其他单位如有特殊原因确实需要使用时，经本单位会计机构负责人、会计主管人员批准，可以复制。

向外单位提供的原始凭证复印件，应在专设的登记簿上登记，并由提供人员和收取人员共同签名、盖章。

(4) 原始凭证较多时，可单独装订，但应在凭证封面注明所属记账凭证的日期、编号和种类，同时在所属的记账凭证上应注明“附件另订”及原始凭证的名称和编号，以便查阅。对各种重要的原始凭证，如押金收据、提货单等，以及各种需要随时查阅和退回的单据，应另编目录，单独保管，并在有关的记账凭证和原始凭证上分别注明日期和编号。

(5) 每年装订成册的会计凭证，在年度终了时可暂由单位会计机构保管一年，期满后应当移交本单位档案机构统一保管；未设立档案机构的，应当在会计机构内部指定专人保管。出纳人员不得兼管会计档案。

(6) 严格遵守会计凭证的保管期限要求，期满前不得任意销毁。

复习思考题与练习题

一、复习思考题

1. 填制与审核会计凭证有何意义？

2. 何谓汇总记账凭证？编制汇总记账凭证有何意义？

3. 记账凭证按反映业务内容不同可分为哪几种？

4. 何谓原始凭证？原始凭证的填制和审核有何要求？

5. 何谓记账凭证？记账凭证的填制和审核有何要求？

6. 何谓会计凭证传递？会计凭证传递应包括哪些具体环节？

7. 会计凭证的设计与会计控制有何关系？

8. 何谓会计凭证的保管？如何进行会计凭证的保管？

二、练习题

1. 判断题

(1) 所有的会计凭证都是登记账簿的依据。(　　)

(2) 所有的会计凭证都应有签名或盖章。(　　)

(3) 自制原始凭证都是一次凭证。(　　)

(4) 记账凭证的日期，必须按照原始凭证填制日期填写。(　　)

(5) 原始凭证的填制不得使用圆珠笔填写。(　　)

(6) 原始凭证必须客观、真实、合法。(　　)

(7) 记账凭证中的会计科目名称，可用会计科目编号代替，较为简便。(　　)

(8) 从银行提取现金时，可以编制库存现金收款凭证。(　　)

(9) 会计凭证的传递，是指会计凭证从填制（或取得）起，经过审核、整理、记账到装订保管为止，在有关部门、人员之间办理业务手续的过程。(　　)

(10) 原始凭证如有遗失，应当按照规定的要求取得相应证明，并办理审核和报批手续。(　　)

2. 选择题

(1) 将会计凭证划分为原始凭证和记账凭证两大类的主要依据是(　　)。

A. 凭证填制日期　　B. 凭证填制的人员

C. 凭证填制的程序和用途　　D. 凭证反映的经济内容

(2) 限额领料单是一种(　　)

A. 一次凭证　B. 累计凭证　C. 汇总凭证　D. 单式凭证

(3) 某企业销售产品一批，部分货款收存银行，部分货款对方暂欠，该企业应填制(　　)。

A. 收款凭证和付款凭证　　B. 收款凭证和转账凭证

C. 付款凭证和转账凭证　　D. 两张转账凭证

(4) 下列凭证中属于原始凭证的有(　　)。

A. 产品成本计算表　　B. 发出材料汇总表

C. 发货票　　D. 提货单

(5) 下列凭证中属于自制原始凭证的有( )。

A. 购入材料的运费账单　　B. 销货收到的转账支票

C. 工资结算单　　D. 产品入库单

E. 有应借应贷科目的自制原始凭证

(6) 下列凭证，属于外来原始凭证的是( )。

A. 领料单　　B. 发料汇总表　　C. 增值税专用发票　　D. 出差车船票

(7) 会计凭证的传递应结合企业( )的特点。

A. 经济业务　　B. 内部机构组织　　C. 人员分工　　D. 经营管理

(8) 记账凭证的基本要素包括( )。

A. 会计科目　　B. 所附凭证张数　　C. 记账金额

D. 凭证编号　　E. 填制凭证日期

(9) 记账凭证的编制依据是( )。

A. 原始凭证　　B. 会计凭证　　C. 经济业务　　D. 一次凭证

(10) 下列属于复式记账凭证的是( )。

A. 收款凭证　　B. 付款凭证　　C. 转账凭证　　D. 汇总记账凭证

3. 业务题

[目的] 练习会计凭证的填制。

[资料] 得力公司 2016 年 6 月发生如下经济业务：

(1) 收到银行通知，用银行存款支付到期的商业承兑汇票 100 000 元；

(2) 购入原材料一批，用银行存款支付货款 150 000 元及增值税 25 500 元，材料未到；

(3) 收到原材料一批，成本 100 000 元，材料已验收入库，货款已于上月支付；

(4) 销售产品一批，销售价款 300 000 元，增值税销项税按 17%的税率计算，产品已发出，货款及增值税款尚未收到；

(5) 该批产品的实际成本 180 000 元；

(6) 公司将短期投资（全部为股票投资）15 000 元兑现，收到本金 15 000 元，投资收益 1 500 元，均存入银行；

(7) 购入不需要安装的设备 1 台，价款 85 470 元，支付的增值税 14 530 元，支付包装费、运杂费 1 000 元，价款及包装费、运杂费均以银行存款支付，设备已交付使用；

(8) 购入 A 工程物资一批，价款 150 000 元（含已交纳的增值税），已用银行存款支付；

(9) A 工程应付工资 200 000 元，应付职工福利费 28 000 元，其他应交款 100 000 元；

(10) A 工程完工，交付生产使用，已办理竣工手续，固定资产价值 478 000 元；

(11) 从银行借入 3 年期借款 400 000 元，借款已入银行账户，该项借款用于购建固定资产。

[要求] 根据上述资料填制有关的自制原始凭证和编制有关的记账凭证。

第六章　会计账簿

【知识目标】

了解会计账簿的意义、会计账簿的基本内容、会计账簿的设置原则、账簿启用的规则、登记账簿的规则。

【能力目标】

能正确理解会计账簿的分类、对账的概念及内容、结账的概念及内容。掌握错账的查找及更正方法、日记账的设置与登记方法、分类账的设置和登记方法。

第一节　会计账簿的意义和分类

一、会计账簿的意义

会计账簿是指由一定格式账页组成的，以会计凭证为依据，全面、系统、连续地记录各项经济业务的簿记。组成账簿的账页就是账户。广义的会计记录可包括在记账凭证中形成的会计分录，但会计记录的中心内容是在账簿中描述处理并储存已由凭证处理过的初始信息。设置和登记账簿是编制会计报表的基础，是联结会计凭证与会计报表的中间环节，在会计核算中具有重要意义。

（一）记载、储存会计信息

将会计凭证所记录的经济业务，记入有关账簿，可以全面反映会计主体在一定时期内所发生的各项资金运动，储存所需要的各项会计信息。

（二）分类、汇总会计信息

账簿由不同的相互关联的账户所构成。企业单位通过账簿记录，一方面可以分门别类地反映各项会计信息，提供一定时间内经济活动的详细情况；另一方面可以通过发生额、余额的计算，提供各方面所需要的总括会计信息，反映财务状况及经营成果的综合价值指标。

（三）检查、校正会计信息

账簿记录是会计凭证信息的进一步整理。如在永续盘存制下通过有关盘存账户余额与实际盘点或核查结果的核对，可以确认财产的盘盈或盘亏，并根据实际结存数额调整账簿记录，做到账实相符，提供真实、可靠的会计信息。

（四）编表、输出会计信息

为了反映一定日期的财务状况及一定时期的经营成果，应定期进行结账工作，进行有关账簿之间的核对，计算出本期发生额和余额，据此编制会计报表，向有关各方提供所需要的会计信息。

需指出的是，账簿与账户有着十分密切的联系。账户是根据会计科目开设的，账户存在于账簿之中，账簿中的每一账页就是账户的存在形式和载体。没有账簿，账户就无法存在；然而，账簿只是一个外在形式，账户才是它的真实内容。账簿序时、分类地记载经济业务，是在个别账户中完成的。也可以说，账簿是由若干账页组成的一个整体，而开设于账页上的账户则是这个整体中的个别部分，所以，账簿与账户的关系，是形式和内容的关系。

二、会计账簿的分类

（一）按用途不同，可分为日记账、分类账和备查簿

1. 日记账

日记账也称序时账簿，它是按各项经济业务发生的时间顺序，逐日逐笔连续进行登记的账簿。日记账又分为普通日记账和特种日记账。

普通日记账是用来登记全部经济业务发生情况的日记账。它是把每天所发生的经济业务，按照业务发生的先后顺序，编制相关会计分录记入账簿中。它一般在规模比较小、经济业务不多的企业中设置。由于这种账簿对记账凭证中所提供的信息未作进一步的提炼和加工，因此它的作用只是把记账凭证集中和汇总起来。另外，在设置普通日记账的企业中，其记账凭证有时不再分为收款凭证、付款凭证和转账凭证三类，而仅使用通用记账凭证。

特种日记账是用来记录某一类经济业务发生情况的日记账，比如，库存现金日记账和银行存款日记账。一般而言，企业只对库存现金和银行存款设置日记账，这是出于加强对货币资金管理的需要。

2. 分类账

分类账根据其所反映经济业务的详细程度以及运用账户的种类，可分为总分类账簿和明细分类账簿。总分类账簿是按每一个总分类账户设置的，一般是由借方、贷方和余额的三栏式账页所组成；明细分类账簿则是按明细分类账户设置，通常采用三栏式、数量金额式和多栏式的账页。总分类账提供总括的会计信息，明细分类账提供详细的会计信息，两者相辅相成，互为补充。

分类账簿可以分别反映和监督各项资产、负债、所有者权益、收入、费用和利润的增减变动情况及其结果。分类账簿提供的核算信息是编制会计报表的主要依据。

分类账簿和序时账簿的作用不同。序时账簿能提供连续系统的信息，反映企业资金运动的全貌；分类账簿则是按照经营与决策的需要而设置的账户，归集并汇总各类信息反映资金运动的各种状态、形式及其构成。在账簿组织中，分类账簿占有特别重要的地位。因为只有通过分类账簿，才能把数据按账户形成不同信息，满足编制会计报表的需要。

小型经济单位，业务简单，总分类账户不多，为简化工作，可以把序时账簿与分类账簿结合起来，设置联合账簿。

3. 备查簿

备查账簿（或称辅助登记簿），简称备查簿，是对某些在序时账簿和分类账簿等主要账簿中都不予登记或登记不够详细的经济业务进行补充登记时使用的账簿。例如，租入固定资产备查簿，是用来登记那些以经营租赁方式租入、不属于本企业财产、不能记入本企业固定资产账户的机器设备等固定资产；应收票据贴现备查簿是用来登记本企业已经贴现

的应收票据，由于尚存在着票据付款人到期不能支付票据款项而使本企业产生连带责任的可能性（即负有支付票据款项的连带义务），而这些应收票据已不能在企业的序时账簿或分类账簿中反映，所以要备查登记。

备查账簿和序时账簿与分类账簿相比，存在两点不同之处：一是登记依据可能不需要记账凭证，甚至不需要一般意义上的原始凭证；二是账簿的格式和登记方法不同，备查账簿的主要栏目不记录金额，它更注重用文字来表述某项经济业务的发生情况。例如，租入固定资产登记簿，它登记的依据主要就是租赁合同与企业内部使用单位收到设备的证明。这二者在企业一般经济业务的核算中，不能充当正式原始凭证，只能作为原始凭证的附件(如作为支付租金的依据)。登记租入固定资产备查簿，也不需要编制记账凭证。该备查簿记录的内容主要有：出租单位、设备名称、规格、编号、设备原值、净值、租用时间、月份或年度租金数额、租金支付方式、租用期间修理或改造的有关规定及损坏赔偿规定、期满退租方式及退租时间等。

（二）按格式不同，可分为三栏式账簿、多栏式账簿和数量金额式账簿

1. 三栏式账簿

三栏式账簿指采用借方、贷方、余额三个主要栏目的账簿。总分类账、日记账和部分明细分类账一般采用三栏式格式，如表 6－1 所示。

表 6－1　总分类账

账户名称：原材料　　　　单位：元

2016 年		凭　证		摘　要	借　方	贷　方	借或贷	余　额
月	日	种类	编号					
5	1			月初余额			借	100 000
	4	转账	12	生产领用材料一批		50 000	借	50 000
	6	银付	5	购买材料一批	600 000		借	650 000
	15	转账	15	销售部门领用材料		80 000	借	570 000
	31			本月合计	600 000	130 000	借	570 000

2. 多栏式账簿

多栏式账簿指采用一个借方栏目、多个贷方栏目，或一个贷方栏目、多个借方栏目的账簿。成本类账户、收入类账户、费用类账户等一般采用多栏式格式，如表 6－2 所示。

表 6－2　制造费用明细账

单位：元

2016 年		凭　证		摘　要	借　方					贷　方	余　额
月	日	种类	编号		工资及福利费	折旧费	办公费	材料费	合　计		
5	5	转	6	生产管理人员工资耗费	100 000				100 000		100 000

（续表）

2016年		凭 证		摘 要	借 方				贷 方	余 额
	18	转	9	生产设备的折旧费		60 000		60 000		160 000
	25	转	25	车间办公费			1 000	1 000		161 000
	31	转	28	转出制造费用					161 000	0
	31			本月合计	100 000	60 000	1 000	161 000	161 000	0

3. 数量金额式账簿

它是指采用数量与金额双重记录的账簿。具体格式参见表 6 - 3 所示。

表 6 - 3 原材料明细账

材料名称：甲材料　　　　数量单位：千克　　　　金额单位：元

2016年		凭 证		摘要	收 入			发 出			结 存		
月	日	种类	编号		数量	单价	金 额	数量	单价	金 额	数量	单价	金 额
5	1			上月结存							100	40	4 000
	5	银付	8	购入材料	500	40	20 000				600	40	24 000
	18	转	18	生产领用				300	40	12 000	300	40	12 000
	31			本月合计	500	40	20 000	300	40	12 000	300	40	12 000

（三）按外形不同，可分为订本账、活页账和卡片账

1. 订本账

它是一种在启用前就将若干账页装订成册的账簿。其优点是可以防止账页的散失或抽换，比较安全；缺点是不便于记账工作的分工协作，账页多了会造成浪费，少了又影响账簿记录的连续性。它一般适用于总分类账、银行存款日记账和库存现金日记账。

2. 活页账

它是指账页数量不固定、可以随意增减的账簿。其优点是便于记账工作的分工，并能根据实际需要随时增添空白的账页，从而避免了账页的浪费；其缺点是比较容易造成账页的散失和被任意抽换。为此，账页启用之前就必须连续编号，并由有关人员盖章，然后装在账夹内。这些账页一旦登记使用完毕，便要装订成册和封存保管。

3. 卡片账

它是指用格式固定、装订分散的卡片作为账页的账簿。此类账簿通常装在卡片箱内，

使用灵活，可以随时抽换，可以跨年度使用。其优缺点等同于活页账，固定资产明细账一般采用这种格式。

三、会计账簿的基本内容

各种账簿所记录的经济内容不同，账簿的格式又多种多样，不同账簿格式所包括的基本内容也不尽一致，但各种账簿应具备一些基本要素，主要包括以下内容。

（一）封面

封面主要标明各种账簿的名称和记账单位的名称，如总分类账、库存现金日记账、银行存款日记账、原材料明细账等。

（二）扉页

扉页主要列明科目索引和账簿使用登记表，无论是订本账还是活页账，在使用之前首先填列账簿启用的日期和截止日期、页数等，以及经管账簿人员一览表和签章、会计主管人员签章、账户目录等。具体程式如表 6－4 所示。

表 6－4　账簿启用和经管人员一览表

账簿名称：	单位名称：
账簿编号：	账簿页数：
账簿页数：	启用日期：
会计主管：	记账人员：
移交日期：年　　月　　日	移交人姓名　　签章
接管日期：年　　月　　日	接管人姓名　　签章
会计主管姓名　　签章	

（三）账页

账页是账簿的主要内容，虽然账页格式多种多样，但一般应包括以下几方面。

（1）账户的名称。

（2）登账的日期栏。

（3）凭证种类和号数栏。

（4）摘要栏（记录经济业务内容的简要说明）。

（5）借方、贷方、余额栏以及余额的方向（记录经济业务的增减变动）。

（6）总页次和分户页次。

第二节　会计账簿的设置和登记

一、会计账簿的设置原则

所有会计主体必须根据本单位经济业务的特点和经营管理的需要，设置一定种类和数量的账簿，建立相应的账簿体系。各单位的具体情况不同，账簿设置也不尽一致，一般而言，应当遵循以下原则。

（1）账簿的设置应确保连续、系统、全面地反映和监督各项经济业务的情况，为经营管理提供系统、分类的会计核算资料。

（2）账簿体系的设置要在满足需要的前提下，考虑人力和物力的节约，力求避免重复记账和无效劳动。

（3）账簿的格式，要按照所记录的经济业务的内容和需要提供的核算指标进行设计，力求简便实用，避免烦琐复杂。

二、日记账的设置与登记

为了加强对某些特定经济业务的管理，特别是加强对货币资金（库存现金和银行存款）的管理，企业通常都专门设置库存现金日记账和银行存款日记账，序时地、逐笔地记录库存现金和银行存款的收入、支出和结存的情况。下面举例说明库存现金日记账和银行存款日记账的格式及登记方法。

（一）库存现金日记账的设置和登记

库存现金日记账的账页格式一般采用“借方”“贷方”和“余额”三栏式订本账。为了清晰地反映库存现金收付业务的对应关系，在“借方”“贷方”和“余额”三栏之前应设“对应科目”栏，随时了解现金的来龙去脉。库存现金日记账通常是由出纳人员经管，根据审核无误的库存现金收、付款凭证逐日逐笔按顺序登记的。由于从银行提取现金的业务只填制银行存款付款凭证，不填制库存现金收款凭证，因而这种业务的库存现金收入数应根据有关银行付款凭证登记。每日终了，应分别计算当日库存现金收入和付出的合计数以及账面的余额，并将库存现金日记账的账面余额与库存现金实有数核对，借以检查每日现金收入、支出和结存情况。库存现金日记账的格式和登记如表 6 - 5 所示。

表 6 - 5　库存现金日记账

单位：元

2016 年		凭　证		摘　要	对应科目	借方	贷方	余额
月	日	种类	编号					
9	1			上月结存				200
	1	银付	1	提取现金备用	银行存款	600		
	1	现付	2	购买办公用品	管理费用		500	
	1	现付	3	预付差旅费	其他应收款		200	
	1			本日合计		600	700	100

（二）银行存款日记账的设置和登记

银行存款日记账的账页格式与库存现金日记账基本相同，通常也采用“借方”“贷方”和“余额”三栏式订本账。另外，为了监督银行结算凭证的严格使用，还要在“对方科目”之前增设“结算凭证及其种类和号数”一栏。银行存款日记账通常也是由出纳员经管，根据审核无误的银行存款收、付款凭证，逐日逐笔按顺序登记的。由于将现金存入银行的业务只填制库存现金付款凭证，不填制银行存款收款凭证，因而这种业务的银行存款收入数，应根据有关库存现金付款凭证登记。

每日终了，应分别计算出当日银行存款收入、付出的合计数以及账面的余额，以便检查监督各项收入、支出款项，并便于定期同银行送来的对账单逐笔核对。银行存款日记账的格式和登记如表6-6所示。

表6-6 银行存款日记账

单位：元

2016年		凭证		摘要	结算凭证		对应科目	借方	贷方	余额
月	日	种类	编号		种类	号数				
9	1			上月结存						90 000
	1	银付	1	偿付货款	略	略	应付账款		10 000	
	1	银付	2	购买原材料			在途物质		20 000	
	1	银付	3	销售收入			主营业务收入	10 000		
	1			本日合计				10 000	30 000	70 000

库存现金日记账和银行存款日记账作为日记账具有分类记录的性质，为此，在总分类账簿中还必须设置“库存现金”和“银行存款”总分类账户，以便通过日记账和总账两种渠道传送核算数据。现金和银行存款较少的企业，可根据记账凭证直接记录总账。收付款业务多的企业，也可定期汇总，根据汇总数字记入总分类账簿，在这种情况下，库存现金日记账和银行存款日记账可以采用多栏式。即把借方栏和贷方栏分别按照对应科目设置若干专栏，其对应账户栏的合计数为汇总记入有关账户的数字，而借方和贷方两部分的合计，则为分别汇总记入“库存现金”或“银行存款”两个总分类账户借方和贷方的数字。多栏式库存现金，银行存款日记账的格式如表6-7所示。

表6-7 库存现金（银行存款）日记账

年		记账凭证		摘要	结算凭证		收入					支出					结存
月	日	种类	号数		种类	号数	应贷科目				合计	应借科目				合计	

三、分类账的设置和登记

（一）总分类账的设置和登记

总分类账簿是按照总分类账户分类记载全部经济业务的账簿。在总分类账中，应按照会计科目的编号顺序分设账户，并为每个账户预留若干账页。由于总分类账能够全面地、总括地反映经济活动情况，并为编制会计报表提供资料，因而任何单位都要设置总分类账簿。

因为总分类账簿只能提供价值指标，所以总分类账通常采用“借方”“贷方”和“余额”三栏式订本账簿，在总分类账借贷两栏内，可增设“对方科目”栏，也可不设。总分类账簿的格式和登记如表 6－8 所示。

总分类账登记的依据和方法，主要取决于所采用的会计核算形式。它可以直接根据各种记账凭证逐笔进行登记，也可以把各种记账凭证先按一定方式进行汇总，然后据以登记。

表 6－8　总分类账

会计科目：银行存款　　单位：元

2016 年		凭证号数	摘　要	借　方	贷　方	借或贷	余　额
月	日						
9	1		期初余额			借	100 000
	2	银付 1	还欠款		50 000	借	50 000
	13	银付 1	收销货款	30 000		借	80 000
	14	现付 1	现金送存银行	1 000		借	81 000
	25	银收 2	提供劳务收入款	15 000		借	96 000
	31		本月发生额及余额	46 000	50 000	借	96 000

（二）明细分类账的设置和登记

明细分类账簿通常是根据总分类科目设置，按所属二级明细科目开设账户，用来分类登记某一类经济业务，提供明细核算资料的分类账簿。明细分类账一般采用活页式账簿，有的也采用卡片式账簿。它一般根据记账凭证或原始凭证登记，明细分类账簿通常有三栏式、数量金额式、多栏式和横线登记式（或称平行式）等多种，分别介绍如下。

1. 三栏式明细分类账

三栏式明细分类账的格式与三栏式总分类账相同，只设有“借方”“贷方”和“余额”三个金额栏，不设数量栏。这种账页格式适用于只需要进行金额核算，不需要进行数量核算的账户，如反映债权、债务的“应收账款”“应付账款”明细分类核算。格式和登记如表 6－9 所示。

表 6－9　应收账款明细账

单位名称：新星公司　　单位：元

2016 年		凭证号数	摘　要	借　方	贷　方	借或贷	余　额
月	日						
9	1		期初余额			借	20 000
	2	转 1	赊销收入	50 000		借	70 000
	13	银收 2	收回货款		30 000	借	40 000

（续表）

2016年		凭证号数	摘　要	借　方	贷　方	借或贷	余　额
月	日						
	14	转3	赊账提供劳务	1 000		借	41 000
	30		本月发生额及余额	51 000	30 000	借	41 000

2. 数量金额式明细分类账

数量金额式明细分类账的格式，在"借方""贷方"和"余额"栏内，分别设有数量、单价、金额三个栏次。这种账页格式适用于"原材料""库存商品"等，既需要进行金额核算，又需要进行数量核算的账户。格式和登记如表6－10所示。

表6－10　原材料明细账　　　数量单位：千克　金额单位：元

2005年		凭证号	摘　要	收　入			发　出			结　存		
月	日			数量	单价	金额	数量	单价	金额	数量	单价	金额
9	1		期初余额							200	20	4 000
	5	略	赊购原材料	300	20	6 000				500	20	10 000
	9	略	生产领用				400	20	8 000	100	20	2 000
	31		本月合计	300	20	6 000	400	20	8 000	100	20	2 000

3. 多栏式明细分类账

多栏式明细分类账将属于同一个总账科目的各个明细科目合并在一张账页上进行登记，即在这种格式账页的借方或贷方金额栏内按照明细项目设若干专栏。这种格式适用于成本费用类科目的明细核算。

在实际工作中，成本费用类科目的明细账，可以只按借方发生额设置专栏，贷方发生额由于每月发生的笔数很少，可以在借方直接用红字冲记。这类明细账也可以在借方设专栏的情况下，贷方设一总的金额栏，再设一余额栏。这两种多栏式明细账的格式见表6－11、表6－12所示。

表6－11　管理费用明细账　　　单位：元

2016年		凭　证		摘　要	借　方						
月	日	字	号		工资及福利费	消耗材料	折旧费	修理费	办公费	期末结转	合计
9	1	略	略	办公费					200		200
	11	略	略	修理费				300			300

（续表）

2016年		凭证		摘要	借方						
月	日	字	号		工资及福利费	消耗材料	折旧费	修理费	办公费	期末结转	合计
	15	略	略	材料消耗		400					400
	30	略	略	工资费用	1 000						1 000
	30	略	略	折旧费用			1 200				1 200
	30	略	略	转　出						3 100	0
	30	略	略	本月合计	1 000	400	1 200	300	200	3 100	0

表 6－12　管理费用明细账　　单位：元

2016		凭证		摘要	借方						贷方	余额
月	日	字	号		工资及福利费	消耗材料	折旧费	修理费	办公费	合计		
9	1	略	略	办公费					200	200		200
	11	略	略	修理费				300		300		500
	15	略	略	材料消耗		400				400		900
	30	略	略	工资费用	1 000					1 000		1 900
	30	略	略	折旧费用			1 200			1 200		3 100
	30	略	略	转　出							3 100	0
	30	略	略	本月合计	1 000	400	1 200	300	200	3 100	3 100	0

4. 横线登记式明细分类账

这种明细账实际上也是一种多栏式明细账，其登记方法是采用横线登记，即将每一相关的业务登记在一行，从而可依据每一行各个栏目的登记是否齐全来判断该项业务的进展情况。这种明细账适用于登记材料采购业务、应收票据和一次性备用金业务。下面以“其他应收款”账户的备用金明细账为例来说明该类明细账的登记方法。

【例 6－1】　某企业 2016 年 9 月发生以下有关业务。

9 月 5 日，职工李雄借款 1 000 元；9 月 7 日，张平借款 1 200 元；9 月 26 日，张平报销 1200 元。上述业务记账之后，有关备用金明细账的内容见表 6－13。

表 6－13　其他应收款——备用金明细账　　单位：元

2016年		凭证号	摘要	借方			2016年		凭证号	摘要	贷方			余额
月	日			原借	补付	合计	月	日			报销	退	合计	
9	5	6	李雄	1 000										
9	7	10	张平	1 200		1 200	9	26	90	报销	1 200		1 200	0

（续表）

2016 年		凭证号	摘要	借 方			2016 年		凭证号	摘要	贷 方			余额
月	日			原借	补付	合计	月	日			报销	退	合计	

各种明细分类账的登记方法，应根据各单位业务量的大小、经济业务内容以及经营管理的需要而定，可以根据原始凭证、汇总原始凭证或记账凭证逐笔登记，也可以根据这些凭证逐日或定期汇总登记。

四、备查账

备查账簿对主要账簿起补充说明作用。因此，它没有固定的格式，一般根据各单位会计核算和经营管理的需要而设置。

第三节 记账规则

一、账簿启用的规则

每本账簿启用时，应当在账簿内专设扉页载明单位名称、启用时间、共计页数（活页账和卡片账应在装订成册后标明页效）和记账人员姓名，加盖单位公章，并由记账人员签名盖章。中途更换记账人员时，应在扉页上注明更换日期和接办人员姓名，并由接办人员签名盖章。

二、登记账簿的规则

登记账簿是财务会计系统中提炼、加工信息的一个重要环节。为保证账簿记录的真实性、准确性和完整性，必须严格遵守有关规定，并掌握以下记账技术。

（1）为了保证账簿记录的正确性，必须根据审核无误的会计凭证记账。

（2）为了保持账簿记录的持久性，防止涂改，记账时必须使用蓝色或黑色墨水书写。不得使用铅笔或圆珠笔，红色墨水只能在画线、改错和冲账时使用，会计中的红色数字表示负数。

（3）记账时，必须按账户页次逐页逐行登记，不得隔页、跳行。如无意发生隔页、跳行现象，应在空页、空行处用红色墨水画对角线注销，加盖“此页空白”或“此行空白”戳记，并由记账人员签章。

（4）账簿登记完毕，应在记账凭证“过账”栏内注明账簿页数或画对勾，表示记账完毕，避免重记、漏记。

（5）每一张账页登记完毕后，应在最后一行加计总数，结出余额，并在摘要栏注明“转次页”，然后在下一账页的摘要栏写“承前页”，并将总数和余额记入新账页的第一行。

（6）账簿记录发生错误时，不得刮、擦、挖、补、涂抹或用褪色药水更改字迹，而应根据错误的性质和具体情况，采用适当的错账更正方法。

三、错账的查找及更正

（一）错账的查找

在对账过程中，可能发生各种各样的差错，产生错账，如重记、漏记、数字颠倒、数字错位、数字记错、科目记错、借贷方向记反（反向）等，从而影响会计信息的准确性，应及时找出差错，并予以更正。错账查找的方法主要有以下几种。

1. 差数法

它是指按照错账的差数查找错账的方法。例如，在记账过程中只登记了会计分录的借方或贷方，漏记了另一方，从而形成试算平衡中借方合计与贷方合计不等。其表现形式是：借方金额遗漏，会使该金额在贷方超出；贷方金额遗漏，会使该金额在借方超出。对于这样的差错，可由会计人员通过回忆和相关金额的记账核对来查找。

2. 尾数法

对于发生的角、分的差错，可以只查找小数部分，以提高查错的效率。

3. 除 2 法

它是指以差数除以 2 来查找错账的方法。当某个借方金额错记入贷方（或相反）时，出现错账的差数表现为错误的 2 倍，将此差数用 2 去除，得出的商即是反向的金额。例如，应记入“原材料——甲材料”科目借方的 4 000 元误记入贷方，则该明细科目的期末余额将小于其总分类科目期末余额 8 000 元，被 2 除的商 4 000 元即为借贷方向反向的金额。同理，如果借方总额大于贷方 600 元，即应查找有无 300 元的贷方金额误记入借方。如非此类错误，则应另寻差错的原因。

4. 除 9 法

它是指以差数除以 9 来查找错数的方法。它适用于以下三种情况。

（1）将数字写小。如将 400 写为 40，错误数字小于正确数字 9 倍。查找的方法是：以差数除以 9 后得出的商即为写错的数字，商乘以 10 即为正确的数字。上例差数 360（即 400－40）除以 9，商 40 即为错数，扩大 10 倍后即可得出正确的数字 400。

（2）将数字写大。如将 50 写为 500，错误数字大于正确数字 9 倍。查找的方法是：以差数除以 9 后得出的商为正确的数字，商乘以 10 后所得的积为错误数字。上例差数 450（即 500－50）除以 9 后，所得的商 50 为正确数字，50 乘以 10（即 500）为错误数字。

（3）数字颠倒。如将 78 写为 87，将 96 写为 69，将 36 写为 63 等。查找的方法是：将差数除以 9，得出的商连续加 11，直到找出颠倒的数字为止。如 78 与 87 的差数为 9，除以 9 得 1，连加 11 为 12、23、34、45、56、67、78、89，如有 78 数字的业务，即有可能是颠倒的数字。

（二）更正错账规则

通常，错账的更正可采用下列三种方法。

1. 画线更正法

它是用画线注销原有记录，以更正错误的一种方法。在账簿登记过程中，发生了单纯的笔误或数字计算上的错误时，如果只是凭证填错而尚未记账，或凭证正确但账记错了，同时又尚未结账，都可以采用画线更正法。更正时，应先在错误的文字或数字（指整个数字）上画一条红线予以注销，并使原来字迹仍可辨认，然后在红线上面空白处写上正确的文字或数字，并由更正人员在更正处盖章证明。

【例 6－2】 B公司从银行借入一笔长期借款，金额 108 000 元，会计编制记账凭证如下。

借：银行存款　　　　　　　　　　　　　　　　108 000

　　贷：长期借款　　　　　　　　　　　　　　　　108 000

但在登记账目却误将 108 000 记为 180 000，因此应用画线更正法更正。具体方法如图 6－1 所示。

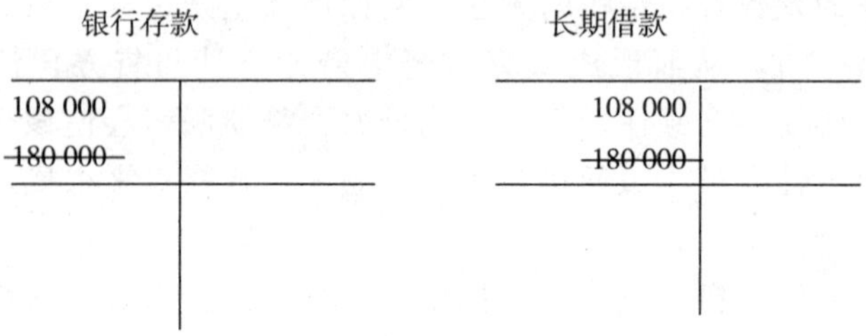

银行存款		长期借款	
108 000 ~~180 000~~			108 000 ~~180 000~~

图 6－1

2. 红字更正法

红字更正法，又称红字冲销法。当记账凭证所列账户对应关系或金额发生错误并已记入账簿，以及记账凭证所列账户对应关系并不错，但所填金额大于应填金额时，均可采用红字更正法。下面分别对这两种情况举例说明。

当记账凭证所列账户对应关系或金额发生错误，而且已经记入账簿时，应先用红字金额填制一张内容与错误的记账凭证相同的记账凭证，据以用红字登记账簿，以冲销原有的错误记录，然后再用蓝字填制一张正确的记账凭证，并据以登记账簿即可。

【例 6－3】 甲公司购入一批工程用材料，价款 100 000 元，进项税额为 17 000 元，以银行存款方式付讫款项。

（1）原错误的记账凭证。

借：原材料　　　　　　　　　　　　　　　　100 000

　　应交税费——应交增值税（进项税额）　　　17 000

　　贷：银行存款　　　　　　　　　　　　　　　　117 000

（2）用红字更正的记账凭证和用蓝字填制的正确记账凭证。

借：原材料　　　　　　　　　　　　　　　　100 000

　　应交税费——应交增值税（进项税额）　　　17 000

　　贷：银行存款　　　　　　　　　　　　　　　　117 000

借：工程物资　　　　　　　　　　　　　　　117 000

　　贷：银行存款　　　　　　　　　　　　　　　　117 000

当记账凭证所列账户对应关系并不错，但所填金额大于应填金额时，应按照正确金额大于错误金额的差额用红字填制一张记账凭证，据以登记账簿进行冲减。

【例 6－4】 乙公司银行存款支付购买一批材料，价款为 30 000 元。但当时填制记账凭证误记为 300 000 元，并已过入账簿。原先记账凭证中的会计分录如下。

借：原材料　　300 000

　　贷：银行存款　　300 000

更正方法是，用红字填制同样的一张记账凭证，金额为 270 000 元，具体分录如下：

借：原材料　　270 000

　　贷：银行存款　　270 000

3. 补充登记法

它是用补充增记金额，以更正错误的一种方法。在发现记账凭证上所填金额小于应填金额，并已据以登入账簿时，可采用补充登记法。更正时，要按照原来记账凭证中的账户对应关系和正确金额大于错误金额的差额用蓝字填制一张记账凭证，据以补充记入账簿。

【例 6－5】 A 公司仓库发出材料 4 000 元直接用于产品生产，但当时填制记账凭证误记为 3 000 元，并已过入分类账。原先记账凭证中的会计分录为。

借：生产成本　　3 000

　　贷：原材料　　3 000

月末结账前（结账后也可）发现这一错误，可补充填制记账凭证金额 1 000 元：

借：生产成本　　1 000

　　贷：原材料　　1 000

根据补充填制的上列记账凭证，就可更正原来的错账。

第四节　对账与结账

一、对账的概念及内容

（一）对账的概念

对账是指为了保证账簿记录的正确性，而进行的有关账项的核对工作。

（二）对账的主要内容

对账工作主要包括以下内容。

1. 账证核对

账簿是根据经过审核之后的会计凭证登记的，但实际工作中仍然可能发生账证不符的情况。因此，记完账后，要将账簿记录与会计凭证进行核对，做到账证相符。

会计期末，如果发现账证不符，还有必要重新进行账证核对，但这时的账证核对是通过试算平衡发现记账错误之后再按一定的线索进行的。

2. 账账核对

各个会计账簿是一个有机的整体，既有分工，又有衔接，总的目的就是全面、系统、综合地反映企业及各单位的经济活动与财务收支情况。各种账簿之间的这种衔接依存关系就是常说的钩稽关系。利用这种关系，我们可以通过账簿的相互核对发现记账工作是否有误。一旦发现错误，就应立即更正，做到账账相符。

账簿之间的核对包括以下内容。

（1）核对总分类账簿的记录。按照“资产＝负债＋所有者权益”这一会计等式和“有借必有贷、借贷必相等”的记账规律，总分类账簿各账户的期初余额、本期发生额和期末余额之间存在对应的平衡关系，账户的期末借方余额合计和贷方余额合计也存在平衡关系。通过这种等式和平衡关系，我们可以检查总账记录是否正确、完整。这项核对工作通常采用编制“总分类账户本期发生额和余额对照表”（简称“试算平衡表”）来完成。

（2）总分类账簿与所属明细分类账簿核对。总分类账各账户的期末余额应与其所属的各明细分类账的期末余额之和核对相符。

（3）总分类账簿与序时账簿核对。如前所述，我国企业、事业等单位必须设置库存现金日记账和银行存款日记账。库存现金日记账必须每天与库存现金核对相符，银行存款日记账也必须定期与银行对账。在此基础上，企业单位还应检查库存现金总账和银行存款总账的期末余额，与库存现金日记账和银行存款日记账的期末余额是否相符。

（4）明细分类账簿之间的核对。例如，会计部门有关实物资产的明细账与财产物资保管部门或使用部门的明细账定期核对，以检查其余额是否相符。核对的方法一般是由财产物资保管部门或使用部门定期编制收发结存汇总表报会计部门核对。

3. 账实核对

它是指各项财产物资账面余额与实有数额之间的核对，主要核对以下几方面。

（1）库存现金日记账账面余额与库存现金数额是否相符。

（2）银行存款日记账账面余额与银行对账单的余额是否相符。

（3）各项财产物资明细账余额与财产物资保管、使用部门的有关明细账余额是否相符。

（4）有关债权债务明细账余额与对方单位的账面记录是否相符等。

二、结账的概念及内容

（一）结账的概念

所谓结账，就是结算本期账簿中的发生额合计和余额，并将余额转入按规定应转入的账簿，或结转到下期。

（二）结账的内容

（1）结算各种收入、费用账户，并据以计算确定本期利润。

（2）结算各资产、负债和所有者权益账户，分别结出本期发生额合计和余额。

（三）结账的程序

（1）将本期发生的经济业务全部登记入账，并保证其正确性。

（2）根据权责发生制的要求，调整有关账项，合理确定本期应计的收入和应计的费用；本期内所有的转账业务，应编制记账凭证记入有关账簿，以调整账簿记录。如待摊费用的摊销、预提费用的提取、制造费用的分配、完工产品成本的结转等都应编制记账凭证，并登记入账。

（3）将损益类科目转入“本年利润”科目，结平所有损益类科目。

（4）结算出资产、负债和所有者权益科目的本期发生额和余额，并结转下期。

（四）结账方法

对不需按月结计本期发生额的账户，如各项应收应付款明细账和各项财产物资明细账等，每次记账以后，都要随时结出余额，每月最后一笔余额即为月末余额。也就是说，月末余额就是本月最后一笔经济业务记录的同一行内余额。月末结账时，只需要在最后一笔经济业务记录之下通栏画单红线，不需要再结计一次余额。

库存现金、银行存款日记账和需要按月结计发生额的收入、费用等明细账，每月结账时，要在最后一笔经济业务记录下面通栏画单红线，结出本月发生额和余额，在摘要栏内注明“本月合计”字样，在下面通栏画单红线。需要结计本年累计发生额的某些明细账户，每月结账时，应在“本月合计”行下结出自年初起至本月末止的累计发生额，登记在月份发生额下面，在摘要栏内注明“本年累计”字样，并在下面再通栏画单红线。12 月末的“本年累计”就是全年累计发生额，全年累计发生额下通栏画双红线。

总账账户平时只需结出月末余额。年终结账时，为了总括地反映全年各项资金运动情况的全貌，核对账目，要将所有总账账户结出全年发生额和年末余额，在摘要栏内注明“本年合计”字样，并在合计数下通栏画双红线。

年度终了结账时，有余额的账户，要将其余额结转下年。即将有余额的账户的余额直接记入新账余额栏内，不需要编制记账凭证，也不必将余额再记入本年账户的借方或贷方，使本年有余额的账户的余额变为零。因为既然年末是有余额的账户，其余额应当如实地在账户中加以反映，否则容易混淆有余额和没有余额的账户之间的区别。

复习思考题与练习题

一、复习思考题

1. 何谓会计账簿？会计账簿的作用？

2. 如何对会计账簿分类？

3. 会计账簿有哪些基本要素？

4. 我国企业、行政事业单位为何一般都设置现金、银行存款日记账？

5. 如何设置和登记日记账？

6. 如何设置和登记总分类账与明细分类账？

7. 何谓结账与对账？各自应包括哪些内容？

8. 错账更正方法有哪些？如何更正错账？

9. 账簿启用和账簿登记的规则包括哪些？

10. 如何保管会计账簿？

二、练习题

1. 判断题

(1) 总分类账和明细分类账都是根据记账凭证逐笔登记的。(　　)

(2) 库存现金日记账和银行存款日记账，必须采用订本式账簿。(　　)

(3) 生产成本明细账和管理费用明细账的格式适宜采用多栏式。(　　)

(4) 序时账簿可以用来登记全部经济业务，也可用来登记某一类经济业务。(　　)

(5) 在结账前，若发现账簿记录有错而记账凭证无错，即过账笔误或账簿数字计算有错误，可用画线更正法进行更正。(　　)

(6) 备查账簿是对某些在日记账和分类账中未能记录或记录不全的经济业务进行补充

登记的账簿，因此，各单位必须设置。(　　)

(7) 各种明细账的登记依据，既可以是原始凭证，也可以是记账凭证。(　　)

(8) 登记账簿必须用蓝、黑墨水笔书写，不得使用圆珠笔、铅笔书写，更不得用红色墨水笔书写。(　　)

(9) 记账以后，如果发现记账凭证中账户用错，而且所填金额小于应记金额，可用补充登记法进行更正。(　　)

(10) 新的会计年度开始时，必须更换全部账簿，不得只更换库存现金日记账、银行存款日记账。(　　)

2. 选择题

(1) 库存现金日记账和银行存款日记账应采用(　　)。

A. 订本式　　B. 活页式　　C. 三栏式　　D. 卡片式

(2) 发现记账凭证所用账户正确，但所填金额大于应记金额，并已过账，应采用(　　)更正错误。

A. 红字更正法　　B. 补充登记法　　C. 画线更正法　　D. 平行登记法

(3) 用红色墨水笔登记账簿时，适用于下列情况(　　)

A. 采用红字冲账的记账凭证，冲销错误记录

B. 在不设借贷的多栏式账页中，登记减少金额

C. 在期末结账时，用红色墨水笔画通栏红线

D. 三栏式账户的余额栏前，如未注明余额方向，在余额栏内登记负数余额

(4) 任何会计主体必须设置的账簿有(　　)。

A. 库存现金日记账　　B. 银行存款日记账

C. 总分类账簿　　D. 备查账簿

E. 明细分类账簿

(5) 数量金额式明细分类账的账页格式适用于(　　)

A. “库存商品”明细账　　B. “制造费用”明细账

C. “原材料”明细账　　D. “生产成本”明细账

(6) 多栏式明细分类账的账页格式适用于(　　)。

A. “应收账款”明细分类账　　B. “预收账款”明细分类账

C. “管理费用”明细分类账　　D. “生产成本”明细分类账

E. “主营业务收入”明细分类账

(7) 对于临时租入的固定资产，应在(　　)中登记。

A. 分类账　　B. 备查账　　C. 日记账　　D. 总账

(8) 登记明细账的根据可以是(　　)。

A. 原始凭证　　B. 原始凭证汇总表

C. 记账凭证　　D. 记账凭证汇总表

(9) 会计账簿的基本要素有(　　)。

A. 会计科目　　B. 封面　　C. 账页　　D. 扉页

(10) 对账主要包括(　　)。

A. 账账核对　　B. 账证核对　　C. 证实核对　　D. 账实核对

3. 业务题

习题一

［目的］练习日记账、明细分类账和总分类账的登记。

［资料］华发公司2016年8月发生如下经济业务：

1日，收到大生公司上月所欠货款120 000元，存入银行。

2日，支付银行手续费420元。

3日，从银行提取现金800元备用。

4日，从银行提取现金70 000元，备发职工工资。

5日，购入办公用品450元，用现金支付。

6日，出售给大生公司甲产品100件，单价200元；乙产品500件，单价300元。增值税率为17%，货款尚未收到。

7日，职工张林因公出差预支现金200元。

9日，以银行存款归还短期借款1 840元，并支付利息180元。

10日，摊销应由本月负担的财产保险费1 000元。

12日，购入设备一台15 000元，用银行存款支付。

13日，出售给东方公司甲产品800件，单价200元；乙产品400件，单价300元。增值税率为17%，货款已存入银行。

15日，用现金支付零星业务费用100元。

16日，张林出差归来，报销差旅费180元，余款以现金方式归还。

18日，采购A材料200吨，买价80 000元，进项税额为13 600元，运费200元，以银行存款支付，材料已验收入库。

20日，以银行存款支付上月水电费170元。

22日，收到本月6日销售给大生公司甲、乙产品的货款及增值税的销项税额，存入银行。

31日，结转本月已销甲、乙产品的实际生产成本，甲产品单位成本为150元，乙产品单位成本为250元。

［要求］

（1）根据上述经济业务编制会计分录，并登记三栏式的库存现金日记账和银行存款日记账。

（2）根据上述经济业务登记多栏式“管理费用”明细账、“财务费用”明细账和“主营业务收入”明细账。

（3）根据上述经济业务和会计分录登记“应收账款”明细账、“其他应收款”明细账、“库存商品”明细账和“原材料”明细账。

（4）根据上述经济业务和会计分录登记“主营业务收入”“主营业务成本”和“本年利润”总分类账。

习题二

［目的］练习账簿错误的更正方法。

［资料］方正公司2016年8月发生以下业务。

（1）开出转账支票4 500元，偿还上月未付大方公司的货款。编制的记账凭证如下。

借：应付账款——大方公司 4 800

贷：银行存款 4 800

该凭证已登记入账。

(2) 收到购货单位暂存的包装物押金 760 元。编制的记账凭证如下。

借：银行存款 7 600

贷：其他应收款 7 600

该凭证已登记入账。

(3) 签发转账支票 4 000 元，预付本季度固定资产租金。编制的记账凭证如下。

借：预提费用 4 000

贷：银行存款 4 000

该凭证已登记入账。

(4) 收到外单位原欠账款 6 800 元，存入银行。编制的记账凭证如下。

借：银行存款 5 800

贷：应收账款 5 800

该凭证已登记入账。

[要求]

指出上述会计处理错误所在，并予以更正。

第七章　财产清查

【知识目标】

了解财产清查的意义、财产清查的准备工作。

【能力目标】

能够理解分析财产清查的种类及运用不同财产清查方法的技能。掌握财产清查的方法、财产清查结果的处理。

第一节　财产清查的意义和种类

一、财产清查的意义

财产清查也叫财产检查，是指通过对实物、现金的实地盘点和对银行存款、往来款项的核对，查明各项财产物资、货币资金、往来款项的实有数和账面数是否相符的一种会计核算的专门方法。

企业的会计工作，都要通过会计凭证的填制和审核，然后及时地在账簿中进行连续登记。应该说，这一过程能保证账簿纪录的正确性，也能真实反映企业各项财产的实有数，各项财产的账实应该是一致的。但是，在实际工作中，由于种种原因，账簿记录会发生差错，各项财产的实际结存数也会发生差错，造成账存数与实存数发生差异，企业原因是多方面的，一般有几种情况。

(1) 在收发物资中，由于计量、检验不准确而造成品种、数量或质量上的差错。

(2) 财产物资在运输、保管、收发过程中，在数量上发生自然增减变化。

(3) 在财产增减变动中，由于手续不齐或计算、登记上发生错误。

(4) 管理不善或工作人员失职，造成财产损失、变质或短缺等。

(5) 贪污盗窃、营私舞弊造成的损失。

(6) 自然灾害造成的非常损失。

(7) 未达账项引起的账账、账实不符等。

上述种种原因都会影响账实的一致性。因此，运用财产清查的手段，对各种财产物资进行定期或不定期的核对和盘点，具有十分重要的意义。

(一) 保证账实相符，使会计资料真实可靠

财产清查可以确定各项财产物资的实际结存数，将账面结存数和实际结存数进行核对，可以揭示各项财产物资的溢缺情况，从而及时地调整账面结存数，保证账簿记录真实、可靠。

（二）保护财产的安全和完整

财产清查可以查明企业单位财产、商品、物资是否完整，有无缺损、霉变现象，以便堵塞漏洞，改进和健全各种责任制，切实保证财产的安全和完整。

（三）挖掘财产潜力，加速资金周转

财产清查可以及时查明各种财产物资的结存和利用情况。如发现企业有限制不用的财产物资应及时加以处理，以充分发挥他们的效能；如发现企业有呆滞积压的财产物资，也应及时加以处理，并分析原因，采取措施，改善经营管理。这样，可以使采购的物资得到充分合理的利用，加速资金周转，提高企业的经济效益。

（四）保证财经纪律和结算纪律的执行

通过对财产、物资、货币资金及往来款项的清查，我们可以查明单位有关业务人员是否遵守财经纪律和结算纪律，有无贪污盗窃、挪用公款的情况；查明资金使用是否合理，是否符合党和国家的方针、政策和法规，从而使工作人员更加自觉地遵纪守法，自觉维护和遵守财经纪律。

二、财产清查的种类

财产清查，按照清查的对象和范围，可以分为全面清查和局部清查；按照清查的时间，可以分为定期清查和不定期清查。下面分别加以说明。

（一）全面清查与局部清查

全面清查是指对所有的财产和资金进行全面盘点与核对。其清查对象主要包括：原材料、在产品、自制半成品、库存商品、现金、短期存（借）款、有价证券及外币、在途物资、委托加工物资、往来款项、固定资产等。全面清查范围广、工作量大，一般在年终决算或企业撤销、合并或改变隶属关系时进行。

局部清查也称重点清查，是指根据需要只对财产中某些重点部分进行清查。如流动资金中变化较频繁的原材料、库存商品等，除年度全面清查外，还应根据需要随时轮流盘点或重点抽查。各种贵重物资要每月至少清查一次，库存现金要天天核对，银行存（借）款要按银行对账单逐笔核对。

（二）定期清查和不定期清查

定期清查是指在规定的时间内所进行的财产清查。一般是在年、季、月终了后进行。

不定期清查也称临时清查，是指根据实际需要临时进行的财产清查。一般是在更换财产物资保管人员、企业撤销、合并或发生财产损失等情况时所进行的清查。

定期清查和不定期清查的范围应视具体情况而定，可全面清查，也可局部清查。

三、存货盘存制度

（一）实地盘存制

实地盘存制又称定期盘存制，是指会计期末通过对财产物资进行实地盘点确定期末结存数量的方法，就是以期末具体盘点实物的结果为依据来确定财产物资的结存数量的方法。该方法是在期末通过盘点实物来确定财产物资结存数量，并据以倒算出发出数量。具体做法是：平时只登记财产物资收入数，不登记财产物资发出数，期末通过实地盘点，确定结存数量，并倒算出数量及金额，完成账簿记录，使账实相符。在实地盘存制下，本期耗用数的计算公式如下。

期初结存数＋本期增加数－期末结存数＝本期耗用数

实地盘存制的优点是核算工作比较简单，工作量较小。缺点是手续不够严密，不能通过账簿随时反映和监督各项财产物资的收、发、结存情况，反映的数字不精确，仓库管理中尚有多发少发、物资毁损、盗窃、丢失等情况，在账面上均无反映，而全部隐藏在本期的发出数内，不利于存货的管理，也不利于监督检查。因此，实地盘存制只适用于数量大、价值低、收发频繁的存货。

（二）永续盘存制

永续盘存制也称账面盘存制，就是通过设置存货明细账，对日常发生的存货增加或减少，都必须根据会计凭证在账簿中进行连续登记，并随时在账面上结算各项存货的结存数并定期与实际盘存数对比，确定存货盘盈盘亏的一种制度。永续盘存制可以通过存货的明细账记录。具体做法是：收入某项财产物资时，根据有关的会计凭证将收入的数量和金额记在有关明细账的收入栏；当发出某项财产物资时，将支出的数量和金额记在有关的明细账支出栏，并及时计算出该财产物资在明细账上的结存数量和金额。计算公式如下：

账面期末结存数＝账面期初结存数＋本期增加数－本期减少数

由于永续盘存制能够随时反映某一存货在一定会计期间内收入、发出及结存的详细情况，有利于加强对存货的管理与控制。但是，相对于定期存制而言，永续盘存制下存货明细账的会计核算工作量较大，尤其是月末一次结转销售成本或耗用成本时，存货结存成本及销售或耗用成本的计算工作比较集中；采用这种方法需要将财产清查的结果同账面结存进行核对，在账实不符的情况下还需要对账面记录进行调整。因此，永续盘存制适用于管理中需要商品入、销、存的详细信息及单位成本高的库存商品。

第二节　财产清查的方法

一、财产清查的准备工作

财产清查是一项复杂细致的工作，它涉及面广、政策性强、工作量大。为了加强领导，保质保量完成此项工作，一般应在企业单位负责人（如厂长、经理等）的领导下，由会计、业务、仓库等有关部门的人员组成财产清查的专门班子，具体负责财产清查的领导工作。在清查前，必须首先做好以下几项准备工作。

（1）清查小组制订财产计划，确定清查对象、范围、配备清查人员，明确清查任务。

（2）财务部门要将总账、明细账等有关资料登记齐全，核对正确，结出余额。保管部门对所保管的各种财产物资以及账簿、账卡挂上标签，标明品种、规格、数量，以备查对。

（3）银行存款和银行借款应从银行取得对账单，以便查对。

（4）对需要使用的度量衡器，要提前校验正确，保证计量准确。对应用的所有表册，都要准备妥当。

二、财产清查的方法

（一）实物资产的清查

对于各种实物如材料、半成品、在产品、产成品、低值易耗品、包装物、固定资产等，都要从数量和质量上进行清查。由于实物的形态、体积、重量、堆放方式等不尽相同，因而所采用的清查方法也不尽相同。实物数量的清查方法，比较常用的有以下几种。

1. 实物盘点

实物盘点即通过逐一清点或用计量器具来确定实物的实存数量。其适用的范围较广，在多数财产物资清查中都可以采用这种方法。

2. 技术推算

采用这种方法，对于财产物资不是逐一清点计数，而是通过量方、计尺等技术推算财产物资的结存数量。这种方法只适用于成堆量大而价值又不高难以逐一清点的财产物资的清查。例如，露天堆放的煤炭等。

对于实物的质量，应根据不同的实物采用不同的检查方法，例如有的采用物理方法，有的采用化学方法来检查实物的质量。

实物清查过程中，实物保管人员和盘点人员必须同时在场。对于盘点结果，应如实登记盘存单，并由盘点人和实物保管人签字或盖章，以明确经济责任。盘存单既是记录盘点结果的书面证明，也是反映财产物资实存数的原始凭证，其一般格式如表 7 - 1 所示。

表 7 - 1　盘存单

单位名称：　　　　　　盘点时间：　　　　　　编号：
财产类别：　　　　　　存放地点：　　　　　　金额单位：

编号	名称	计量单位	数量	单价	金额	备注

盘点人签章：　　　　　　　　　　　　保管人：

为了查明实存数与账存数是否一致，确定盘盈或盘亏情况，应根据盘存单和有关账簿的记录，编制实存账存对比表。实存账存对比表是用以调整账簿记录的重要原始凭证，也是分析产生差异的原因、明确经济责任的依据。实存账存对比表的一般格式如表 7 - 2 所示。

表 7 - 2　实存账存对比表

<table>
<tr><th rowspan="3">编号</th><th rowspan="3">类别及名称</th><th rowspan="3">计量单位</th><th rowspan="3">单价</th><th colspan="2" rowspan="2">实　存</th><th colspan="2" rowspan="2">账　存</th><th colspan="4">对比结果</th><th rowspan="3">备注</th></tr>
<tr><th colspan="2">盘　盈</th><th colspan="2">盘　亏</th></tr>
<tr><th>数量</th><th>金额</th><th>数量</th><th>金额</th><th>数量</th><th>金额</th><th>数量</th><th>金额</th></tr>
<tr><td></td><td></td><td></td><td></td><td></td><td></td><td></td><td></td><td></td><td></td><td></td><td></td><td></td></tr>
<tr><td></td><td></td><td></td><td></td><td></td><td></td><td></td><td></td><td></td><td></td><td></td><td></td><td></td></tr>
</table>

主管人员：　　　　　　会计：　　　　　　制表：

对于委托外单位加工、保管的材料、商品、物资以及在途的材料、商品、物资等，可以用询证的方法与有关单位进行核对，以查明账实是否相符。

（二）库存现金的清查

库存现金的清查，包括人民币和各种外币的清查，都是采用实地盘点即通过点票数来确定现金的实存数，然后用实存数与现金日记账的账面余额进行核对，以查明账实是否相符及盈亏情况。

由于现金的收支业务十分频繁，容易出现差错，需要出纳人员每日进行清查和定期及不定期的专门清查。每日业务终了，出纳人员都应将现金日记账的账面余额与现金的实存数进行核对，做到账款相符。专门班子清查盘点时，出纳人员必须在场，现钞应逐张查点，还应注意有无违反现金管理制度的现象，编制现金盘点报告表，并由盘点人员和出纳人员签章。现金盘点报告表兼有盘存单和实存账存对比表的作用，是反映现金实有数和调整账簿记录的重要原始凭证。其一般格式如表 7－3 所示。

表 7－3 现金盘点报告表

单位名称： 年 月 日

实存金额	账存金额	对比结果		备 注
		盘 盈	盘 亏	

盘点人： 出纳员：

国库券、其他金融债券、公司债券、股票等有价证券的清查方法和现金相同。

（三）银行存款的清查

银行存款的清查，与实物和现金的清查方法不同，是采用与银行核对账目的方法来进行的。即将企业单位的银行存款日记账与从银行取得的对账单逐笔核对，以查明银行存款的收入、付出和结余的记录是否正确。

开户银行送来的银行对账单是银行在收付企业单位存款时复写的账页。它完整地记录了企业单位存放在银行的款项的增减变动情况及结存余额，是进行银行存款清查的重要依据。

在实际工作中，企业银行存款日记账余额与银行对账单余额往往不一致，其主要原因：一是双方账目发生错账、漏账。所以，在与银行核对账目之前，应先仔细检查企业单位银行存款日记账的正确性和完整性，然后再将其与银行送来的对账单逐笔进行核对。二是正常的“未达账项”。所谓“未达账项”，是指由于双方记账时间不一致而发生的一方已经入账，而另一方尚未入账的款项。企业单位与银行之间的未达账项，有以下几种情况。

第一，企业已入账，但银行尚未入账。

（1）企业送存银行的款项，企业已做存款增加入账，但银行尚未入账。

（2）企业开出支票或其他付款凭证，企业已作为存款减少入账，但银行尚未付款、未记账。

第二，银行已入账，但企业尚未入账。

（1）银行代企业收进的款项，银行已作为企业存款的增加入账，但企业尚未收到通知，因而未入账。

(2) 银行代企业收支付的款项，银行已作为企业存款的减少入账，但企业尚未收到通知，因而未入账。

上述任何一种情况的发生，都会使双方的账面存款余额不一致。因此，为了查明企业单位和银行双方账目的记录有无差错，同时也是为了发现未达账项，在进行银行存款清查时，必须将企业单位的银行存款日记账与银行对账单逐笔核对；核对的内容包括收付金额、结算凭证的种类和号数、收入来源、支出的用途、发生的时间、截至某日的金额等。通过核对，如果发现企业单位有错账或漏账，应立即更正；如果发现银行有错账或漏账，应即时通知银行查明更正；如果发现有未达账项，则应据此编制银行存款余额调节表进行调节，并验证调节后余额是否相等。

【例 7-1】 2016 年 6 月 30 日，某企业银行存款日记账的账面余额为 31 000 元，银行对账单同的余额为 36 000 元，经逐笔核对，发现有下列未达账项：

(1) 29 日，企业销售产品收到转账支票一张计 2 000 元，将支票存入银行，银行尚未办理入账手续。

(2) 29 日，企业采购原材料开出转账支票一张计 1 000 元，企业已作银行存款付出，银行尚未收到支票而未入账。

(3) 30 日，企业开出现金支票一张计 250 元，银行尚未入账。

(4) 30 日，银行代企业收回货款 8 000 元，收款通知尚未到达企业，企业尚未入账。

(5) 30 日，银行代付电费 1 750 元，付款通知尚未到达企业，企业尚未入账。

(6) 30 日，银行代付水费 500 元，付款通知尚未到达企业，企业尚未入账。

根据以上资料编制银行存款余额调节表，如表 7-4 所示。

表 7-4 银行存款余额调节表

2016 年 6 月 30 日　　单位：元

项　目	金　额	项　目	金　额
企业银行存款账面余额	31 000	银行对账单账面余额	36 000
加：银行已记增加，企业未记增加的账项		加：企业已记增加，银行未记增加的账项	
银行代收货款	8 000	存入的转账支票	2 000
减：银行已记减少，企业未记减少的账项		减：企业已记减少，银行未记减少的账项	
银行代付电费	1 750	开出转账支票	1 000
银行代付水费	500	开出现金支票	250
调节后存款余额	36 750	调节后存款余额	36 750

如果调节后双方余额相等，则一般说明双方记账没有差错；若不相等，则表明企业方或银行方或双方记账有差错，应进一步核对，查明原因予以更正。

需要注意的是，对于银行已经入账而企业尚未入账的未达账项，不能根据银行存款余额调节表来编制会计分录，作为记账依据，必须在收到银行的有关凭证后方可入账。另外，对于长期悬置的未达账项，应及时查明原因，予以解决。

上述银行存款的清查方法，也适用于各种银行借款的清查。但在清查银行借款时，还应检查借款是否按规定的用途使用，是否按期归还。

（四）往来款项的清查

往来款项的清查，采用对方单位核对账目的方法。在检查每个单位结算往来款项账目正确性和完整性的基础上，根据有关明细分类账的记录，按用户编制对账单，送交对方单位进行核对。对账单一般一式两联，其中一联作为回单。如果对方单位核对相符，应在回单上盖章后退回；如果数字不符，则应将不符的情况在回单上注明，或另抄对账单退回，以便进一步清查。在核对过程中，如果发现未达账项，双方都应采用调节账面余额的方法，来核对往来款项是否相符。尤其应注意查明有无双方发生争议的款项、没有希望收回的款项以及无法支付的款项，以便及时采取措施进行处理，避免或减少坏账损失。

第三节　财产清查结果的处理

经过财产清查所发现的财产管理和核算方面存在的问题，应当认真分析研究，以有关的法令、制度为依据进行严肃处理。为此，应切实做好以下几个方面的工作。

一、查明差异，分析原因

经过财产清查所确定的清查资料和账簿记录之间的差异，如财产的盘盈、盘亏和多余积压，以及逾期债权、债务等，都要认真查明其性质和原因，明确经济责任，提出处理意见，按照规定程序经有关部门批准后，予以认真严肃的处理。财产清查人员应以高度的责任心，深入调查研究，实事求是，问题定性要准确，处理方法要得当。

二、认真总结，加强管理

财产清查以后，针对所发现的问题和缺点，企业单位应当认真总结经验教训，表彰先进，巩固成绩，发扬优点，克服缺点，做好工作。同时，要建立和健全以岗位责任制为中心的财产管理制度，切实提出改进工作的措施，进一步加强财产管理，保护公司财产的安全和完整。

三、调整账目，账实相符

财产清查的重要任务之一就是为了保证账实相符，财会部门对于财产清查中所发现的差异必须及时地进行账簿记录的调整。由于财产清查结果的处理要报请审批，所以，在账务处理上通常分两步进行：第一步，将财产清查中发现的盘盈、盘亏或毁损数，通过“待处理财产损溢”账户，登记有关账簿，以调整有关账面记录，使账存数和实存数相一致；第二步，在审批后，应根据批准的处理意见，再从“待处理财产损溢”账户转入有关账户。

“待处理财产损溢”账户是一个暂记账户，是专门用来核算企业在财产清查过程中查明的各种财产物资的盘盈、盘亏和毁损的账户。该账户的借方登记各种财产物资的盘亏、毁损数及按照规定程序批准的盘盈转销数，贷方登记各种财产物资的盘盈数及按照规定程序批准的盘亏、毁损转销数。借方余额表示尚未处理的各种物资的净损失数，贷方余额表示尚未处理的各种财产物资的净溢余数。

对于财产清查中各种材料、在产品和产成品的盘盈和盘亏，属于以下正常原因的，一般增加或冲减费用：在收发物资中，由于计量、检验不准确；财产物资在运输、保管、收发过程中，在数量上发生自然增减变化；由于手续不齐或计算、登记上发生错误。属于管理不善或工作人员失职，造成财产损失、变质或短缺的，应由过失人负责赔偿的，应增加其他应收款。属于贪污盗窃、营私舞弊造成的损失或自然灾害造成的非常损失，应增加营业外支出。另外，对于财产清查中固定资产盘盈盘亏，在按规定报请审批后，其盘盈净值增加营业外收入，盘亏净值增加营业外支出。

得力公司 2015 年 12 月，财产清查中发现以下情况。

【例 7－2】 在财产清查中，盘盈原材料 6 吨，价值 18 000 元。

报经批准前，根据实存账存对比表的记录，会计分录如下。

借：原材料　　18 000

　　贷：待处理财产损溢　　18 000

经查明，这项盘盈材料因计量仪器不准造成生产领用少付多算，所以，经批准冲减本月管理费用，会计分录如下。

借：待处理财产损溢　　18 000

　　贷：管理费用　　18 000

【例 7－3】 在财产清查中，发现购进的甲材料实际库存较账面库存短缺 15 000 元。

报经批准前，先调整账面余额，会计分录如下。

借：待处理财产损溢　　15 000

　　贷：原材料——甲材料　　15 000

报经批准，如属于定额内的自然损耗，则应作为管理费用，计入本期损益，会计分录如下。

借：管理费用　　15 000

　　贷：待处理财产损溢　　15 000

如果属于管理人员过失造成的损失，则应由过失人赔偿，会计分录如下。

借：其他应收款——某某人　　15 000

　　贷：待处理财产损溢　　15 000

如果属于非常灾害造成的损失，应经批准列作营业外支出，会计分录如下。

借：营业外支出　　15 000

　　贷：待处理财产损溢　　15 000

【例 7－4】 在财产清查中，盘盈一台设备，估计重置价值 6 000 元，已提折旧 4 000元。

在审批之前，会计分录如下。

借：固定资产　　6 000

　　贷：待处理财产损溢　　2 000

　　　　累计折旧　　4 000

经领导批示，该机器作为企业增加的营业外收入处理，会计分录如下。

借：待处理财产损溢　　2 000

贷：营业外收入 2 000

【例 7－5】 在财产清查中，查明确实无法收回的账款 30 000 元，经批准作为坏账损失。坏账损失是指无法收回的应收账款使企业遭受的损失。按制度规定，在会计核算中对坏账损失的处理采用备抵法，即按一定比例提取“坏账准备”计入当期管理费用。因此，对于这笔确属无法收回的应收账款，应按照规定的手续审批后，以批准的文件为原始凭证，作坏账损失处理，冲减“坏账准备”账户。“坏账准备”是资产类的账户，是“应收账款”的抵减账户，用来核算坏账准备的提取和转销情况。贷方登记提取数，借方登记冲销数，余额在贷方表示已经提取尚未冲销的坏账，会计分录如下。

借：坏账准备 30 000

贷：应收账款（或其他应收款） 30 000

对于应付购货款项，如确实无法支付，可按制度规定，经批准后直接转为资本公积，在“资本公积”账户核算。“资本公积”账户是所有者权益类账户，用来核算企业取得的资本公积，包括资本溢价、接受捐赠非现金资产准备、接受现金捐赠、股权投资准备、拨款转入、外币资本折算差额以及其他资本公积等。该账户贷方登记取得数，借方登记转出数，贷方余额表示资本公积结余数。

企业在财产清查中查明的有关债权、债务的坏账收入或坏账损失，经批准后，按照上述会计分录直接进行转销，不需要通过“待处理财产损溢”账户核算。

总之，为了保证会计资料的真实性，企业必须定期或不定期地对其所拥有的财产物资进行清查，将账存数与实存数相互核对，以便在账实发生差异时及时找到原因、分清责任，并按规定的程序和方法调整账面记录，做到账实一致。

财产清查按其清查范围分为全部清查和局部清查，按其清查时间可分为定期清查和不定期清查。

对材料、产成品、固定资产等实物的清查，主要采用实地盘点的方法来进行。对现金的清查，要采用不通知突击盘点的方法。对银行存款的清查，要采取与银行核对账目的方法来进行，如不相符，就需要编制银行存款余额调节表。对应收和应付的清查，主要通过询证核对的方法来进行。

为了正确反映财产物资的盘盈、盘亏、毁损及其处理情况，企业应该设置“待处理财产损溢”账户。财产清查的会计处理须在报请批准以前和批准以后分两个阶段进行。

复习思考题与练习题

一、复习思考题

1. 什么是财产清查？为什么要进行财产清查？财产清查有什么作用？

2. 哪些因素会造成各项财产账面数与实际数不一致？

3. 如何对现金、银行存款进行清查？可能会出现什么问题？如何解决？

4. 什么是“未达账项”？企业单位能否根据银行存款余额调节表将未达账项登记入账？为什么？

5. 说明“待处理财产损溢”账户的用途、结构。

6. 财产清查结果如有差异，在账务上应如何处理？

二、练习题

1. 判断题

(1) 无论采用永续盘存制还是实地盘存制，都需要对财产物资进行清查，都可采用实地盘存制。(　　)

(2) 采用永续盘存制的企业，对财产物资一般不需要进行实地盘点。(　　)

(3) 对财产清查结果进行账务处理时，一律调整账存数。(　　)

(4) 局部清查一般适用于对流动性较大的财产物资和货币资金的清查。(　　)

(5) 盘盈的材料和固定资产计入营业外收入。(　　)

(6) 如果银行对账单与企业银行存款日记账账面余额不相符，说明其中一方记账有误。(　　)

(7) 未达账项是由于企业、行政事业单位的财会人员不及时登账所造成的。(　　)

(8) 全面清查是定期进行的，局部清查是不定期进行的。(　　)

(9) 如果对未达账项进行调节，调节后的余额即表明企业可以实际动用的存款额。(　　)

(10) 对于未达账项应编制银行存款余额调节表进行调节，同时，将未达账项编制记账凭证调整入账。(　　)

2. 选择题

(1) 财产清查主要内容包括（　　）。

A. 货币资金　　B. 实物资产　　C. 无形资产　　D. 债权债务

E. 国家资本金

(2) 银行存款余额调节表中的余额应该（　　）。

A. 等于本单位账面余额　　B. 大于本单位账面余额

C. 小于本单位账面余额　　D. 等于银行账面余额

(3) 对贵重物资和现金进行清查的方法（　　）。

A. 询证核对法　　B. 以存计耗法　　C. 实地盘点法

D. 永续盘存法　　E. 技术推算法

(4) 下列单据中，应由财会部门编制，并可直接作为调整账簿记录的原始凭证是(　　)。

A. 银行存款余额调节表　　B. 材料盘存单

C. 实存账存对比表　　D. 银行对账单

E. 应收账款余额调节表

(5) 实地盘存制下，计算出的成本包括（　　）。

A. 正常耗用　　B. 非正常耗用　　C. 结存金额

D. 增加金额　　E. 毁损金额

(6) 下列项目属于财产全面清查范围的有（　　）。

A. 租入包装物所付押金　　B. 应付账款

C. 在产品　　D. 应收账款

E. 租出固定资产

(7) 永续盘存制与实地盘存制的区别有（　　）。

A. 财产物资在账簿中的记录方法不同　　B. 永续盘存制不需要进行财产清查

C. 实地盘存制不需要登记账簿　　D. 财产清查的目的不同

E. 实地盘点的方法不同

(8) 不定期清查使用于（　　）。

A. 财产保管人员变动　　B. 年终结账　　C. 发现财产被盗

D. 改变隶属关系　　E. 发生自然灾害损失

(9) 各种应收、应付款项的清查，包括下列（　　）的查核。

A. 对外的应收、应付结算款项　　B. 对内的应收、应付结算款项

C. 对职工的各种代垫、代付款项　　D. 尚未报销的职工预借款项

E. 对职工的集资款

(10) 下列有关坏账损失的说法正确的是（　　）。

A. 是指应收而收不回的款项　　B. 确实收不回的款项，可直接转销

C. 确实收不回的款项，需批准才可转销

D. 坏账损失的转销在批准前不作账务处理

E. 坏账损失的转销在批准前要作账务处理

3. 业务题

习题一

[目的] 练习银行存款对账方法。

[资料]

(1) 四达公司 2016 年 8 月 31 日银行存款的账面余额为 535 000 元，开户银行送来对账单，其银行存款余额为 508 000 元。经查对，发现有以下几笔未达账项。

8 月 30 日，委托银行收款 50 000 元，银行已收入企业银行存款户，收款通知尚未送达。

8 月 30 日，企业开出现金支票一张，计 1 600 元，企业已减少银行存款，银行尚未记账。

8 月 31 日，银行为企业支付电费 1 000 元，银行已入账，减少企业存款，企业尚未记账。

8 月 31 日，企业收到外单位转账支票一张，计 23 600 元，企业已收账，银行尚未记账。

(2) 永鼎公司 2016 年 8 月 25—30 日银行存款账面记录如下。

25 日开出支票＃1 246，支付购入材料运费 300 元。

25 日开出支票＃1 248，支付购入材料价款 39 360 元（包括增值税，下同）。

27 日存入销货款转账支票 40 000 元。

28 日开出支票＃1 249，支付委托外单位加工费 16 800 元。

30 日存入销货款转账支票 28 000 元。

30 日开出支票＃1 252，支付机器修理费 376 元。

30 日银行存款账面结存余额 42 594 元。

银行对账单记录如下。

27 日支票♯1 248 付出 39 360 元
28 日转账收入 40 000 元
28 日代交电费 3 120 元
28 日支票♯1 246 付出 300 元
29 日存款利息收入 488 元
29 日代收浙江丰华公司贷款 11 820 元
30 日支票♯1 249 付出 16 800 元
30 日结存余额 24 158 元

[要求]

(1) 根据上述资料，编制银行存款余额调节表，确立企业月末实际可用的银行存款余额。

(2) 假定银行对账单所列存款无误，未达账项已由双方查明无误，在编制调节表时所发现的错误数额是多少？企业银行存款的账面余额应是多少？

(3) 根据资料查明银行存款记录与银行对账单不符原因，编制银行存款余额调节表。

习题二

[目的] 练习财产清查结果的会计处理。

[资料] 长东公司年终进行财产清查，在清查中发现下列事项。

(1) 盘亏水泵一台，原价 5 200 元，账面已提折旧 1 400 元。

(2) 发现账外机器一台，估计重置价 10 000 元，现值 6 000 元。

(3) 甲材料账面余额 455 千克，价值 19 110 元，盘点实际存量为 450 千克，经查明其中 3 千克为定额损耗，2 千克为日常收发计量差错。

(4) 乙材料账面余额 166 千克，价值 5 321 元，盘点实际存量为 161 千克，缺少数为保管人员失职造成的散失。

(5) 丙材料盘盈 25 千克，每千克 30 元，经查明其中 20 千克为代长兴公司加工剩余材料，该公司未及时提走，其余属于日常收发计量差错。

(以上甲、乙、丙材料购入时的进项税率均为 17%)

(6) 经检查其他应收款项目，有迅达公司欠款 250 元，属于委托该公司运输材料，由于装卸工疏忽大意造成的损失。已确定由该公司赔偿，但该公司已撤销，无法收回。

以上各项盘盈、盘亏和损失，经查原因属实，作如下处理。

(1) 盘亏水泵系因自然灾害招致毁损，作非常损失处理。

(2) 账外机器尚可使用，交车间投入使用，作营业外收入处理。

(3) 材料定额内损耗及材料收发计量错误，均列入管理费用处理。

(4) 保管人员失职造成材料短缺损失，责成过失人赔偿。

(5) 无法收回的应收账款，作坏账损失处理。

[要求]

(1) 根据上列财产清查结果，编制审批前的会计分录。

(2) 根据报请批准处理的结果，编制会计分录。

(3) 列出“待处理财产损溢”账户的具体内容。

第八章　会计核算组织程序

【知识目标】

理解会计核算组织程序概述、记账凭证核算组织程序的特点、科目汇总表核算组织程序的特点、汇总记账凭证核算组织程序的特点、多栏式日记账核算组织程序的特点。

【能力目标】

能够分析记账凭证核算组织程序的优缺点、科目汇总表核算组织程序的优缺点、汇总记账凭证核算组织程序的优缺点、多栏式日记账核算组织程序的优缺点。

掌握记账凭证核算组织程序的基本内容、科目汇总表核算组织程序的基本内容、汇总记账凭证核算组织程序的基本内容、多栏式日记账核算组织程序的基本内容。

第一节　会计核算组织程序概述

在会计工作中，会计凭证、会计账簿和会计报表三者之间不是彼此孤立、互不联系的，而是按照一定的形式相互结合，形成一个完整的体系。为了使记账工作有条不紊地进行，就有必要明确各种会计凭证、会计账簿和会计报表之间的联系，并把它们有机地结合起来。

会计核算组织程序，又称会计核算组织程序或核算组织程序，是指在会计核算中，以账簿体系为核心，把会计凭证、会计账簿、记账程序和记账方法有机地结合起来的技术组织方式。账簿体系是指账簿的种类、格式和各种账簿之间的相互关系；记账程序和记账方法是指会计凭证的整理、传递，会计账簿的登记以及根据会计账簿编制会计报表的程序和方法。由于各会计主体的业务性质、规模大小不同，应当设置的账簿种类、格式和账簿之间的相互关系，以及与之相适应的记账程序和记账方法也就不完全相同。不同的账簿组织、记账程序和记账方法相互结合在一起，就构成了不同的核算组织程序。

为了科学地组织会计核算工作，充分发挥会计的核算和监督职能，各会计主体应根据会计制度的要求，结合本单位的实际情况，选用适当的、实用的会计核算组织程序。其一般应符合以下要求。

（1）要与本单位经济活动的性质、规模的大小和业务的繁简程度相适应，有利于加强会计核算工作的分工协作和建立、落实会计工作岗位责任制。

（2）要能正确、及时、完整地提供各种必要的会计信息，全面、系统地反映单位的经济活动情况，满足本单位内外会计信息使用者的要求。

（3）要在不影响会计信息质量的前提下，力求减少会计核算的工作量，提高会计人员的工作效率，不断节约人力和物力。

目前，我国常采用的会计核算组织程序主要有以下几种。

（1）记账凭证核算组织程序。

（2）科目汇总表核算组织程序。

（3）汇总记账凭证核算组织程序。

（4）多栏式日记账核算组织程序。

各种核算组织程序的根本区别在于登记总分类账的依据和方法不同。下面分别介绍各种核算组织程序的主要特点和基本内容。

第二节　记账凭证核算组织程序

一、记账凭证核算组织程序的特点

记账凭证核算组织程序的特点是直接根据各种记账凭证逐笔登记总分类账。它是核算组织程序中最基本的一种核算组织程序，其他各种核算组织程序都是在此基础上发展演变而成的。

在记账凭证核算组织程序下，记账凭证一般采用收款凭证、付款凭证和转账凭证三种格式，用以分别反映单位日常发生的各种收、付款和转账经济业务。账簿的设置一般包括日记账、总分类账和明细分类账。日记账包括库存现金日记账和银行存款日记账，分别序时记录现金、银行存款收付业务，其格式一般采用三栏式。总分类账应按总分类科目设置，格式可采用借、贷、余三栏式。明细分类账可根据经济管理的需要设置，采用三栏式、多栏式或数量金额式。

二、记账凭证核算组织程序的基本内容

记账凭证核算组织程序的基本内容包括以下几点。

（1）根据原始凭证或汇总原始凭证填制记账凭证。

（2）根据收、付款凭证，每日逐笔登记库存现金、银行存款日记账。

（3）根据原始凭证、汇总原始凭证或记账凭证，逐笔登记各种明细分类账。

（4）根据记账凭证逐笔登记总分类账。

（5）期末，将库存现金日记账、银行存款日记账和各明细分类账的余额与总分类账的有关账户的余额核对。

（6）期末，根据总分类账和有关明细分类账的数额编制会计报表。

记账凭证核算组织程序如图 8－1 所示。

三、记账凭证核算组织程序的优缺点及适用范围

记账凭证核算组织程序比较简单明了，易于理解，并且由于总分类账是根据记账凭证逐笔登记的，因而在总分类账中能够详细反映各项经济业务的内容，便于了解经济业务的动态，但是这种核算组织程序登记总分类账的工作量比较大。因此，记账凭证核算组织程序一般适用于规模小、经济业务少、凭证不多的会计主体。为了减少记账凭证的数量，减

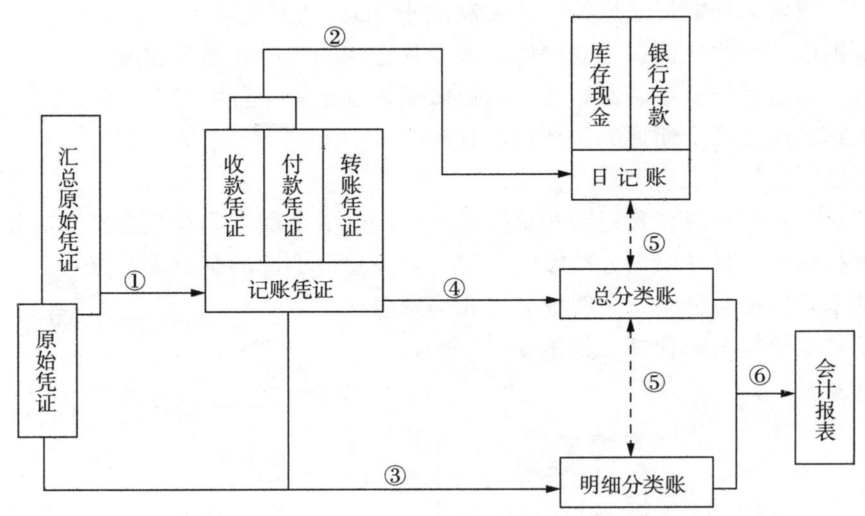

图 8－1　记账凭证核算组织程序图

轻登记总分类账的工作量，采用这种核算组织程序时，应尽量使用原始凭证汇总表，对反映同类经济业务的原始凭证进行整理，再根据原始凭证汇总表编制记账凭证。

第三节　科目汇总表核算组织程序

一、科目汇总表核算组织程序的特点

科目汇总表核算组织程序的主要特点是根据记账凭证定期地编制科目汇总表，然后再根据科目汇总表登记总分类账。

在科目汇总表核算组织程序下，记账凭证、银行存款日记账、库存现金日记账、各种总分类账和明细分类账的设置与记账凭证核算组织程序基本相同。同时，为了将记账凭证定期地进行汇总，还需设置科目汇总表。

科目汇总表是根据一定时期内的全部记账凭证，按各个账户的借、贷方进行归类，并计算出每一总分类账户的本期借方发生额、贷方发生额，填写在科目汇总表的相关栏内。对于库存现金、银行存款账户的借方发生额和贷方发生额，也可直接根据库存现金、银行存款日记账的收支合计数填列，而不再根据收、付款凭证归类汇总填列。科目汇总表可以每月汇总一次编制一张，也可以按旬汇总一次，按月编制一张。业务量较多的单位也可每日进行汇总。

为了便于编制科目汇总表，收款凭证、付款凭证、转账凭证的编制应以简单会计分录为好，并且转账凭证要复写两联：一联作为借方账户的汇总，另一联作为贷方账户的汇总。科目汇总表的格式和编制参见后面举例。

二、科目汇总表核算组织程序的基本内容

科目汇总表核算组织程序的基本内容包括以下几点。

（1）根据原始凭证或汇总原始凭证编制记账凭证。

（2）根据收、付款凭证逐笔登记库存现金日记账和银行存款日记账。

（3）根据原始凭证、汇总原始凭证和记账凭证逐笔登记各明细分类账。

（4）根据记账凭证定期地编制科目汇总表。

（5）根据科目汇总表登记总分类账。

（6）期末，将库存现金日记账和银行存款日记账的余额与库存现金总账和银行存款总账的余额进行核对，将各明细分类账的余额与有关总分类账的余额进行核对。

（7）期末，根据总分类账和明细分类账编制会计报表。

科目汇总表核算组织程序，如图 8-2 所示。

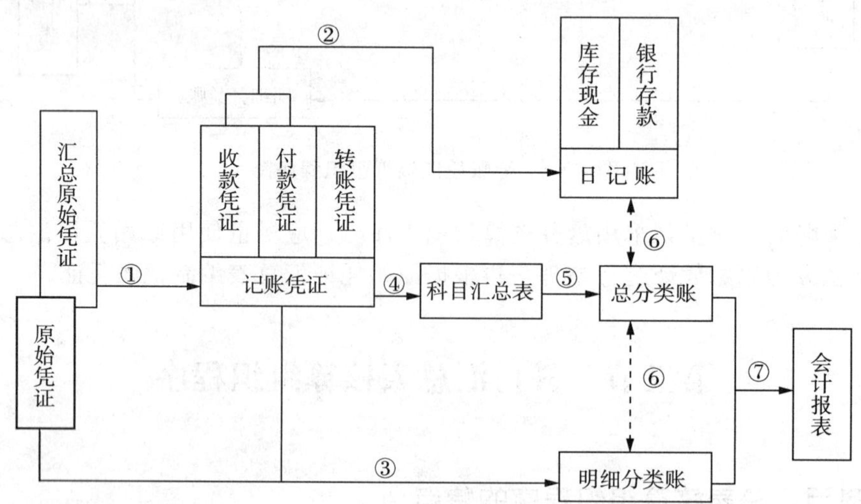

图 8-2　科目汇总表核算组织程序图

三、科目汇总表核算组织程序的优缺点及适用范围

科目汇总表核算组织程序，由于采取了汇总登记总分类账的方式，因而简化了总分类账的登记工作，并且科目汇总表的编制方法比较容易、简便；通过编制科目汇总表，可以进行总分类账户本期借、贷方发生额的试算平衡，保证记账工作的质量。但是，在科目汇总表和总分类账上，不能明确反映有关账户之间的对应关系，所以不便于分析经济活动情况，不便于查对账目。科目汇总表核算组织程序一般为经济业务量大的会计主体所采用。

四、科目汇总表核算组织程序举例

现以恒达公司 2016 年 9 月份发生的经济业务为例，说明在科目汇总表核算组织程序下，记账凭证和科目汇总表的编制方法；库存现金日记账、银行存款日记账、总分类账及明细分类账登记方法；日记账、明细账与总分类账的核对以及会计报表的编制方法。

恒达公司 9 月份发生的经济业务如下。

（1）1 日，从银行提取现金 2 340 元，以备零用。

（2）1 日，向银行借入利率 6%、期限为 90 天的短期借款 11 700 元。

（3）2 日，以银行存款支付第四季度仓库租金 5 616 元。

（4）3 日，接银行通知，光明厂欠本厂货款 93 600 元已收妥。

（5）3 日，厂部张欣出差，预借差旅费 702 元，以现金付讫。

（6）4 日，从四达厂购进 H 材料一批，货款 58 500 元，进项税额 9 945 元，尚未支付，材料已验收入库。

（7）5 日，领用 H 材料一批，其中用于甲产品生产 46 800 元，用于基本生产车间一般消耗 2 340 元。

（8）6 日，厂房维修领用 G 材料一批，价值 468 元。

（9）7 日，购进不需安装的机器一台，买价为 58 500 元，进项税额 9 945 元，均以银行存款付讫。

（10）8 日，从银行提取现金 42 120 元，备发工资。

（11）8 日，发放工资 42 120 元。

（12）9 日，厂部王强报销差旅费 936 元，不足部分补给现金（出差时预借差旅费 819 元）。

（13）10 日，以银行存款 18 720 元偿还前欠大华厂账款。

（14）11 日，向大发商场销售甲产品，售价为 11 700 元，增值税率 17%（增值税额 1 989元），款项尚未收妥。

（15）11 日，向红光商场销售甲产品，售价为 98 280 元，增值税率 17%（增值税额 16 707.60 元），款项已收妥，并存入银行。

（16）11 日，向中汇商场销售乙产品，售价为 23 400 元，增值税率 17%（增值税额 3 978元），款项已收妥，并存入银行。

（17）13 日，接银行通知，收妥大发商场应收账款 13 689 元。

（18）14 日，以现金支付厂部购买办公用品费 924.30 元。

（19）15 日，开出现金支票从银行提取现金 1 170 元。

（20）15 日，以银行存款支付广告费 2 808 元。

（21）16 日，向金龙商场销售乙产品，售价 105 300 元，增值税率 17%（增值税额 17 901元），款项收妥，并存入银行。

（22）16 日，基本生产车间领用 G 材料一批，共计 46 800 元，其中用于乙产品生产 42 120 元，用于车间一般消耗 4 680 元。

（23）17 日，以银行存款支付厂部办公费用 1 404 元。

（24）17 日，向景隆商场销售甲产品一批，售价 11 700 元，增值税率 17%（增值税额 1 989 元），款项尚未收到。

（25）17 日，以银行存款偿还前欠四达工厂账款 68 445 元。

（26）18 日，售给永发商场甲产品一批，售价 28 080 元，增值税率 17%（增值税额 4 773.60元），款项已收，并存入银行。

（27）20 日，从上凌工厂购入 H 材料，买价 16 380 元，进项税额 2 784.60 元，款项未付，材料已验收入库。

(28) 21日，以银行存款支付电费9 360元，其中，甲产品用4 680元，乙产品用3 510元，基本生产车间照明用234元，厂部照明用936元。

(29) 23日，以银行存款支付展览费1 872元。

(30) 30日，摊销应由本月负担的仓库租金1 872元。

(31) 30日，预提应由本月负担的短期借款利息费用585元。

(32) 30日，分配本月工资费用42 120元。其中，甲产品生产工人工资19 760元，乙产品生产工人工资为14 040元，车间管理人员工资3 510元，厂部管理人员工资为4 810元。

(33) 30日，按工资总额的14%计提职工福利费。

(34) 30日，计提本月固定资产折旧16 380元。其中，车间固定资产折旧12 636元，厂部固定资产折旧3 744元。

(35) 30日，结转本月制造费用23 891.40元。其中，甲产品负担13 967元，乙产品负担9 924.40元。

(36) 30日，结转本月完工入库的产品实际成本149 533.40元，其中，甲产品成本87 973.40元，乙产品成本61 560元。

(37) 30日，结转本月已售产品实际成本167 076元，其中，甲产品89 856元，乙产品77 220元。

(38) 30日，登记本月应交产品销售税金及附加20 077元。其中，产品销售税金19 492元，教育费附加585元。

(39) 30日，结转本月产品销售收入278 460元。其中，甲产品149 760元，乙产品128 700元。

(40) 30日，结转本月产品销售成本167 076元。其中，甲产品89 856元，乙产品77 220元。

(41) 30日，结转本月产品销售税金及附加20 077元。

(42) 30日，结转本月财务费用585元。

(43) 30日，结转本月营业费用4 680元。

(44) 30日，结转本月管理费用15 767.70元。

(45) 30日，计提本月应缴所得税23 190.50元。

(46) 30日，结转本月应缴所得税23 190.50元。

(47) 30日，计提本月盈余公积4 708.40元。

根据以上经济业务编制记账凭证，如表8-1至表8-48所示。

表8-1 付款凭证

贷方科目：银行存款　　2016年9月1日　　银付字第1号　　单位：元

摘　要	借方科目		金　额	过　账
	一级科目	二级科目		
提　现	库存现金		2 340	√
合　计			2 340	

表 8-2　收款凭证

借方科目：银行存款　　2016 年 9 月 1 日　　银收字第 1 号　　单位：元

摘　要	贷方科目		金　额	过　账
	一级科目	二级科目		
取得银行借款	短期借款		11 700	√
合　计			11 700	

表 8-3　付款凭证

贷方科目：银行存款　　2016 年 9 月 2 日　　银付字第 2 号　　单位：元

摘　要	借方科目		金　额	过　账
	一级科目	二级科目		
支付四季度仓库租金	预付账款		5 616	√
合　计			5 616	

表 8-4　收款凭证

借方科目：银行存款　　2016 年 9 月 3 日　　银收字第 2 号　　单位：元

摘　要	贷方科目		金　额	过　账
	一级科目	二级科目		
收光明厂前欠货款	应收账款		93 600	√
合　计			93 600	

表 8-5　付款凭证

贷方科目：库存现金　　2016 年 9 月 3 日　　现付字第 1 号　　单位：元

摘　要	借方科目		金　额	过　账
	一级科目	二级科目		
付张欣预借差旅费	其他应收款	备用金	702	√
合　计			702	

表 8-6　转账凭证

2016 年 9 月 4 日　　转字第 1 号　　单位：元

摘　要	会计科目		借方金额	贷方金额	过　账
	一级科目	二级科目			
从四达厂购入 H 材料款项未付	原材料	H 材料	58 500		√
	应交税费	应交增值税	9 945		√
	应付账款			68 445	√
合　计			68 445	68 445	

表 8-7　转账凭证

2016 年 9 月 5 日　　转字第 2 号　　单位：元

摘　要	会　计　科　目		借　方 金　额	贷　方 金　额	过　账
	一级科目	二级科目			
甲产品生产和车间一般耗用 H 材料	生产成本	甲产品	46 800		√
	制造费用		2 340		√
	原材料	H 材料		49 140	√
合　计			49 140	49 140	

表 8-8　转账凭证

2016 年 9 月 6 日　　转字第 3 号　　单位：元

摘　要	会　计　科　目		借　方 金　额	贷　方 金　额	过　账
	一级科目	二级科目			
厂房维修领用 G 材料	管理费用		468		√
	原材料	G 材料		468	√
合　计			468	468	

表 8-9　付款凭证

贷方科目：银行存款　　2016 年 9 月 7 日　　银付字第 3 号　　单位：元

摘　要	借　方　科　目		金　额	过　账
	一级科目	二级科目		
购入机器一台	固定资产		68 445	√
合　计			68 445	

表 8-10　付款凭证

贷方科目：银行存款　　2016 年 9 月 8 日　　银付字第 4 号　　单位：元

摘　要	借　方　科　目		金　额	过　账
	一级科目	二级科目		
提现、备发工资	库存现金		42 120	√
合　计			42 120	

表 8-11　付款凭证

贷方科目：现金　　2016 年 9 月 8 日　　现付字第 2 号　　单位：元

摘　要	借　方　科　目		金　额	过　账
	一级科目	二级科目		
发放工资	应付职工薪酬	工资	42 120	√
合　计			42 120	

表 8－12　转账凭证

2016 年 9 月 9 日　　转字第 4 号　　单位：元

摘　要	会计科目		借方金额	贷方金额	过　账
	一级科目	二级科目			
王强报销差旅费	管理费用		819		√
	其他应收款	备用金		819	√
合　计			819	819	

表 8－13　付款凭证

贷方科目：库存现金　　2016 年 9 月 9 日　　现付字第 3 号　　单位：元

摘　要	借方科目		金　额	过　账
	一级科目	二级科目		
王强报销差旅费，不足部分以现金补给	管理费用		117	√
合　计			117	

表 8－14　付款凭证

贷方科目：银行存款　　2016 年 9 月 10 日　　银付字第 5 号　　单位：元

摘　要	借方科目		金　额	过　账
	一级科目	二级科目		
以存款偿还大华厂账款	应付账款	大华工厂	18 720	√
合　计			18 720	

表 8－15　转账凭证

2016 年 9 月 11 日　　转字第 5 号　　单位：元

摘　要	会计科目		借方金额	贷方金额	过　账
	一级科目	二级科目			
向大发商场销售甲产品	应收账款	大发商场	13 689		√
	主营业务收入	甲产品		11 700	√
	应交税费	应交增值税		1 989	√
合　计			13 689	13 689	

表 8－16　收款凭证

借方科目：银行存款　　2016 年 9 月 11 日　　银收字第 3 号　　单位：元

摘　要	贷　方　科　目		金　额	过　账
	一级科目	二级科目		
向红光商场销售甲产品	主营业务收入 应交税费	甲产品 应交增值税	98 280 16 707.60	√ √
合　计			114 987.60	

表 8－17　收款凭证

借方科目：银行存款　　2016 年 9 月 11 日　　银收字第 4 号　　单位：元

摘　要	贷　方　科　目		金　额	过　账
	一级科目	二级科目		
向中汇商场销售乙产品	主营业务收入 应交税费	乙产品 应交增值税	23 400 3 978	√ √
合　计			27 378	

表 8－18　收款凭证

借方科目：银行存款　　2016 年 9 月 13 日　　银收字第 5 号　　单位：元

摘　要	贷　方　科　目		金　额	过　账
	一级科目	二级科目		
收妥大发商场前欠账款	应收账款	大发商场	13 689	√
合　计			13 689	

表 8－19　付款凭证

贷方科目：库存现金　　2016 年 9 月 14 日　　现付字第 4 号　　单位：元

摘　要	借　方　科　目		金　额	过　账
	一级科目	二级科目		
支付购买办公用品费	管理费用		924.30	√
合　计			924.30	

表 8－20　付款凭证

贷方科目：银行存款　　2016 年 9 月 15 日　　银付字第 6 号　　单位：元

摘　要	借　方　科　目		金　额	过　账
	一级科目	二级科目		
提　现	库存现金		1 170	√
合　计			1 170	

表 8-21 付款凭证

贷方科目：银行存款　　2016 年 9 月 15 日　　银付字第 7 号　　单位：元

摘要	借方科目		金额	过账
	一级科目	二级科目		
以存款支付广告费	销售费用		2 808	√
合计			2 808	

表 8-22 收款凭证

借方科目：银行存款　　2016 年 10 月 16 日　　银收字第 6 号　　单位：元

摘要	贷方科目		金额	过账
	一级科目	二级科目		
向金龙商场销售乙产品	主营业务收入	乙产品	105 300	√
	应交税费	应交增值税	17 901	√
合计			123 201	

表 8-23 转账凭证

2016 年 9 月 16 日　　转字第 6 号　　单位：元

摘要	会计科目		借方金额	贷方金额	过账
	一级科目	二级科目			
乙产品生产和车间一般耗用 G 材料	生产成本	乙产品	42 120		√
	制造费用		4 680		√
	原材料	G 材料		46 800	√
合计			46 800	46 800	

表 8-24 付款凭证

贷方科目：银行存款　　2016 年 9 月 17 日　　银付字第 8 号　　单位：元

摘要	借方科目		金额	过账
	一级科目	二级科目		
以存款支付办公费用	管理费用		1 404	√
合计			1 404	

表 8－25 转账凭证

2016 年 9 月 17 日　　转字第 7 号　　单位：元

摘　要	会　计　科　目		借　方 金　额	贷　方 金　额	过　账
	一级科目	二级科目			
向景隆商场销售甲产品	应收账款	景隆商场	13 689		√
	主营业务收入	甲产品		11 700	√
	应交税费	应交增值税		1 989	√
合　计			13 689	13 689	

表 8－26 付款凭证

贷方科目：银行存款　　2016 年 10 月 17 日　　银付字第 9 号　　单位：元

摘　要	借　方　科　目		金　额	过　账
	一级科目	二级科目		
偿还前欠四达厂账款	应付账款	四达工厂	68 445	√
合　计			68 445	

表 8－27 收款凭证

借方科目：银行存款　　2016 年 10 月 18 日　　银收字第 7 号　　单位：元

摘　要	贷　方　科　目		金　额	过　账
	一级科目	二级科目		
向永发商场销售甲产品	主营业务收入	甲产品	28 080	√
	应交税费	应交增值税	4 773.60	√
合　计			32 853.60	

表 8－28 转账凭证

2016 年 9 月 20 日　　转字第 8 号　　单位：元

摘　要	会　计　科　目		借　方 金　额	贷　方 金　额	过　账
	一级科目	二级科目			
从上凌厂购入 H 材料，款项未付	原材料	H 材料	16 380		√
	应交税费	应交增值税	2 784.60		√
	应付账款	上凌工厂		19 164.60	√
合　计			19 164.60	19 164.60	

表 8－29　付款凭证

贷方科目：银行存款　　2016 年 9 月 21 日　　银付字第 10 号　　单位：元

摘　要	借方科目		金　额	过　账
	一级科目	二级科目		
以存款支付电费	生产成本	甲产品	4 680	√
		乙产品	3 510	√
	制造费用		234	√
	管理费用		936	√
合　计			9 360	

表 8－30　付款凭证

贷方科目：银行存款　　2016 年 9 月 23 日　　银付字第 11 号　　单位：元

摘　要	借方科目		金　额	过　账
	一级科目	二级科目		
以存款支付展览费	销售费用		1 872	√
合　计			1 872	

表 8－31　转账凭证

2016 年 9 月 30 日　　转字第 9 号　　单位：元

摘　要	会计科目		借方金额	贷方金额	过　账
	一级科目	二级科目			
摊销仓库租金	管理费用		1 872		√
	预付账款			1 872	√
合　计			1 872	1 872	

表 8－32　转账凭证

2016 年 9 月 30 日　　转字第 10 号　　单位：元

摘　要	会计科目		借方金额	贷方金额	过　账
	一级科目	二级科目			
预提借款利息	财务费用		585		√
	应付利息			585	√
合　计			585	585	

表 8 - 33 转账凭证

2016 年 9 月 30 日　　　　转字第 11 号　　　　单位：元

摘　要	会　计　科　目		借　方 金　额	贷　方 金　额	过　账
	一级科目	二级科目			
分配工资费用	生产成本	甲产品	19 760		√
		乙产品	14 040		√
	制造费用		3 510		√
	管理费用		4 810		√
	应付职工薪酬	工资		42 120	√
合　计			42 120	42 120	

表 8 - 34 转账凭证

2016 年 9 月 30 日　　　　转字第 12 号　　　　单位：元

摘　要	会　计　科　目		借　方 金　额	贷　方 金　额	过　账
	一级科目	二级科目			
计提职工福利费	生产成本	甲产品	2 766.40		√
		乙产品	1 965.60		√
	制造费用		491.40		√
	管理费用		673.40		√
	应付职工薪酬	职工福利		5 896.80	√
合　计			5 896.80	5 896.80	

表 8 - 35 转账凭证

2016 年 9 月 30 日　　　　转字第 13 号　　　　单位：元

摘　要	会　计　科　目		借　方 金　额	贷　方 金　额	过　账
	一级科目	二级科目			
计提固定资产折旧	制造费用		12 636		√
	管理费用		3 744		√
	累计折旧			16 380	√
合　计			16 380	16 380	

表 8 - 36 转账凭证

2016 年 9 月 30 日　　　　转字第 14 号　　　　单位：元

摘　要	会　计　科　目		借　方 金　额	贷　方 金　额	过　账
	一级科目	二级科目			
分配结转制造费用	生产成本	甲产品	13 967		√
		乙产品			√
	制造费用		9 924.40	23 891.40	√
合　计			23 891.40	23 891.40	

表 8-37　转账凭证

2016 年 9 月 30 日　　　　转字第 15 号　　　　单位：元

摘　要	会计科目		借方金额	贷方金额	过　账
	一级科目	二级科目			
结转完工产品成本	库存商品	甲产品	87 973.40		√
		乙产品	61 650		√
		甲产品		87 973.40	√
	生产成本	乙产品		61 650	√
合　计			149 533.40	149 533.40	

表 8-38　转账凭证

2016 年 9 月 30 日　　　　转字第 16 号　　　　单位：元

摘　要	会计科目		借方金额	贷方金额	过　账
	一级科目	二级科目			
结转本月已售产品成本	主营业务成本	甲产品	89 856		√
		乙产品	77 220		√
		甲产品		89 856	√
	库存商品	乙产品		77 220	√
合　计			167 076	167 076	

表 8-39　转账凭证

2016 年 9 月 30 日　　　　转字第 17 号　　　　单位：元

摘　要	会计科目		借方金额	贷方金额	过　账
	一级科目	二级科目			
登记本月销售税金及附　加	营业税金及附加	产品销售税金	20 077	19 492	√
	应交税费	教育费附加		585	√
合　计			20 077	20 077	

表 8-40　转账凭证

2016 年 9 月 30 日　　　　转字第 18 号　　　　单位：元

摘　要	会计科目		借方金额	贷方金额	过　账
	一级科目	二级科目			
结转本月产品销售收入	主营业务收入	甲产品	149 760		√
		乙产品	128 700		√
	本年利润			278 460	√
合　计			278 460	278 460	

表 8-41 转账凭证

2016 年 9 月 30 日　　转字第 19 号　　单位：元

摘要	会计科目		借方金额	贷方金额	过账
	一级科目	二级科目			
结转本月产品销售成本	本年利润 主营业务成本	 甲产品 乙产品	167 076	 89 856 77 220	√ √ √
合计			167 076	167 076	

表 8-42 转账凭证

2016 年 9 月 30 日　　转字第 20 号　　单位：元

摘要	会计科目		借方金额	贷方金额	过账
	一级科目	二级科目			
结转本月销售税金及附加	本年利润 营业税金及附加		20 077	 20 077	√ √
合计			20 077	20 077	

表 8-43 转账凭证

2016 年 9 月 30 日　　转字第 21 号　　单位：元

摘要	会计科目		借方金额	贷方金额	过账
	一级科目	二级科目			
结转本月财务费用	本年利润 财务费用		585	 585	√ √
合计			585	585	585

表 8-44 转账凭证

2016 年 9 月 30 日　　转字第 22 号　　单位：元

摘要	会计科目		借方金额	贷方金额	过账
	一级科目	二级科目			
结转本月销售费用	本年利润 销售费用		4 680	 4 680	√ √
合计			4 680	4 680	

表 8-45　转账凭证

2016 年 9 月 30 日　　　　转字第 23 号　　　　单位：元

摘　要	会计科目		借方金额	贷方金额	过账
	一级科目	二级科目			
结转本月管理费用	本年利润		15 767.70		√
	管理费用			15 767.70	√
合　计			15 767.70	15 767.70	

表 8-46　转账凭证

2016 年 9 月 30 日　　　　转字第 24 号　　　　单位：元

摘　要	会计科目		借方金额	贷方金额	过账
	一级科目	二级科目			
计提本月应缴所得税	所得税费用		23 190.50		√
	应交税费	应交所得税		23 190.50	√
合　计			23 190.50	23 190.50	

表 8-47　转账凭证

2016 年 9 月 30 日　　　　转字第 25 号　　　　单位：元

摘　要	会计科目		借方金额	贷方金额	过账
	一级科目	二级科目			
结转本月所得税	本年利润		23 190.50		√
	所得税费用			23 190.50	√
合　计			23 190.50	23 190.50	

表 8-48　转账凭证

2016 年 9 月 30 日　　　　转字第 26 号　　　　单位：元

摘　要	会计科目		借方金额	贷方金额	过账
	一级科目	二级科目			
计提盈余公积	利润分配	提取盈余公积	4 708.40		√
	盈余公积	一般盈余公积		4 708.40	√
合　计			4 708.40	4 708.40	

根据收、付款凭证登记库存现金日记账和银行存款日记账。如表 8-49 和表 8-50 所示。

表 8-49 库存现金日记账

单位：元

2016 年		凭证		摘 要	对方科目	借 方	贷 方	余 额
月	日	字	号					
9	1			期初余额				1 000
	1	银付	1	提 现	银行存款	2 340		3 340
	3	现付	1	付张欣预借差旅费	其他应收款		702	2 638
	8	银付	4	提 现	银行存款	42 120		44 758
	8	现付	2	发放工资	应付职工薪酬		42 120	2 638
	9	现付	3	支付王强报销差旅费	管理费用		117	2 521
	14	现付	4	支付购买办公用品费	管理费用		924.30	1 596.70
	15	银付	6	提 现	银行存款	1 170		2 766.70
	30			本月发生额合计及月末余额		45 630	43 863.30	2 766.70
10	1			月初余额				2 766.70

表 8-50 银行存款日记账

单位：元

2016 年		凭证		摘 要	对方科目	借 方	贷 方	余 额
月	日	字	号					
9	1			月初余额				800 000
	1	银付	1	提 现	库存现金		2 340	797 660
	1	银收	1	取得短期借款	短期借款	11 700		809 360
	2	银付	2	支付仓库租金	预付账款		5 616	803 744
	3	银收	2	收光明厂前欠货款	应收账款	93 600		897 344
	7	银付	3	购入机器一台	固定资产		68 445	828 899
	8	银付	4	提 现	库存现金		42 120	786 779
	10	银付	5	支付大华厂账款	应付账款		18 720	768 059
	11	银收	3	销售甲产品	主营业务收入	98 280		866 339
					应交税费	16 707.60		883 046.60
	11	银收	4	销售乙产品	主营业务收入	23 400		906 446.60
					应交税费	3 978		910 424.60
	13	银收	5	收大发商场前欠账款	应收账款	13 689		924 113.60
	15	银付	6	提 现	库存现金		1 170	922 943.60

（续表）

2016年		凭证		摘要	对方科目	借方	贷方	余额
月	日	字	号					
	15	银付	7	支付广告费	销售费用		2 808	920 135.60
	16	银收	6	销售乙产品	主营业务收入	105 300		1 025 435.60
					应交税费	17 901		1 043 336.60
	17	银付	8	支付办公费用	管理费用		1 404	1 041 932.60
	17	银付	9	偿还前欠四达厂账款	应付账款		68 445	973 487.60
	18	银收	7	销售甲产品	主营业务收入	28 080		1 001 567.60
					应交税费	4 773.60		1 006 341.20
	21	银付	10	支付电费	生产成本		8 190	998 151.20
					制造费用		234	997 917.20
					管理费用		936	996 981.20
	23	银付	11	支付产品展览费	销售费用		1 872	995 109.20
	30			本月发生额合计及期末余额		417 409.20	222 300	995 109.20
10	1			月初余额				995 109.20

根据原始凭证、汇总原始凭证或记账凭证登记明细账（略）。

根据记账凭证按月分旬编制科目汇总表。如表 8-51 所示。

表 8-51 科目汇总表

单位：元

会计科目	1—10日		11—20日		21—30日		本月合计	
	借方	贷方	借方	贷方	借方	贷方	借方	贷方
库存现金	44 460	42 939	1 170	924.30			45 630	43 863.30
银行存款	105 300	137 241	312 109.20	73 827		11 232	417 409.20	222 300
原材料	58 500	49 608	16 380	46 800			74 880	96 408
生产成本	46 800		42 120		70 613.40	149 533.40	159 533.40	149 533.40
制造费用	2 340		4 680		16 871.40	23 891.40	23 891.40	23 891.40
库存商品					149 533.40	167 076	149 533.40	167 076
应收账款		93 600	27 378	13 689			27 378	107 289
固定资产	68 445						68 445	
累计折旧						16 380		16 380
其他应收款	702	819					702	819

（续表）

会计科目	1—10 日		11—20 日		21—30 日		本月合计	
	借方	贷方	借方	贷方	借方	贷方	借方	贷方
预付账款	5 616					1 872	5 616	1 872
短期借款		11 700						11 700
应付账款	18 720	68 445	68 445	19 164.60			87 165	87 609.60
应交税费	9 945		2 784.60	47 338.20		43 267.5	12 729.60	90 605.70
应付职工薪酬	42 120					48 016.80	42 120	48 016.80
应付利息						585		585
主营业务收入				278 460	278 460		278 460	278 460
主营业务成本					167 076	167 076	167 076	167 076
销售费用			2 808		1 872	4 680	4 680	4 680
营业税金及附加					20 077	20 077	20 077	20 077
管理费用	1 404		2 328.30		12 035.40	15 767.70	15 767.70	15 767.70
财务费用					585	585	585	585
所得税费用					23 190.50	23 190.50	23 190.50	23 190.50
利润分配					4 708.40		4 708.40	
本年利润					231 376.20	278 460	231 376.20	278 460
盈余公积						4 708.40		4 708.40
合　计	404 352	404 352	480 203.10	480 203.10	976 398.70	976 398.70	1 860 953.80	1 860 953.80

根据科目汇总表登记总分类账。如表 8－52 至表 8－77 所示。

表 8－52　总分类账

会计科目：库存现金　　　　　　　　　　　　　　　　　　　　　　单位：元

2016 年		凭　证		摘　要	借　方	贷　方	借或贷	余　额
月	日	字	号					
9	1			月初余额			借	1 000
	10	科汇	10	1—10 日发生额	44 460	42 939	借	2 521
	20	科汇	10	11—20 日发生额	1 170	924.30	借	2 766.70
	30			本月发生额及余额	45 630	43 863.30	借	2 766.70

表 8-53　总分类账

会计科目：银行存款　　　　单位：元

2016 年		凭证		摘要	借方	贷方	借或贷	余额
月	日	字	号					
9	1			月初余额			借	800 000
	10	科汇	10	1—10 日发生额	105 300	137 241	借	768 059
	20	科汇	10	11—20 日发生额	312 109.20	73 827	借	1 006 341.20
	30	科汇	10	21—30 日发生额		11 232		995 109.20
	30			本月发生额及余额	417 409.20	222 300	借	995 109.20

表 8-54　总分类账

会计科目：原材料　　　　单位：元

2016 年		凭证		摘要	借方	贷方	借或贷	余额
月	日	字	号					
9	1			月初余额			借	50 000
	10	科汇	10	1—10 日发生额	58 500	49 608	借	56 192
	20	科汇	10	11—20 日发生额	16 380	46 800	借	25 772
	30			本月发生额及余额	74 880	96 408	借	25 772

表 8-55　总分类账

会计科目：生产成本　　　　单位：元

2016 年		凭证		摘要	借方	贷方	借或贷	余额
月	日	字	号					
9	1			月初余额			借	11 000
	10	科汇	10	1—10 日发生额	46 800		借	57 800
	20	科汇	10	11—20 日发生额	42 120		借	99 920
	30	科汇	10	21—30 日发生额	70 613.40	149 533.40	借	21 000
	30			本月发生额及余额	159 533.40	149 533.40	借	21 000

表 8-56　总分类账

会计科目：制造费用　　　　单位：元

2016 年		凭证		摘要	借方	贷方	借或贷	余额
月	日	字	号					
9	1	科汇	10	1—10 日发生额	2 340		借	2 340
	20	科汇	10	11—20 日发生额	4 680		借	7 020
	30	科汇	10	21—30 日发生额	16 871.40	23 891.40	平	0
	30			本月发生额及余额	23 891.40	23 891.40	平	0

表 8－57 总分类账

会计科目：库存商品 单位：元

2016 年		凭证		摘要	借方	贷方	借或贷	余额
月	日	字	号					
9	1			月初余额			借	27 542.60
9	30	科汇	10	21—30 日发生额	149 533.40	167 076	借	10 000
	30			本月发生额及余额	149 533.40	167 076	借	10 000

表 8－58 总分类账

会计科目：应收账款 单位：元

2016 年		凭证		摘要	借方	贷方	借或贷	余额
月	日	字	号					
9	1			月初余额			借	93 600
	10	科汇	10	1—10 日发生额		93 600	平	
	20	科汇	10	11—20 日发生额	27 378	13 689	借	13 689
	30			本月发生额及余额	27 378	107 289	借	13 689

表 8－59 总分类账

会计科目：其他应收款 单位：元

2016 年		凭证		摘要	借方	贷方	借或贷	余额
月	日	字	号					
9	1			月初余额			借	819
	10	科汇	10	1—10 日发生额	702	819	借	702
	30			本月发生额及余额	720	819	借	702

表 8－60 总分类账

会计科目：固定资产 单位：元

2016 年		凭证		摘要	借方	贷方	借或贷	余额
月	日	字	号					
9	1			月初余额			借	1 600 000
	10	科汇	10	1—10 日发生额	68 445		借	1 668 445
	30			本月发生额及余额	68 445		借	1 668 445

表 8-61　总分类账

会计科目：累计折旧　　　　　　　　　　　　　　　　单位：元

2016 年		凭证		摘要	借方	贷方	借或贷	余额
月	日	字	号					
9	1			月初余额			贷	240 000
	30	科汇	10	21—30 日发生额		16 380	贷	256 380
	30			本月发生额及余额		16 380	贷	256 380

表 8-62　总分类账

会计科目：预付账款　　　　　　　　　　　　　　　　单位：元

2016 年		凭证		摘要	借方	贷方	借或贷	余额
月	日	字	号					
9	10	科汇	10	1—10 日发生额	5 616		借	5 161
	30	科汇	10	21—30 日发生额		1 872	借	3 744
	30			本月发生额及余额	5 616	1 872	借	3 744

表 8-63　总分类账

会计科目：短期借款　　　　　　　　　　　　　　　　单位：元

2016 年		凭证		摘要	借方	贷方	借或贷	余额
月	日	字	号					
9	10	科汇	10	1—10 日发生额		11 700	贷	11 700
	30			本月发生额及余额		11 700	贷	11 700

表 8-64　总分类账

会计科目：应付账款　　　　　　　　　　　　　　　　单位：元

2016 年		凭证		摘要	借方	贷方	借或贷	余额
月	日	字	号					
9	1			月初余额			贷	18 720
	10	科汇	10	1—10 日发生额	18 720	68 445	贷	68 445
	20	科汇	10	11—20 日发生额	68 445	19 164.60	贷	19 164.60
	30			本月发生额及余额	87 165	87 609.60	贷	19 164.60

表 8-65 总分类账

会计科目：应交税费 单位：元

2016年		凭证		摘要	借方	贷方	借或贷	余额
月	日	字	号					
9	10	科汇	10	1—10日发生额	9 945		借	9 945
	20	科汇	10	11—20日发生额	2 784.60	47 338.20	贷	34 608.60
	30	科汇	10	21—30日发生额		43 267.50	贷	77 876.10
	30			本月发生额及余额	12 729.60	90 605.70	贷	77 876.10

表 8-66 总分类账

会计科目：应付职工薪酬 单位：元

2016年		凭证		摘要	借方	贷方	借或贷	余额
月	日	字	号					
9	1			月初余额			贷	10 000
	10	科汇	10	1—10日发生额	42 120		借	
	30	科汇	10	21—30日发生额		48 016.80	贷	15 896.80
	30			本月发生额及余额	42 120	48 016.80	贷	15 896.80

表 8-67 总分类账

会计科目：应付利息 单位：元

2016年		凭证		摘要	借方	贷方	借或贷	余额
月	日	字	号					
9	30	科汇	10	21—30日发生额		585	贷	585
	30			本月发生额及余额		585	贷	585

表 8-68 总分类账

会计科目：主营业务收入 单位：元

2016年		凭证		摘要	借方	贷方	借或贷	余额
月	日	字	号					
9	20	科汇	10	10—20日发生额		278 460	贷	278 460
	30	科汇	10	21—30日发生额	278 460		平	0
	30			本月发生额及余额	278 460	278 460	平	0

表 8-69　总分类账

会计科目：销售费用　　　　　　　　　　　　　　　　　　单位：元

2016 年		凭证		摘要	借方	贷方	借或贷	余额
月	日	字	号					
9	20	科汇	10	1—10 日发生额	2 808		借	2 808
	30	科汇	10	21—30 日发生额	1 872	4 680	平	0
	30			本月发生额及余额	4 680	4 680	平	0

表 8-70　总分类账

会计科目：营业税金及附加　　　　　　　　　　　　　　　　　　单位：元

2016 年		凭证		摘要	借方	贷方	借或贷	余额
月	日	字	号					
9	30	科汇	10	21—30 日发生额	20 077	20 077	平	0
	30			本月发生额及余额	20 077	20 077	平	0

表 8-71　总分类账

会计科目：主营业务成本　　　　　　　　　　　　　　　　　　单位：元

2016 年		凭证		摘要	借方	贷方	借或贷	余额
月	日	字	号					
9	30	科汇	10	21—30 日发生额	167 076	167 076	平	0
	30			本月发生额及余额	167 076	167 076	平	0

表 8-72　总分类账

会计科目：管理费用　　　　　　　　　　　　　　　　　　单位：元

2016 年		凭证		摘要	借方	贷方	借或贷	余额
月	日	字	号					
9	10	科汇	10	1—10 日发生额	1 404		借	1 404
	20	科汇	10	11—20 日发生额	2 328.30	15 767.70	借	3 732.30
	30	科汇	10	21—30 日发生额	12 035.40		平	0
	30			本月发生额及余额	15 767.70	15 767.70	平	0

表 8-73　总分类账

会计科目：财务费用　　　　　　　　　　　　　　　　　　单位：元

2016 年		凭证		摘要	借方	贷方	借或贷	余额
月	日	字	号					
9	30	科汇	10	21—30 日发生额	585	585	平	0
	30			本月发生额及余额	585	585	平	0

表 8-74 总分类账

会计科目：所得税费用 单位：元

2016 年		凭证		摘要	借方	贷方	借或贷	余额
月	日	字	号					
9	30	科汇	10	21—30 日发生额	23 190.50	23 190.50	平	0
	30			本月发生额及余额	23 190.50	23 190.50	平	0

表 8-75 总分类账

会计科目：本年利润 单位：元

2016 年		凭证		摘要	借方	贷方	借或贷	余额
月	日	字	号					
9	30	科汇	10	21—30 日发生额	231 376.20	278 460	贷	0
	30			本月发生额及余额	231 376.20	278 460	贷	47 083.80

表 8-76 总分类账

会计科目：利润分配 单位：元

2016 年		凭证		摘要	借方	贷方	借或贷	余额
月	日	字	号					
9	1			月初余额			贷	40 000
	30	科汇	10	21—30 日发生额	4 708.40		贷	35 291.60
	30			本月发生额及余额	4 708.40		贷	35 291.60

表 8-77 总分类账

会计科目：盈余公积 单位：元

2016 年		凭证		摘要	借方	贷方	借或贷	余额
月	日	字	号					
9	1			月初余额			贷	200 000
	30	科汇	10	21—30 日发生额		4 708.40	贷	204 708.40
	30			本月发生额及余额		4 708.40	贷	204 708.40

将总分类账与其所属明细分类账、日记账进行核对（略）。

根据总分类账和明细分类账的资料编制会计报表（略）。

第四节　汇总记账凭证核算组织程序

一、汇总记账凭证核算组织程序的特点

汇总记账凭证核算组织程序的主要特点是根据记账凭证定期编制汇总记账凭证，然后根据汇总记账凭证登记总分类账。

在汇总记账凭证核算组织程序下，仍需设置收款凭证、付款凭证和转账凭证，各种记账凭证、各种账簿的设置种类、格式与记账凭证核算组织程序基本相同。但总分类账的账页格式须设“对应账户”栏，此外还需设置汇总记账凭证。

汇总记账凭证是根据记账凭证汇总填制的，汇总的期间不应超过十天，每月至少汇总三次，每月填制一张，月末结算出合计数，以便登记总分类账。其种类可分为汇总收款凭证、汇总付款凭证和汇总转账凭证。

汇总收款凭证是根据库存现金、银行存款收款凭证，分别按现金、银行存款账户的借方设置，并按对应的贷方科目归类，月末时结计其合计数，分别记入库存现金、银行存款总账的借方及各对应总账账户的贷方。其格式及编制方法参见后面举例。

汇总付款凭证是根据库存现金、银行存款付款凭证，分别按现金、银行存款账户的贷方设置，并按对应的借方科目归类，月末时结计其合计数，分别记入库存现金、银行存款总账的贷方及各对应总账账户的借方，其格式及编制方法参见后面举例。

汇总转账凭证既可按借方账户设置，也可按贷方账户设置，但在会计实务惯例中一般按每一贷方账户分别设置，并按相应的对应账户（借方账户）归类汇总，月末时结计出其合计数，分别记入总分类账该汇总转账凭证应贷账户的贷方及各相应对应账户的借方。为了便于编制汇总转账凭证，转账凭证的填制应以一借一贷或多借一贷为好，尽量不编制一借多贷的会计分录。当然，如果在月份内某一贷方科目的转账凭证不多，可直接根据转账凭证登记总分类账，而不编制汇总转账凭证。其格式及编制方法参见后面举例。

二、汇总记账凭证核算组织程序的基本内容

汇总记账凭证核算组织程序的基本内容包括以下几点。

（1）根据原始凭证或汇总原始凭证编制记账凭证。

（2）根据收、付款凭证，每日逐笔登记库存现金日记账和银行存款日记账。

（3）根据原始凭证、汇总原始凭证或记账凭证，逐笔登记各明细分类账。

（4）根据收、付款凭证和转账凭证，定期编制汇总收款凭证、汇总付款凭证和汇总转账凭证。

（5）期末，根据汇总记账凭证登记总分类账。

（6）期末，将库存现金、银行存款日记账的余额和各明细分类账的期末余额，分别与有关总分类账的余额进行核对。

（7）期末，根据总分类账和明细分类账的数据编制会计报表。

汇总记账凭证核算组织程序，如图 8 - 3 所示。

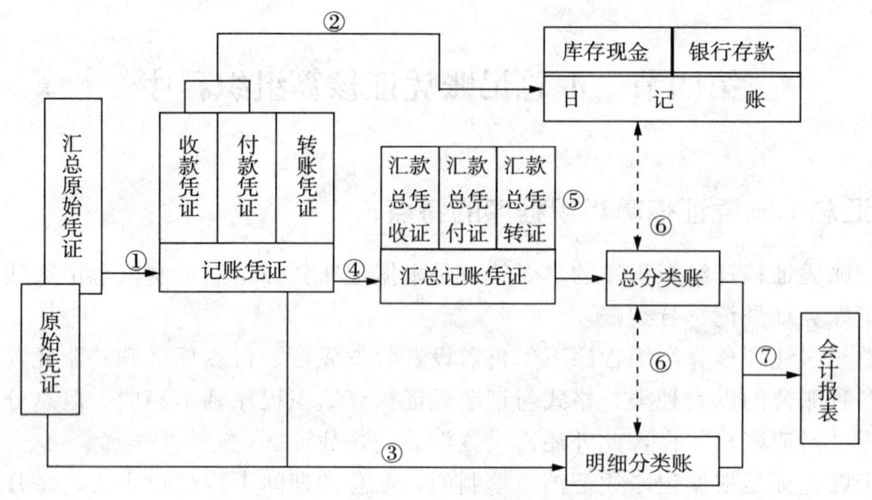

图 8-3 汇总记账凭证核算组织程序图

三、汇总记账凭证核算组织程序的优缺点及适用范围

由于汇总记账凭证是根据记账凭证，按照会计科目对应关系进行归类、汇总而编制的，所以，为了便于了解有关会计科目之间的对应关系，便于查对和分析账目，汇总记账凭证核算组织程序克服了科目汇总表核算组织程序的缺点，且总分类账根据汇总记账凭证登记，简化了总分类账的登记工作。然而，由于汇总转账凭证是根据每一贷方会计科目归类、汇总的，所以它不便于日常核算工作的合理分工，并且编制汇总记账凭证的工作量也较大。一般适用于规模大、经济业务较多的会计主体。

四、汇总记账凭证核算组织程序举例

以上一节恒达公司 2016 年 9 月的经济业务为例，说明汇总记账凭证的核算组织程序。为节省篇幅，仅以编制库存现金、银行存款和应付账款汇总记账凭证和登记总分类账为例说明。

（一）编制汇总记账凭证

1. 汇总收款凭证如表 8-78 所示

表 8-78 汇总收款凭证

借方账户：银行存款　　2016 年 9 月份　　第 1 号　　单位：元

贷方账户	金额				记账	
	(1)	(2)	(3)	合计	借方	贷方
短期借款	11 700			11 700	√	√
应收账款	93 600	13 689		107 289	√	√
主营业务收入		255 060		255 060	√	√
应交税费		43 360.20		43 360.20	√	√

附件：(1) 自 1 日至 10 日　收款　凭证　共 2 张
　　　(2) 自 11 日至 20 日　收款　凭证　共 5 张

2. 汇总付款凭证如表 8－79、表 8－80 所示

表 8－79　汇总付款凭证

贷方账户：库存现金　　2016 年 9 月份　　第 1 号　　单位：元

借方账户	金　额				记　账	
	（1）	（2）	（3）	合　计	借方	贷方
其他应收款	702			702	√	√
应付职工薪酬	42 120			42 120	√	√
管理费用	117	924.30		1 041.3	√	√

附件：（1）自 1 日至 10 日　付款　凭证　共 3 张
（2）自 11 日至 20 日　收款　凭证　共 1 张

表 8－80　汇总付款凭证

贷方账户：银行存款　　2016 年 9 月份　　第 2 号　　单位：元

借方账户	金　额				记　账	
	（1）	（2）	（3）	合　计	借方	贷方
库存现金	44 460	1 170		45 630	√	√
预付账款	5 616			5 616	√	√
固定资产	68 445			68 445	√	√
应付账款	18 720	68 445		87 165	√	√
销售费用		2 808	1 872	4 680	√	√
管理费用		1 404	936	2 340	√	√
生产成本			8 190	8 190	√	√
制造费用			234	234	√	√

附件：（1）自 1 日至 10 日　转账　凭证　共 5 张
（2）自 11 日至 20 日　转账　凭证　共 4 张
（3）自 21 日至 31 日　转账　凭证　共 4 张

3. 汇总转账凭证如图表 8－81 所示

表 8－81　汇总转账凭证

贷方账户：应付账款　2016 年 9 月份　　第×号　　单位：元

借方账户	金　额				记　账	
	（1）	（2）	（3）	合　计	借方	贷方
原材料	58 500	16 380		74 880	√	√
应交税费	9 945	2 784.6		12 729.60	√	√

附件：（1）自 1 日至 10 日　转账　凭证　共 1 张
（2）自 11 日至 20 日　转账　凭证　共 1 张

（二）登记总分类账

该公司总分类账列示，如表 8－82 至 8－84 所示。

表 8－82 总分类账

会计科目：库存现金　　　　　　　　　　　　　　　　　　　　　单位：元

2016 年		凭证		摘要	对应账户	借方	贷方	借或贷	余额
月	日	字	号						
9	1			月初余额（略）				借	1 000
9	30	汇付	1		其他应收款		702		
					应付职工薪酬		42 120		
					管理费用		1 041.30		
					银行存款	45 630		借	2 766.70
	30			本月发生额及月末余额		45 630	43 863.30	借	2 766.70

表 8－83 总分类账

会计科目：银行存款　　　　　　　　　　　　　　　　　　　　　单位：元

2016 年		凭证		摘要	对应账户	借方	贷方	借或贷	余额
月	日	字	号						
9	1			月初余额（略）				借	800 000
9	30	汇收	1		短期借款	11 700			
					应收账款	107 289			
					主营业务收入	255 060			
					应交税费	43 360.20			
		汇付	2		库存现金		45 630		
					预付账款		5 616		
					固定资产		68 445		
					应付账款		87 165		
					销售费用		4 680		
					管理费用		2 340		
					生产成本		8 190		
					制造费用		234	借	995 109.20
9	30			本月发生额及月末余额		417 409.20	222 300	借	995 109.20

表 8－84 总分类账

会计科目：应付账款　　　　　　　　　　　　　　　　　　　　　单位：元

2016 年		凭证		摘要	对应账户	借方	贷方	借或贷	余额
月	日	字	号						
9	1			月初余额（略）				贷	18 720
9	30	汇付 汇转	2 ×		银行存款	87 165			
					原材料		74 880		
					应交税费		12 729.60	贷	19 164.60
9	30			本月发生额及月末余额		87 165	87 609.60	贷	19 164.60

第五节　多栏式日记核算组织程序

一、多栏式日记账核算组织程序的特点

多栏式日记账核算组织程序的特点是根据多栏式库存现金日记账和多栏式银行存款日记账登记总分类账。对于转账业务，可根据转账凭证逐笔登记总分类账，也可根据转账凭证定期编制记账凭证汇总表（科目汇总表），然后据以登记总分类账。

在多栏式日记账核算组织程序下，需设置收、付款凭证和转账凭证；设置库存现金、银行存款日记账，其格式采用多栏式，设置总分类账和各明细分类账。库存现金日记账、银行存款日记账由于都按其对应会计科目设置专栏，具备了库存现金、银行存款科目汇总表的作用，因而在月末就可以根据这些日记账的本月收、付发生额和各对应会计科目的发生额登记总分类账。登账时，应当根据多栏式日记账收入合计栏的本月发生额，记入库存现金总分类账和银行存款总分类账的借方，并根据收入栏下各专栏的对应会计科目的本月发生额，记入各有关总分类账的贷方；根据多栏式日记账付出合计栏的本月发生额，记入库存现金总分类账和银行存款总分类账的贷方，并根据付出栏下各专栏对应会计科目的本月发生额，记入各有关总分类账的借方。对于转账业务，则可根据转账凭证逐笔登记，或根据转账凭证科目汇总表登记总分类账。

二、多栏式日记账核算组织程序的基本内容

多栏式日记账核算组织程序的基本内容包括以下几点。

(1) 根据原始凭证或汇总原始凭证编制记账凭证。

(2) 根据收款凭证、付款凭证登记多栏式库存现金日记账和银行存款日记账。

(3) 根据原始凭证、汇总原始凭证或记账凭证，登记明细分类账。

(4) 期末，根据转账凭证，编制科目汇总表。

(5) 期末，根据多栏式库存现金日记账和银行存款日记账、科目汇总表登记总分类账。

(6) 期末，将各明细分类账余额与有关总分类账的余额进行核对。

(7) 期末，根据总分类账和明细分类账编制会计报表。

多栏式日记账核算组织程序，如图 8-4 所示。

三、多栏式日记账核算组织程序的优缺点及适用范围

采用多栏式日记账核算组织程序，可以简化总分类账的登记工作。它适用于规模不是很大且收付业务较多的会计主体。但是，如果企业的经济业务繁杂，就会使日记账的专栏栏次过多，账页庞大，不便于记账。

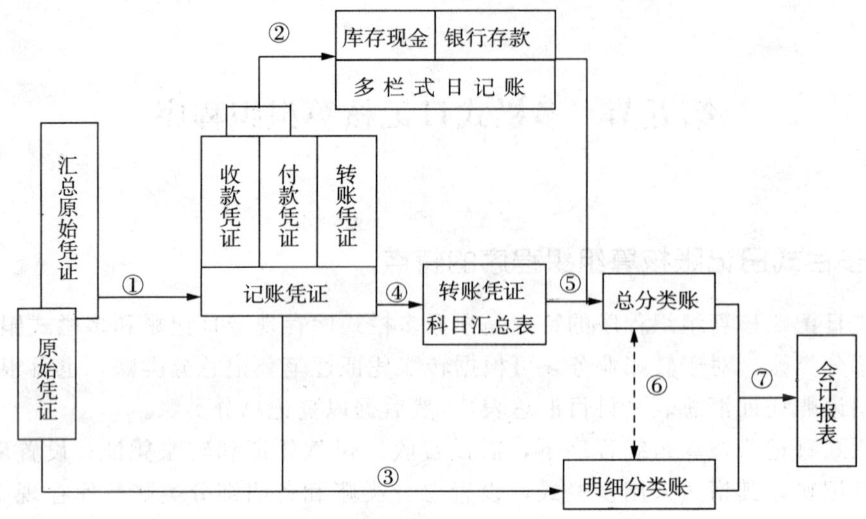

图 8-4 多栏式日记账核算组织程序图

四、多栏式日记账核算组织程序举例

以前述恒达公司 2016 年 9 月份的资料，说明多栏式日记账的核算组织程序。为节省篇幅，仅以编制库存现金、银行存款多栏式日记账和转账凭证科目汇总表和据此登记的库存现金总分类账、管理费用总分类账进行说明。

（一）填制库存现金、银行存款多栏式日记账

恒达公司多栏式日记账列示，如表 8-85 至表 8-86 所示。

表 8-85 库存现金日记账

单位：元

2016 年		凭证		摘要	收入		付出				余额
月	日	字	号		银行存款	合计	其他应收款	应付职工薪酬	管理费用	合计	
9	略			月初余额							1 000
		银付	1	提现	2 340	2 340					3 340
		现付	1	付张欣暂借差旅费			702			702	2 638
		银付	4	提现	42 120	42 120					44 758
		现付	2	发放工资				42 120		42 120	2 638
		现付	3	付王强差旅费					117	117	2 521
		现付	4	付办公用品费					924.30	924.30	1 596.70
		银付	6	提现	1 170	1 170					2 766.70
				本月发生额及月末余额	45 630	45 630	702	42 120	1 041.30	43 863.30	2 766.70

表 8-86 银行存款日记账

单位：元

2016年		凭证		摘要	收入					付出									余额
月	日	字	号		短期借款	应收账款	主营业务收入	应交税费	合计	库存现金	预付账款	固定资产	应付账款	销售费用	管理费用	生产成本	制造费用	合计	
	1			月初余额															800 000
	1	银付	1	提现						2 340								2 340	797 660
	1	银收	1	借款	11 700				11 700										809 360
	2	银付	2	付租金							5 616							5 616	803 744
	3	银收	2	收欠款		93 600			93 600										897 344
	7	银付	3	购机器								68 445						68 445	828 899
	8	银付	4	提现						42 120								42 120	786 779
	10	银付	5	付货款									18 720					18 720	768 059
	11	银收	3	销货			98 280	16 707.60	114 987.60										883 046.6
9	11	银收	4	销货			23 400	3 978	27 378										910 424.6
	13	银收	5	收欠款		13 689			13 689	1 170								1 170	924 113.6
	15	银付	6	提现														2 808	922 943.6
	16	银付	7	付广告费										2 808					920 135.6
	17	银收	6	销货			105 300	17 901	123 201										1 043 336.6
	17	银付	8	付办公费											1 404			1 404	1 041 932.6
	17	银付	9	付欠款									68 445					68 445	973 487.6
	18	银收	7	销货			28 080	4 773.60	32 853.60										1 006 341.2
	21	银付	10	付电费											936	8 190	234	9 360	996 981.2
	23	银付	11	付展览费										1 872				1 872	995 109.2
				本月发生额及月末余额	11 700	107 289	255 060	43 360.20	417 409.20	45 630	5 616	68 445	87 165	4 680	2 340	8 190	234	222 300	995 109.2

（二）编制转账凭证科目汇总表

为节省篇幅，本例中转账凭证汇总表按月一次汇总设置，不再按旬分次汇总。转账凭证科目汇总表，如表 8－87 所示。

表 8－87 转账凭证科目汇总表

单位：元

会计科目	本期发生额		账 页
	借 方	贷 方	
原材料	74 880	96 408	
生产成本	151 343.40	149 533.40	
制造费用	23 657.40	23 891.40	
库存商品	149 533.40	167 076	
管理费用	12 386.40	15 767.70	
应收账款	27 378		
其他应收款		819	
应付账款		87 609.60	
预付账款		1 872	
应交税费	12 729.60	47 245.50	
应付职工薪酬		48 016.80	
主营业务收入	278 460	23 400	
销售费用		4 680	
营业税金及附加	20 077	20 077	
财务费用	585	585	
应付利息		585	
累计折旧		16 380	
主营业务成本	167 076	167 076	
所得税费用	23 190.50	23 190.50	
利润分配	4 708.40		
本年利润	231 376.20	278 460	
盈余公积		4 708.40	
合 计	1 177 381.30	1 177 381.30	

（三）登记总分类账

恒达工厂 2016 年 9 月份总分类账列示（仅列示库存现金总分类账和管理费用总分类账），如表 8－88 至表 8－89 所示。

表 8－88 库存总分类账

会计科目：库存现金　　单位：元

2016 年		凭证号数	摘 要	借 方	贷 方	借或贷	余 额
月	日						
9	1	略	月初余额			借	1 000
	30		库存现金日记账过入	45 630	43 863.30	借	2 766.70
			本月发生额及余额	45 630	43 863.30	借	2 766.70

表 8－89　总分类账

会计科目：管理费用　　　　　　　　　　　　　　　　　　　　单位：元

2016 年		凭证号数	摘　要	借方	贷方	借或贷	余额
月	日						
9	30	略	库存现金日记账过入	1 041.30			
			银存日记账过入	2 340			
			转账凭证科目汇总表过入	12 386.40	15 767.70	平	0
9	30		本月发生额及月末余额	15 767.70	15 767.70	平	0

复习思考题与练习题

一、复习思考题

1. 什么是核算组织程序，我国主要的核算组织程序形式有哪几种？它们之间的根本区别是什么？

2. 说明记账凭证核算组织程序的基本内容、优缺点及适用范围。

3. 说明科目汇总表核算组织程序的基本内容、优缺点及适用范围。

4. 说明汇总记账凭证核算组织程序的基本内容、优缺点及适用范围。

5. 说明多栏式日记账核算组织程序的基本内容、优缺点及适用范围。

二、练习题

1. 判断题

(1) 科目汇总核算优于汇总记账核算形式。(　　)

(2) 各种账簿都是直接根据记账凭证进行登记的。(　　)

(3) 由于各单位的规模大小不同，业务性质不一样，管理要求也各不相同，因而其使用的账户、账簿的格式及记账顺序也应有所不同。(　　)

(4) 记账凭证核算形式是其他核算形式的基础。(　　)

(5) 记账凭证核算形式适用于规模小、业务量多、凭证较多的单位。(　　)

(6) 多栏式日记账核算形式是将所有的明细账都设为多栏式的日记账格式。(　　)

(7) 汇总记账凭证核算形式一般适用于经营规模较大，经济业务较多的大型企业和其他单位。(　　)

(8) 采用科目汇总表核算形式，总分类账、明细分类账和日记账都应根据科目汇总表登记。(　　)

(9) 各种会计核算形式之间的区别主要在于编制会计报表的依据和方法不同。(　　)

(10) 多栏式日记账核算形式登记总账，是根据多栏式日记账按平等登记的要求进行的。(　　)

2. 选择题

(1) 各种会计核算形式的主要区别在于（　　）

A. 填制会计凭证的依据和方法不同

B. 编制会计报表的依据和方法不同

C. 登记明细账的依据和方法不同

D. 登记总账的依据和方法不同

(2) 各种核算形式的相同之处在于（　　）

A. 根据原始凭证编制汇总原始凭证

B. 根据原始凭证及记账凭证登记明细分类账

C. 根据收、付款凭证登记现金日记账

D. 根据总账和明细账编制会计报表

(3) 汇总记账凭证核算形式下，总分类账账页格式一般采用（　　）

A. 三栏式　　B. 多栏式

C. 数量金额式　　D. 设有“对应科目”栏的三栏式

(4) 以记账凭证为依据，按有关科目的贷方设置，按借方科目归类的有（　　）

A. 汇总收款凭证　　B. 汇总付款凭证

C. 汇总转账凭证　　D. 科目汇总表

(5) 科目汇总表的作用有（　　）

A. 减少总分类账的记账工作量　　B. 起到试算平衡的作用

C. 反映账户间的对应关系

D. 反映各账户本期借方发生额、贷方发生额

(6) 日记总账的登记依据是（　　）

A. 记账凭证　　B. 原始凭证

C. 多栏式现金日记账　　D. 多栏式银行存款日记账

(7) 多栏式银行存款支出日记账中，借方科目栏的现金专栏合计数，应该（　　）

A. 过入现金支出日记账　　B. 不过账

C. 过入现金收入日记账　　D. 过入现金总分类账户

(8) 会计循环的内容包括（　　）

A. 账簿组织　　B. 报表体系

C. 记账程序和方法　　D. 编制报表的方法

(9) 汇总转账凭证通常是按（　　）

A. 每一借方科目分别设置　　B. 每一贷方科目分别设置

C. 现金科目为主汇总　　D. 银行存款科目为主汇总

(10) 日记总账核算形式的主要特点是（　　）

A. 设置多栏式特种日记账

B. 记账凭证需汇总

C. 设置日记账和总分类账相结合的联合账簿——日记总账

D. 编制科目汇总表

3. 业务题

习题一

［目的］练习记账凭证核算形式。

［资料］新世纪公司 2016 年 9 月份有关资料如下表 8－90。

（1）2016 年 9 月期初全部账户余额。

表 8－90　期初账户余额

单位：元

库存现金	10 600	短期借款	50 000
银行存款	267 000	应付账款	18 000
应收账款	50 000	应付福利费	10 000
其他应收款	1 500	应交所得税	15 000
原材料	28 000	应付利润	10 000
生产成本	28 000	其他应付款	1 500
库存商品	88 000	长期借款	200 000
待摊费用	500	实收资本	380 000
固定资产	400 000	盈余公积	51 000
累计折旧	－96 000	未分配利润	42 100

其中：

①“原材料”账户的余额包括：甲材料　300 千克　12 000 元
　　　　　　　　　　　　　乙材料　400 千克　16 000 元

②“生产成本”账户的余额为：

A 在产品 400 件的余额，其中：直接材料　16 000 元
　　　　　　　　　　　　　直接人工　8 000 元
　　　　　　　　　　　　　制造费用　4 000 元

③“库存商品”账户的余额：A 产品　200 件　28 000 元
　　　　　　　　　　　　B 产品　400 件　60 000 元

④“应收账款”账户：蓝天公司　20 000 元
　　　　　　　　　同济公司　30 000 元

⑤“其他应收款”账户　王新　1 500 元

⑥“应付账款”账户　大成公司　15 000 元
　　　　　　　　　求实公司　3 000 元

（2）6 月份发生下列经济业务。

1 日，向大全公司购入甲材料 200 千克，材料已验收入库；价款 12 000 元，增值税额 2 040 元，均尚未支付。开出银行支票付讫运杂费 300 元。

3 日，开出银行支票，支付上月应交主营业务税金及附加 7 600 元，应交所得税15 000 元，应付利润 10 000 元。

4 日，收到蓝天公司上月账款 18 000 元，同济公司上月账款 30 000 元，存入银行。开出银行支票 15 000 元，偿付大成公司上月账款。

5 日，发出乙材料 300 千克，用于 B 产品生产。

5 日，以现金 500 元，支付零星的管理费用。

6 日，售出 A 产品 100 件给蓝天公司，价款 30 000 元，增值税额 5 100 元，价税款均未收到。

7 日，售给同济公司 B 产品 100 件，价款 20 000 元，增值税额 3 400 元，价税款均未收到。

7 日，发出甲材料 100 千克，制造 A 产品。

7 日，开出银行转账支票支付销售运杂费 1 000 元。

8 日，购乙材料 100 千克，已验收入库，收料后开出银行转账支票 5 850 元予以结算，其中材料价款 5 000 元，增值税额 850 元。

9 日，发出甲材料 200 千克，其中制造 A 产品用料 100 千克，车间一般耗用 100 千克。

10 日，向大成公司购入乙材料 200 千克，已验收入库，价款 10 000 元，增值税额 1 700元，价税款尚未支付；开出银行转账支票付讫运杂费 1 000 元。

11 日，开出银行转账支票支付求实公司前欠账款 2 970 元。

12 日，向求实公司购入甲材料 300 千克，价款 15 000 元，增值税额 2 550 元，货款尚未支付，材料已验收入库。运杂费 1 200 元以银行转账支票支付。

13 日，完工 A 产品 200 件，验收入库。

14 日，售出同济公司 A 产品 100 件，价款 20 000 元，增值税额 3 400 元，存入银行。

14 日，开出银行现金支票 500 元，提取现金。

15 日，向大成公司购入乙材料 300 千克，价款 10 000 元，增值税额 1 700 元，价税款尚未支付，材料已验收入库。开出银行转账支票支付运杂费 1 300 元。

16 日，收到同济公司账款 23 400 元，存入银行。

16 日，开出银行转账支票 13 000 元，偿付大成公司材料货款和增值税款。

16 日，收到蓝天公司货款和增值税款共计 20 000 元，存入银行。

17 日，售出 B 产品 150 件，价款 30 000 元，增值税额 5 100 元，款项均收妥存入银行。以银行存款支付运杂费 1 200 元。

18 日，发出甲材料 200 千克，其中用于生产 A 产品 200 千克。发出乙材料 300 千克，用于生产 B 产品。

20 日，行政管理人员王新报销差旅费 100 元，余款交回现金。

21 日，开出银行转账支票，支付大成公司货款 9 900 元，支付车间机器零星修理费 500 元。

22 日，完工 A 产品 150 件，验收入库。

24 日，开出银行现金支票支付职工报销医药费 1 560 元。

28 日，售给蓝天公司 A 产品 100 件，价款 23 000 元，增值税额 3 910 元，价税款尚未收到。以银行存款支付运杂费 1 050 元。

28 日，签发银行现金支票提现，付讫本月工资 19 400 元。

30 日，完工 A 产品 50 件，验收入库。

30 日，经计算本月份生产工人工资 13 600 元（按产品生产工时在两种产品间进行分配：A 产品 1 600 工时，B 产品 1 800 工时），车间管理人员工资 1 200 元，公司行政管理人员工资 4 600 元。

30 日，按工资总额 14%计提职工福利费。

30 日，本月份车间照明耗电 500 元，管理部门耗电 200 元，款项尚未支付。

30 日，本月份应计水费 400 元，其中车间耗用 300 元。

30 日，本月份固定资产折旧费 3 000 元，其中生产车间负担 70%。

30 日，摊销本月应负担的财产保险费 100 元（年初预付一年期的保险费，每月平均分摊）。

30 日，预提本月份应负担的短期借款利息 700 元。

30 日，结转本月份制造费用，并按产品生产工时在 A、B 两种产品间进行分配。

30 日，A 产品 800 件已全部完工，B 产品 600 件已全部完工，验收入库，结转其制造成本。

30 日，结转已售出 A、B 产品的成本。

30 日，按产品销售收入的 5%计算本月应交的主营业务税金及附加。

30 日，结转本月主营业务收入和有关的主营业务成本、费用和税金及附加等，计算确定本月实现的主营业务利润。

30 日，结转本月发生的期间费用。

30 日，按 25%的所得税税率计算应交所得税。

30 日，按税后利润的 10%计提法定盈余公积。

30 日，按税后利润的 5%计提法定公益金。

30 日，按税后利润的 35%计算应付投资者的利润。

[要求]

(1) 开设三栏式现金日记账和银行存款日记账，开设有关总分类账和原材料、生产成本、库存商品明细分类账，登记各有关账户的期初余额。

(2) 填制收款凭证、付款凭证和转账凭证，并据以登记各有关账户。

(3) 月终，结转并计算各账户的本期发生额与期末余额。

(4) 进行试算平衡，编制本月资产负债表、利润表、利润分配表。

习题二

[目的] 练习汇总记账凭证核算形式。

[资料] 习题一的有关经济业务资料。

[要求]

(1) 开设各有关总分类账，并登记期初余额。

(2) 按旬填制汇总收款凭证、汇总付款凭证和汇总转账凭证。

(3) 月终根据汇总凭证登记各有关总分类账。

(4) 结转并计算各分类账户的本期发生额与期末余额，并与习题一的结果核对是否相符。

习题三

［目的］练习科目汇总表核算形式。

［资料］习题一的有关经济业务资料。

［要求］

（1）根据已填制的记账凭证，按旬汇总各科目本期借、贷方发生额，编制三份科目汇总表。

（2）根据科目汇总表登记各有关总分类账。

（3）月终，结转并计算各有关总分类账户的本期发生额与期末余额，并与习题一的结果核对是否相符。

第九章　财务报表

【知识目标】

理解财务会计报告的意义、财务会计报告的种类、资产负债表的局限性、利润表的组成要素、利润表的格式、利润所包括的内容、现金流量表的结构和内容。

【能力目标】

能分析财务会计报告的作用、资产负债表作用、利润表的作用、现金流量表的作用。掌握财务会计报告的编制要求、资产负债表填写方法、利润的计算方法、现金流量表的编制方法。

第一节　财务会计报告概述

一、财务会计报告的意义

财务会计报告是指企业对外提供的反映企业某一特定日期财务状况和某一会计期间经营成果和现金流量的文件。

企业在生产经营活动中，发生了大量的经济业务。会计部门根据反映经济业务的原始凭证，编制记账凭证，并分门别类地将其记入会计账簿中去。然而，通过核算，在会计账簿中归集的信息仍然是分散的，不便于理解和利用，难以符合国家宏观经济管理的需要；更难以满足投资者、债权人等会计信息使用者了解该企业财务状况、经营成果和现金流量的需要；也难以满足企业内部加强经营管理的需要。因此，必须在日常会计核算的基础上，根据会计信息使用者的需要，定期地对会计账簿核算资料进行归类、分析和整理后，编制成各种财务会计报告，形成报表体系，从而为报告的使用者提供他们所需要了解掌握的会计信息。

二、财务会计报告的作用

财务会计报告的作用主要表现在以下五个方面。

（一）为企业领导层和职能部门规划未来和进行决策提供重要的信息

企业领导层和各职能部门通过财务会计报告可以了解企业的财务状况、生产经营状况和现金流量状况，有利于企业进行分析对比、总结经验，找出差距及改进的措施，以改善企业的经营管理，为企业正确地规划未来，进行各种决策提供了重要信息。

（二）为企业职工参与企业经营管理提供依据

企业的职工和职工代表大会关心企业的生产经营状况和盈利能力。广大职工身居生产经营第一线，了解企业生产经营中存在的具体问题。财务会计报告可以提供他们所需要的会计信息，使他们能积极地提出合理化的建议，更好地参与企业的经营活动，以拓展企业生存和发展的空间。

（三）为投资者、债权人进行决策提供必要的信息

企业的投资者关心投资报酬和投资风险，债权人关心企业的盈利能力和偿债能力，他们通过财务会计报告可以分析企业的财务状况、生产经营状况和现金流量状况，从而判断企业的盈利能力和偿债能力。所以，财务会计报告有助于投资者或潜在的投资者进行投资决策，有助于债权人进行信贷决策和赊销决策。

（四）为财政、税务和审计部门对企业实施管理、监督和检查提供依据

财政、税务和审计部门通过财务会计报告可以检查企业是否严格遵守国家规定的财务制度和财经纪律，检查企业资金的使用情况、成本的计算情况、利润形成和分配的情况，以及税金的计提和解缴的情况等，以便各部门对企业实施管理、监督和检查。

（五）为国家经济管理部门进行国民经济宏观调控提供依据

国家经济管理部门利用财务会计报告可以了解和掌握企业经营活动的过程和结果，进而了解和掌握各部门、各地区的经济发展情况。其可通过制定有关法律和法规，调节、规范和引导企业的经营行为，从而进行宏观调控，以保证国民经济的正常运行。

三、财务会计报告的种类

为了全面掌握财务报告体系的内在规律性，理解财务会计报告的结构和内容，充分发挥财务会计报告的作用，我们需要对财务会计报告进行分类。财务会计报告可以按不同的标志进行分类。

（一）财务会计报告按照反映的经济内容分类

财务会计报告按其反映的经济内容不同，主要可分为资产负债表、利润表和现金流量表三种。资产负债表是指反映企业在某一特定日期财务状况的报表。利润表是指反映企业一定会计期间经营成果的报表。现金流量表是指反映企业一定会计期间现金及现金等价物流入和流出情况的报表。

（二）财务会计报告按照反映的资金运动形态分类

财务会计报告按照反映的资金运动形态的不同，可分为静态财务会计报告、动态财务会计报告两种。静态财务会计报告是指反映企业在一定时点经济指标处于相对静止状态的报表，如资产负债表。动态财务会计报告是指反映企业在一定时期内完成的经济指标的报表，如利润表、利润分配表和现金流量表等。

（三）财务会计报告按照编制的时期分类

财务会计报告按照编制的时期不同，可分为月度财务会计报告、季度财务会计报告、半年度财务会计报告和年度财务会计报告。月度财务会计报告是指按月度编制的计算报告，有资产负债表和利润表。季度财务会计报告是指按季度编制的计算报告，有资产负债表和利润表。半年度财务会计报告是指按半年度编制的计算报告，有资产负债表、利润表和现金流量表等。年度财务会计报告是指按年度编制的决算报告，有资产负债表、利润

表、利润分配表和现金流量表等。

（四）财务会计报告按照编制的单位分类

财务会计报告按照编制的单位不同，可分为单位财务会计报告和汇总财务会计报告。单位财务会计报告是指独立核算的单位根据其账簿记录和有关资料编制的财务会计报告。汇总财务会计报告是指企业主管部门或上级机关根据所属单位上报的报告，结合其自身的单位财务会计报告汇总编制的综合性的报告。

（五）财务会计报告按照母、子公司之间的关系分类

财务会计报告按照母、子公司之间的关系不同，可分为个别财务会计报告和合并财务会计报告。个别财务会计报告是指由公司或子公司编制的，仅反映母公司或子公司自身财务状况、经营成果和现金流量的报告。合并财务会计报告是指由母公司编制的，将母、子公司形成的企业集团作为一个会计主体，综合反映企业集团整体财务状况、经营成果和现金流量的报告。

四、财务会计报告的编制要求

为了充分发挥财务会计报告的作用，保证财务会计报告的质量，企业编制财务会计报告时，应遵循以下四个要求。

（一）数字真实

财务会计报告是一个信息系统，填列的各项数字必须真实可靠，以反映企业的实际生产经营状况和经营业绩。不得匡计数字，更不得弄虚作假、隐瞒谎报、篡改数字。

（二）计算准确

财务会计报告必须在账证相符、账账相符和账实相符的基础上编制，并要对报告中的各项指标认真地计算，注意报告有关项目之间存在着一定的数量钩稽关系，做到账表相符，以保证会计信息的准确性。

（三）内容完整

财务会计报告必须按照财政部统一规定的报表种类、格式和内容进行编制，不应漏编、漏报报表，也不应漏填、漏列报表项目。对于报告中需要加以说明的项目，应在报告附注中用文字简要说明，以便于报告使用者理解和利用。

（四）报送及时

财务会计报告必须在规定的期限内及时报送，使投资者、财政、税务和上级主管部门及时了解企业的财务状况、经营成果和现金流量，以保证会计信息的使用者进行决策的时效性。

第二节 资产负债表

要想了解一个企业的财务状况，为评估企业的经营状况提供依据，为管理人员决策提供必要的信息，资产负债表是一张不可缺少的报表。资产负债表是反映企业在某一特定日期财务状况的报表。由于它主要是在某一特定日期揭示企业的资产、负债、所有者权益，以及它们之间相互关系的状态，因而又称财务状况表，是反映企业财务状况的静态会计报

表。资产负债表是由企业的资源即资产、企业的债务即负债，以及所有者对企业的所有权即所有者权益三个部分构成的，因而资产、负债及所有者权益通常被称为资产负债表的三个要素。

企业资金的来源有两个渠道：债权人和所有者。在会计上，属于企业债权人的权益称为负债；属于企业所有者的权益称为所有者权益，在股份制企业中，称为股东权益。在任何特定日期，企业的资产必须等于债权人和所有者出资之和，通常用会计等式表示如下：

资产＝负债＋所有者权益

上述公式反映了以企业为主体的观点，通称为主体论。这种观点认为企业主体独立于所有者个人事务而存在。企业的所有者与具体的经营管理者可以分开，企业的所有者可以不直接进行经营管理，而将经营管理企业的权力交由他人执行。

一、资产负债表的格式

为了充分揭示企业的财务状况，必须以简明易懂的格式按照一定的顺序列示企业的资产、负债、所有者权益的情况，在实务中常用的格式有三种。

（一）账户式

账户式即按总分类账的账户格式在表中一项一项地从上向下排列，将资产项目列在表的左方，负债及所有者权益项目列在表的右方，如表 9－1 所示。这种格式便于报表使用者了解企业所控制的资源。

资产负债表一般有表首、正表两部分。其中，表首概括地说明报表名称、编制单位、编制日期、报表编号、货币名称、计量单位等。正表是资产负债表的主体，列示了用以说明企业财务状况的各个项目。资产负债表正表的格式一般有两种：报告式资产负债表和账户式资产负债表。报告式资产负债表是上下结构，上半部列示资产，下半部列示负债和所有者权益。具体排列形式又有两种：一是按“资产＝负债＋所有者权益”的原理排列；二是按“资产－负债＝所有者权益”的原理排列。账户式资产负债表是左右结构，左边列示资产，右边列示负债和所有者权益。不管采取什么格式，资产各项目的合计等于负债和所有者权益各项目的合计这一等式不变。在我国，资产负债表采用账户式。每个项目又分为“年初数”和“期末数”两栏分别填列。

表 9－1 账户式资产负债表

资　产	期末余额	年初余额	负债和股东权益	期末余额	年初余额
流动资产：			流动负债：		
货币资金			短期借款		
交易性金融资产			交易性金融负债		
应收票据			应付票据		
应收账款			应付账款		
预付款项			预收款项		
应收利息			应付职工薪酬		

（续表）

资　产	期末余额	年初余额	负债和股东权益	期末余额	年初余额
应收股利			应交税费		
其他应收款			应付利息		
存　货			应付股利		
一年内到期的非流动资产			其他应付款		
其他流动资产			一年内到期的非流动动负债		
流动资产合计			其他流动负债		
非流动资产：			流动负债合计		
可供出售金融资产			非流动负债：		
持有至到期投资			长期借款		
长期应收款			应付债券		
长期股权投资			长期应付款		
投资性房地产			专项应付款		
固定资产			预计负债		
在建工程			递延所得税负债		
工程物资			其他非流动负债		
固定资产清理			非流动负债合计		
生产性生物资产			负债合计		
油气资产			股东权益：		
无形资产			实收资本（或股本）		
开发支出			资本公积		
商　誉			减：库存股		
长期待摊费用			盈余公积		
递延所得税资产			未分配利润		
其他非流动资产			股东权益合计		
非流动资产合计					
资产总计			负债和股东权益总计		

（二）报告式

报告式即将资产、负债及所有者权益项目接垂直的顺序排列，即在资产负债表上方列示资产项目，负债及所有者权益项目列示在表的下方。报表为上下结构。这种格式又分两种方式，其中一种方式是根据“资产＝负债＋所有者权益”的等式编制的，如表 9－2 所示。

表9－2 报告式资产负债表

资　产	期末余额	年初余额
流动资产：		
货币资金		
交易性金融资产		
应收票据		
应收账款		
预付款项		
应收利息		
应收股利		
其他应收款		
存　货		
一年内到期的非流动资产		
其他流动资产		
流动资产合计		
非流动资产：		
可供出售金融资产		
持有至到期投资		
长期应收款		
长期股权投资		
投资性房地产		
固定资产		
在建工程		
工程物资		
固定资产清理		
生产性生物资产		
油气资产		
无形资产		
开发支出		
商　誉		
长期待摊费用		
递延所得税资产		
其他非流动资产		
非流动资产合计		
资产总计		

（续表）

负 债	期末余额	年初余额
流动负债：		
短期借款		
交品性金融负债		
应付票据		
应付账款		
预收款项		
应付职工薪酬		
应交税费		
应付利息		
应付股利		
其他应付款		
一年内到期的非流动动负债		
其他流动负债		
流动负债合计		
非流动负债：		
长期借款		
应付债券		
长期应付款		
专项应付款		
预计负债		
递延所得税负债		
其他非流动负债		
非流动负债合计		
负债合计		
股东权益：		
实收资本（或股本）		
资本公积		
减：库存股		
盈余公积		
未分配利润		
股东权益合计		
股东权益总计		

报告式资产负债表在西方的独资和合伙企业中较普遍，我国的会计制度并未规定此种格式。

（三）财务状况式

有些企业为了强调营运资金，即流动资产减去流动负债的差额，在资产负债表中特别列出营运资金这一项目，以突出反映企业的短期偿债能力。这种格式的资产负债表（表9－3）是根据“流动资产－流动负债＝营运资金”，以及“营运资金＋非流动资产－非流动负债＝所有者权益”的等式来编制的。

表9－3 财务状况式资产负债表

项　目	期末余额	年初余额
流动资产：		
货币资金		
交易性金融资产		
应收票据		
应收账款		
预付款项		
应收利息		
应收股利		
其他应收款		
存　货		
一年内到期的非流动资产		
其他流动资产		
流动资产合计		
流动负债：		
短期借款		
交品性金融负债		
应付票据		
应付账款		
预收款项		
应付职工薪酬		
应交税费		
应付利息		
应付股利		
其他应付款		
一年内到期的非流动动负债		
其他流动负债		
流动负债合计		
非流动资产：		

（续表）

项　目	期末余额	年初余额
可供出售金融资产		
持有至到期投资		
长期应收款		
长期股权投资		
投资性房地产		
固定资产		
在建工程		
工程物资		
固定资产清理		
生产性生物资产		
油气资产		
无形资产		
开发支出		
商　誉		
长期待摊费用		
递延所得税资产		
其他非流动资产		
非流动资产合计		
非流动负债：		
长期借款		
应付债券		
长期应付款		
专项应付款		
预计负债		
递延所得税负债		
其他非流动负债		
非流动负债合计		
股东权益：		
实收资本（或股本）		
资本公积		
减：库存股		
盈余公积		
未分配利润		
股东权益合计		

二、资产负债表作用

会计报表的主要目的在于帮助投资者及债权人从事投资及信贷决策。任何与企业利益相关的单位和个人都想了解企业的财务状况。企业的债权人在提供赊销业务时想了解企业是否有偿付能力；企业的所有者则注重企业现在和未来的现金流量、盈利能力、股利分配以及这些因素如何影响股票的价格；企业债券的持有者则要相信企业具有创造现金流量的能力，而企业的现金流量又取决于企业所拥有资源的大小及其动用情况，以及对资源的权益。资产负债表列示的项目，即资产、负债及所有者权益，正是提供这方面的信息的表格。具体来讲，资产负债表的作用如下。

（一）帮助评估企业的流动性及财务实力

所谓流动性，又称变现能力，是指资产转换成现金或负债到期清偿所需的时间，即指企业的资产及负债接近现金的程度，资产转换成现金越快，其流动性越大，例如短期投资、应收账款、应收票据、存货、待摊费用等。负债到期日越短，其流动性也越大，如短期借款、应付票据、应付账款等。企业能否有足够的资产及时地转换成现金，以清偿短期内到期的负债，是短期债权人最为关心的问题。长期债权人也需要估计企业的变现能力，如果企业的短期变现能力不佳，破产的可能性就大，长期债权人及股票投资者的利益也难以得到保障，股利的发放也取决于企业的现金流量。一般来讲，变现能力越大，说明企业的偿债能力强，企业的财务风险就越小；反之，变现能力越小，说明企业的偿债能力弱，企业的财务风险越大。

资产负债表中的流动资产与流动负债能提供短期变现能力的信息。常用的分析指标有流动比率、营运资金及各种流动资产的周转率等。

所谓财务实力，是指企业运用其财务资源以适应环境变化的能力。例如，因有新的投资机会，突然需要增加大量的现金投入，或者企业的经营环境不佳，现金收入突然大量减少，而企业必须采取有效措施来改变现金流量的金额和时间分布，使企业保持良好的财务实力，以掌握有利的投资机会，或者帮助企业渡过不景气的难关。如果企业负债过度以致未能迅速、及时地筹集足够的资金来充分利用有利的投资机会或偿还到期债务，则说明它缺乏财务实力。

一般来讲，企业的财务实力是由资本结构所决定的。变现能力和财务实力构成企业的财务状况，资产负债表所显示的资产、负债及所有者权益，有助于评估企业的财务状况。

（二）显示企业的资本结构

企业的资本来自债权人及所有者。债权人对企业的资产有优先偿还的权利，所有者享有剩余权益。因此，负债与所有者权益的比率，反映了企业债权人的资本受到所有者权益保障的程度。一般来讲，负债所占比例越大，债权人所冒的风险越高。债权人和投资者通过资产负债表可以分析这方面的信息。

（三）帮助评估企业的经营业绩

企业经营业绩的好坏，影响到对债权人还本付息及对所有者分配利润的能力，因而为债权人及投资者所关心。常用来作为评价企业经营业绩的指标是投资报酬率，资产负债表为衡量企业经营业绩提供了数据资料。同时，通过比较前后期的资产负债表，人们还可以预测企业财务状况的发展趋势。

三、资产负债表的编制方法

财务报表的编制，基本都是通过对日常会计核算记录的数据加以归集、整理来实现的。为了提供比较信息，资产负债表的各项目均需填列“年初余额”和“期末余额”两栏数字。其中，“年初余额”栏内各项目的数字，可根据上年末资产负债表“期末余额”栏相应项目的数字填列。如果本年度资产负债表规定的各个项目的名称和内容与上年度不相一致，应当对上年年末资产负债表各个项目的名称和数字按照本年度的规定进行调整。“期末余额”栏各项目的填列方法如下：

（一）根据明细账户期末余额分析计算填列

资产负债表中一部分项目的“期末余额”需要根据有关明细账户的期末余额分析计算填列。

（1）“应收账款”项目，应根据“应收账款”账户和“预收账款”账户所属明细账户的期末借方余额合计数，减去“坏账准备”账户中有关应收账款计提的坏账准备期末余额后的金额填列。

（2）“预付款项”项目，应根据“预付账款”账户和“应付账款”账户所属明细账户的期末借方余额合计数，减去“坏账准备”账户中有关预付款项计提的坏账准备期末余额后的金额填列。

（3）“应付账款”项目，应根据“应付账款”账户和“预付账款”账户所属明细账户的期末贷方余额合计数填列。

（4）“预收款项”项目，应根据“预收账款”账户和“应收账款”账户所属明细账户的期末贷方余额合计数填列。

（5）“应收票据”“应收股利”“应收利息”“其他应收款”项目应根据各相应账户的期末余额，减去“坏账准备”账户中相应各项目计提的坏账准备期末余额后的金额填列。

（二）根据总账账户期末余额计算填列

资产负债表中一部分项目的“期末余额”需要根据有关总账账户的期末余额计算填列。

（1）“货币资金”项目，应根据“库存现金”“银行存款”和“其他货币资金”等账户的期末余额合计填列。

（2）“未分配利润”项目，应根据“本年利润”账户和“利润分配”账户的期末余额计算填列，如为未弥补亏损，则在本项目内以“—”号填列。年末结账后，“本年利润”账户已无余额，“未分配利润”项目应根据“利润分配”账户的年末余额直接填列，贷方余额以正数填列，如为借方余额，应以“—”号填列。

（3）“存货”项目，应根据“在途物质（或在途物资）”“原材料”“周转材料”“库存商品”“委托加工物资”“生产成本”等账户的期末余额之和，减去“存货跌价准备”账户期末余额后的金额填列。

（4）“固定资产”项目，应根据“固定资产”账户的期末余额减去“累计折旧”“固定资产减值准备”账户期末余额后的净额填列。

（5）“无形资产”项目，应根据“无形资产”账户的期末余额减去“累计摊销”“无形资产减值准备”账户期末余额后的净额填列。

(6)“在建工程”“长期股权投资”和“持有至到期投资”项目，均应根据其相应总账账户的期末余额减去其相应减值准备后的净额填列。

(7)“长期待摊费用”项目，根据“长期待摊费用”账户期末余额扣除其中将于一年内摊销的数额后的金额填列，将于一年内摊销的数额填列在“一年内到期的非流动资产”项目内。

(8)“长期借款”和“应付债券”项目，应根据“长期借款”和“应付债券”账户的期末余额，扣除其中在资产负债表日起一年内到期且企业不能自主地将清偿义务展期的部分后的金额填列，在资产负债表日起一年内到期且企业不能自主地将清偿义务展期的部分在流动负债类下的“一年内到期的非流动负债”项目内反映。

(三) 根据总账账户期末余额直接填列

资产负债表中大部分项目的“期末余额”可以根据有关总账账户的期末余额直接填列，如“交易性金融资产”“应收票据”“固定资产清理”“工程物资”“递延所得税资产”“短期借款”“交易性金融负债”“应付票据”“应付职工薪酬”“应交税费”“递延所得税负债”“预计负债”“实收资本”“资本公积”“盈余公积”等项目。这些项目中，“应交税费”等负债项目，如果其相应账户出现借方余额，应以“—”号填列；“固定资产清理”等资产项目，如果其相应的账户出现贷方余额，也应以“—”号填列。

(四) 资产负债表附注的内容

资产负债表附注的内容，根据实际需要和有关备查账簿等的记录分析填列。如或有负债披露方面，按照备查账簿中记录的商业承兑汇票贴现情况，填列“已贴现的商业承兑汇票”项目。

四、资产负债表的局限性

资产负债表能够给报表使用者提供财务状况的信息，但因其计价方法及表达的内容受到会计惯例的影响，使其作用受到一些限制，在运用资产负债表进行分析时，不可盲目地、孤立地看待问题，而要结合其他的财务信息进行具体的、全面的分析。具体来讲，资产负债表的局限性体现在以下几个方面。

(一) 资产负债表大部分均非代表现值

资产负债表所列的金额，大部分均非现值。在会计实务工作中，大多数的资产都是按实际成本计价的，列示在资产负债表上的资产价值与其当前的市价并非一致。例如，在资产负债表上列示固定资产是以其原价减累计折旧计价的，固定资产账面净值可能与市价相差甚远。

(二) 资产计价方法不统一使数据缺乏可比性

不同企业可能采用不同的存货计价方法，同一企业的不同产品也可能采用不同的存货计价方法，如加权平均法、移动加权平均法、先进先出法、后进先出法、个别计价法等，这使资产负债表列示的数据缺乏可比性。例如，某企业先后购进三件甲种材料，在同一年度内，这三件甲种材料的购价分别为 10 元、11 元、12 元。如果三件甲种材料都放在一起，分不清哪件购价为 10 元，哪件购价为 11 元，哪件购价为 12 元。在期末，库存一件甲种材料，按不同的存货计价方法，使这一件材料的实际成本可能为：按先进先出法计价为 12 元，按后进先出法计价为 10 元，按加权平均单价计算为 11 元。

（三）未能在资产负债表上反映出部分有价值的经济资源

资产负债表中反映出的经济资源均以货币为计量单位，不能以货币计量但确有价值的经济资源均未反映在资产负债表上。例如，管理人员的素质和才干、优越的市场地位、良好的公共关系、团结协作的职工等。这些信息有助于评估企业的获利能力，由于它们难以数量化，未能在资产负债表上反映出来。

第三节　利润表

对于企业的获利能力，报表的使用者尤为重视。什么才算企业的利润，利润应怎样计量以及如何表达，是会计人员所关心的主要问题。本节主要就这些问题加以讨论。

利润表产生于企业独立核算经营盈亏的需要，由于它反映了企业在一定时期内的亏损和收益，故而称为利润表。在西方，由于企业经营从主观上总是希望有盈利，而不是亏损，因而大多称其为“收益表”“利润表”或“盈利表”。利润表是反映企业在一定期间的经营成果及其分配情况的报表，属于一张动态报表。

一、利润表的作用

企业之所以编制利润表，其目的在于向报表使用者提供决策有用的信息。随着人们对于企业盈利的重视，利润表已成为主要的会计报表之一，其地位甚至超过资产负债表，主要是基于以下考虑。

(1) 作为考核管理人员经营业绩的工具，企业的所有者需要了解管理人员的经营业绩，以便在企业经营不善时早日撤换经理人员，或者在经营良好时给予奖励。投资者在决定某公司的股票应以何种价格买进时，也需了解该公司的经营业绩及效率，其依据在于利润的高低。一般来说，利润较高的企业才有可能发放较多的股利。

(2) 有助于分析企业的获利能力。债权人认识到只有较高利润的企业才具有较好的偿债能力。

(3) 有助于预测未来利润及现金流量。投资者及债权人之所以对某一公司感兴趣，并不是因为其过去的经营业绩，而在于其未来所能发放的股利及支付的利息。只有当过去的经营业绩有助于投资者预测未来的经营成果时，对投资者才有用。投资者关心的，是他能从投资中收到多少股利及资本增值。从长远的观点来看，股利与公司的利润具有一定的关系，因为没有利润就无法分配股利。投资者如能对某公司的利润加以预测，即可对其股利收入加以预测，从而判断股票价格。

(4) 有助于税务部门征收所得税。税务部门根据注册会计师签证的利润表计算核征所得税。

(5) 有助于管理人员未来的决策。管理人员通过预测未来的经营成果并做出决策，决策时将预测的经营成果与实际结果相比较，就可以发现问题，指导未来的决策。

二、利润的计算方法

利润计算的方法有两种，一为就两个不同日期的净资产加以比较，其差额即为该期间的利润（假定无股利分配和新投资），这种方法称为资本保全法；另一为就一定期间所发生的交易加以分析，以计算损益，这种方法称为交易法。

（一）资本保全法

所谓资本保全法，是指原有的资本必须保持完善，超过原投入资本的部分才是利润。因此，计算一定期间的利润，只要计算期初的净资产和期末的净资产，两者的差额即为该期的利润，用等式表达如下。

利润（或亏损）＝期末净资产－期初净资产

这种方法实质上是根据资产负债来决定利润。这种计算方法由于仅仅比较两个日期的净资产，不能说明这些净资产如何变动，是因为运气颇佳不劳而获，还是经过努力勤奋劳动而增加盈利。这种方法也没有说明利润增加的来源，包括收入及费用的详细资料。

此外，资本保全法的计算，是通过净资产的变动来计算利润的，这就不能排除资产、负债项目按不同的方式计价，可能会导致计算出不同的利润，因而会计人员很少采用这种方法，而更倾向于采用交易法计算期间利润。

（二）交易法

所谓交易法，是指以一定期间所发生交易（经济业务）或其他事项所产生的收入与费用（包括营业外收入及营业外支出）之间的差额作为当期的利润，用公式表达如下：

利润＝收入－费用

这种方法实质上是根据收入费用来决定利润。也就是说，必须有实际交易（经济业务）发生，才能确认利润。在会计上，根据交易法计算的利润称为会计利润。这种方法由于能够详细说明利润的来源情况，有助于预测未来的损益，因而为会计界普遍采用。我国的利润总额就是根据这种方法来计算的，其公式如下。

利润＝营业利润＋投资净收益＋营业外收入－营业外支出

三、利润表的组成要素

利润表反映企业在一定期间的经营成果及其分配情况。该表分为两个部分：一部分反映企业的收入与费用，说明企业在一定期间的利润；另一部分反映企业财务成果的分配过程和结果，并与资产负债表上“未分配利润”项目相联系。当企业利润表上的项目较多时，分配部分可以不列入利润表，单独作为利润分配表，另行编制。

根据交易法，利润等于收入减去费用，这样利润是由收入、费用所组成的，收入、费用和利润就是组成利润表的三个要素。我国《企业会计准则》就是根据这三个要素来叙述的。

所谓收入，是指企业在销售商品或者提供劳务等经营业务中实现的营业收入，包括基本业务收入和其他业务收入。营业收入是因经营业务活动而产生的，例如工业企业出售产品就是其产品销售收入。销售原材料、包装物所得收入就是其他销售收入。

所谓费用，是指企业在生产经营过程中发生的各种耗费，例如工业企业中，产品销售费用、管理费用、财务费用、其他销售成本、产品销售成本等均是一种耗费。

所谓利润，是指企业在一定期间的经营成果，是收入超过各项费用的差额。具体来讲，利润包括营业利润、投资净收益和营业外收支净额三个部分。各个部分均是由收入减去耗费所组成的，可列式如下：

营业利润＝营业收入－（营业成本＋期间费用＋各种流转税及附加）

投资净收益＝投资收入－投资损失

营业外收支净额＝营业外收入－营业外支出

四、利润表的格式

利润表的格式主要有两种：即单步式和多步式利润表。

（一）单步式利润表

单步式利润表是将本期发生的所有收入集中在一起列示，将所有的成本、费用支出类也集中在一起列示，然后将收入类合计减去成本费用类合计，计算出本期净利润（或亏损）。

采用单步式利润表，利润表分为收入、费用、净利润三部分。收入包括主营业务收入、其他业务收入、营业外收入；费用包括主营业务成本、其他业务成本、营业税金及附加、销售费用，管理费用等；净利润是两者计算的结果。单步式利润表对于营业收入和一切费用支出一视同仁，不分先后，不像多步式利润表中必须区分费用和支出与收入配比的先后层次。由于单步式利润表所表示的都是未经加工的原始资料，所以其便于会计报表使用者理解。

单步式利润表的基本特点是：集中列示收入要素项目、费用要素项目，根据收入总额与费用总额直接计算列示利润总额。这种格式比较简单，便于编制，但是缺少利润构成情况的详细资料，不利于企业不同时期利润表与行业之间利润表的纵向和横向的比较、分析。其基本格式如下表所示。

表 9－4　单步式利润表

编制单位：　　　　　　　　　　年　月　　　　　　　　　　单位：元

项　目	行　次	本月数	本年累计数
一、收入			
主营业务收入			
其他业务收入			
投资收益			
营业外收入			
收入合计			
二、费用			
主营业务成本			
其他业务成本			
营业税金及附加			

（续表）

项　目	行　次	本月数	本年累计数
销售费用			
管理费用			
财务费用			
投资损失			
营业外支出			
所得税			
费用合计			
三、净利润			

（二）多步式利润表

多步式利润表是通过对当期的收入、费用、支出项目按性质加以归类，按利润形成的主要环节列示一些中间性利润指标，分步计算当期净损益。我国一般采用多步式利润表。利润计算步骤划分如下。

第一步：产品销售利润＝产品销售收入－产品销售成本－产品销售费用－产品销售税金及附加。

第二步：营业利润＝产品销售利润＋其他业务利润－管理费用－财务费用。

第三步：利润总额＝营业利润＋投资收益＋营业外收入－营业外支出。

多步式利润表基本上弥补了单步式利润表的局限性，从中可以分析企业的经济效益和盈利能力，在我国企业中普遍采用。但也有人认为对于收入、费用项目的详细分类，极难给予适当的规范性名称。

表9-5　多步式利润表

编制单位：　　　　＿＿＿＿年＿＿＿＿月　　　　单位：元

项　目	行次	本期金额	上期金额
一、主营业务收入	1		
减：主营业务成本	2		
主营业务税金及附加	3		
二、主营业务利润（亏损以“－”号填列）	4		
加：其他业务收入	5		
投资收益（损失以“－”号填列）	6		
减：其他业务成本	7		
销售费用	8		
财务费用	9		
管理费用	10		

（续表）

项　目	行次	本期金额	上期金额
三、营业利润（亏损以“—”号填列）	11		
加：营业外收支净额（亏损以“—”号填列）	12		
四、利润总额（亏损总额以“—”号填列）	13		
减：所得税费用	14		
五、净利润（净亏损以“—”号填列）	15		

五、利润所包括的内容

本期损益的计算，究竟应包括哪些内容？管理人员为了显示其经营成果，会不会虚报利润？企业为少交所得税，会不会少报利润呢？影响利润增减变化的因素相当多，一个总括的利润数额难以提供更多的有用信息，因为它不能描述利润的形成原因，交好运气或有效经营管理都会带来成功。如果详细描述利润变化的原因，是否将非常损益项目包括在利润表中，作为计算本期损益的一个部分？对此，会计界存在两种观点：当期营业观点、损益满计观点。

（一）当期营业观点

当期营业观点，是指本期损益仅仅包括当期由营业活动而产生的损益。在前期所发生的损益以及不是由营业所产生的损益（如非常损益）均不应列入利润表中。这种观点的主要理由如下。

（1）利润表应当反映企业经营管理的效率。如果在利润表中反映前期损益，则势必会使本期利润反映不出本期真正的盈利水平。而对于非常损益，例如地震遭受损失等意外损失，往往不是由管理人员所能控制的，并且这些意外损失的发生很不规则，如地震很可能是几十年才碰到这么一次。因而，作为评估管理人员本期经营成绩的利润，不能将前期损益调整和非常损失项目包括在内，这些项目不应列入利润表。

（2）利润表有利于富有意义的比较。如果利润仅是当期营业产生的，那么它与其他年度以及其他企业的比较更具有意义，在这里，经营管理上的相对效率反映得最为明显，而且会计人员也比其他任何人更能区分哪些是当期营业项目，哪些是非常损益项目及前期损益的调整项目。

（二）总括收益观点

总括收益观点，是指本期损益应包括所有在本期确认的损益，而不论其是否在本期发生。采用这种观点计算损益时，一切营业收入、费用，以及非常损益项目、前期损益调整等均应包括在利润表中。这种观点的主要理由如下：

（1）以损益满计观点编制利润表，既简便又易于理解，会计人员不必费神去区分营业损益和非营业损益。

（2）计算本期损益时，如果忽略某些项目，例如非常损益和前期损益调整，将会使管理人员易于任意操纵各年损益，如故意将正常营业损益列为非常损益等。

（3）营业损益和非营业损益项目难以区分。在同一企业，有些项目往往在今年被划分为营业损益，下一年度可能被划分为非营业损益。而同一项目在一个企业中被划为营业损益项目，在另一企业中则被划为非营业损益项目。在这种情况下，如果采用当期营业观点编制利润表，则使同一企业不同年度的利润表无法比较，而且不同企业之间的利润表也无法比较。

(4) 如果对各损益项目的性质加以充分揭示，会计报表使用者可能根据其个人的需要做出更为恰当的分类。而会计人员对于营业损益和非常损益的评判标准，难以适应各个会计报表使用者的特定需要。

在实务工作中，规定非常损益项目（如非常损失）应列入损益表中，作为计算本期损益的项目之一，但应与正常营业损益分开，单独予以列示。我国利润表中，非常损失是包括在营业外支出中的。前期损益调整则在利润分配中列示，不作为本期损益的计算项目。这种处理，实质上是偏向于损益满计观点，又顾及当期营业观点的一种折中处理方法。

第四节 现金流量表

一、现金流量表的意义和作用

现金流量表是指反映企业在一定会计期间现金和现金等价物流入和流出的报表。现金有狭义和广义之分，狭义的现金通常是指库存现金。这里所讨论的现金是广义的现金，是指企业的库存现金和银行存款。现金等价物是指企业持有的期限短、流动性强、易于转换为已知金额的现金、价值变动风险很小的投资。现金等价物通常为企业持有的期限等于或短于3个月的债券投资，在“短期投资”的账户内核算。现金流量是指企业一定期间现金和现金等价物的流入和流出的数量。

现金流量表为报表的使用者提供了企业在一定会计期间现金和现金等价物流入和流出的信息。对现金流量表的分析，有助于我们了解企业现金充裕或不足的主要原因，评价企业偿还债务及支付投资报酬的能力，了解企业本期净利润与经营活动中现金流量产生差异的原因，并能预测企业未来获取现金净流量的能力。

二、现金流量表的结构和内容

现金流量表的结构，主要分为正表和补充资料两个部分。现金流量表正表由以下四个部分组成。

（一）经营活动产生的现金流量

经营活动是指企业投资活动和筹资活动以外的所有交易和事项。经营活动的现金流量应当按照其经营活动的现金流入和流出的性质分项列示。

1. 经营活动产生的现金流入量

这部分内容由销售商品、提供劳务收到的现金和收到的其他与经营活动有关的现金两个项目组成。

(1)“销售商品、提供劳务收到的现金”项目，反映企业本期销售商品和提供劳务收到的现金、前期销售商品和提供劳务本期收到的现金，销售商品实际收到的增值税额，以及本期预收的账款。

(2)“收到的其他与经营活动有关的现金”项目，反映企业除上述各项目外，与经营活动有关的其他现金流入。它包括捐赠现金收入、罚款现金收入、流动资产损失中获得赔偿的现金收入等其他与经营活动有关的现金流入。

2. 经营活动产生的现金流出量

这部分内容由购买商品、接受劳务支付的现金和支付给职工以及为职工支付的现金、支付的各项税款、支付的其他与经营活动有关的现金四个项目组成。

(1)“购买商品、接受劳务支付的现金”项目，反映企业本期购进商品、接受劳务支付的现金、本期支付前期购进商品、接受劳务的未付款项和本期预付的款项，以及企业购进材料实际支付的进项税额。

(2)“支付给职工以及为职工支付的现金”项目，反映企业实际支付给职工以及为职工支付的现金。它包括本期实际支付给职工的工资、奖金、各种津贴等，以及为职工支付的养老保险、待业保险和住房公积金。

(3)“支付的各项税款”项目，反映企业实际支付的各种税额，如实际支付的增值税、城市维护建设税和所得税等。

(4)“支付的其他与经营活动有关的现金”项目，反映企业支付的除上述各项目外，与经营活动有关的其他现金流出。它包括捐赠现金支出、罚款支出，以及支付的差旅费、保险费、修理费等与经营活动有关的其他现金支出。

(二) 投资活动产生的现金流量

投资活动是指企业长期资产的购建和不包括在现金等价物范围内的投资及其处置活动。投资活动的现金流量应当按照其投资活动的现金流入和流出的性质分项列示。

1. 投资活动产生的现金流入量

这部分内容由收回投资所收到的现金、取得投资收益所收到的现金和处置固定资产、无形资产和其他长期资产而收回的现金净额三个项目组成。

(1)“收回投资所收到的现金”项目，反映企业出售、转让或到期收回除现金等价物以外的短期投资和长期投资所收到的现金。

(2)“取得投资收益所收到的现金”项目，反映企业因股票投资而收到的现金股利；因债券投资而收到的利息，以及从合资企业分回利润收到的现金。

(3)“处置固定资产、无形资产和其他长期资产所收回的现金净额”项目，反映企业处置固定资产、无形资产和其他长期资产收回的现金，扣除所发生的现金支出后的净额。

2. 投资活动产生的现金流出量

这部分内容由购建固定资产、无形资产和其他长期资产所支付的现金和投资所支付的现金两个项目组成。

(1)“购建固定资产、无形资产和其他长期资产所支付的现金”项目，反映企业购建固定资产、无形资产和其他长期资产支付的现金。

(2)“投资所支付的现金”项目，反映企业取得的除现金等价物以外的债券投资、股票投资和其他投资支付的现金。

(三) 筹资活动产生的现金流量

筹资活动是指导致企业资本、债务规模和构成发生变化的活动。筹资活动的现金流量应当按照其筹资活动的现金流入和流出的性质分项列示。

1. 筹资活动产生的现金流入量

这部分内容由吸收投资所收到的现金和借款所收到的现金两个项目组成。

(1) "吸收投资所收到的现金"项目，反映企业收到的投资者投入的现金和发行债券实际收到的现金。

(2) "借款所收到的现金"项目，反映企业向银行或其他金融机构借入的资金。

2. 筹资活动产生的现金流出量

这部分内容由偿还债务所支付的现金和分配股利、利润或偿付利息所支付的现金两个项目所组成。

(1) "偿还债务所支付的现金"项目，反映企业以现金偿还银行或其他金融机构等的借款本金及偿还债券本金。

(2) "分配股利、利润或偿付利息所支付的现金"项目，反映企业实际支付的现金股利，支付给其他投资单位的利润，以及支付的借款利息、债券利息等。

(四) 现金及现金等价物净增加额

现金及现金等价物净增加额是指企业现金及现金等价物的流入量与现金及现金等价物的流出量之间的差额。补充资料是指未能列入现金流量表正表的、而需要予以披露的内容。补充资料包括将净利润调节为经营活动的现金流量和现金及现金等价物净增加额的情况两个部分的内容。(现金流量表的格式及其具体内容如后文表 9 - 7 所示)

三、现金流量表的编制方法

现金流量表正表部分分为四个部分，最复杂的部分是经济活动产生的现金流量净额。因为经营活动产生的现金流量净额是根据收付实现制确认的净利润反映的，而会计准则要求会计核算按权责发生制确认净利润。因此，在编制现金流量表时，就需要将按权责发生制确认的净利润转换为按收付实现制确认的净利润。转换的方法有直接法和间接法两种。

直接法是指以利润表中各主要经营收支项目为基础，并以实际的现金收入和现金支出进行调整，结算出现金流入量、现金流出量和现金流量净额的方法。间接法是指以净利润为基础，以非现金费用和债权债务以及存货的变动额加以调整，结算出现金流量净额的方法。我国在现金流量表中，经营活动产生的现金流量净额在正表部分采用的是直接法，在补充资料部分采用的是间接法。现将现金流量表各项目的填列方法说明如下：

(一) 经营活动产生的现金流量各项目的填列方法

1. "销售商品、提供劳务收到的现金"项目

它根据"利润表"中的"营业收入"项目的金额，加上"应交税费——应交增值税——销项税额"明细账户净发生额，再加上"资产负债表"中"应收账款"项目的年初数和"预收账款"项目的期末数，减去"应收账款"项目的期末数和"预收账款"项目的年初数，再减去列入"管理费用"账户中的坏账损失的数额填列。

2. "收到的其他与经营活动有关的现金"项目

它根据"营业外收入""其他应付款"等有关账户的发生额分析填列。

3.“购买商品，接受劳务支付的现金”项目

它根据“利润表”中“营业成本”项目的金额，加上“应交税费——应交增值税——进项税额”明细账户净发生额，再加上存货中未列入成本减少的金额，加上“资产负债表”中“存货”项目的期末数，减去“存货”项目的年初数，再加上“应付账款”项目的年初数和“预付账款”项目的期末数，减去“应付账款”项目的期末数和“预付账款”项目的年初数，减去已计入产品成本的折旧费及预提的固定资产租赁费、工资及福利费等数额后填列。

4.“支付给职工以及为职工支付的现金”项目

它根据“应付工资”账户借方净发生额和“管理费用”账户借方发生额中相关的数额填列。

5.“支付的各项税费”项目

它根据“利润表”中“营业税金及附加”项目的金额，加上“应交税费——应交增值税——已交税金”“应交税费——应交所得税”明细账户的借方发生额，加上“资产负债表”中“应交税费”项目的年初数，减去“应交税费”项目的期末数，再加上“应交税费”账户所属的“应交增值税”“应交所得税”明细账户的期末数，减去“应交增值税”“应交所得税”明细账户的年初数等数额填列。

6.“支付的其他与经营活动有关的现金”项目

它根据“利润表”中“销售费用”“管理费用”“财务费用”“营业外支出”四个项目的金额之和，减去这四个项目中不需要以现金支付的数额，再减去这四个项目中已经包含的、并且已列入本表的“支付给职工以及为职工支付的现金”项目中的工资、工资性津贴及补贴、奖金等，还要减去已列入“财务费用”项目，但将列入本表“分配股利、利润或偿付利息所支付的现金”项目中的利息，加上“待摊费用”“应付职工薪酬——福利费”和“其他应付款”账户的借方发生额，再加上“其他应收款”账户借方发生额，减去“其他应收款”账户贷方发生额填列。不需要以现金支付的数额是指提取的固定资产折旧费、待摊费用和无形资产的摊销数和其他应付款的提取数等。

（二）投资活动产生的现金流量各项目的填列方法

1.“收回投资所收到的现金”项目

它根据“短期投资”账户贷方发生额，减去该账户所属“现金等价物”明细账户贷方发生额，再加上“长期投资”账户贷方发生额中收回现金的数额填列。

2.“取得投资收益所收到的现金”项目

它根据“利润表”中“投资收益”项目的金额中扣除没有收到的现金的数额填列。

3.“处置固定资产、无形资产和其他长期资产所收回的现金净额”项目

它根据处置固定资产、无形资产和其他长期资产取得的现金收入减去为处置这些资产发生的现金支出后的差额填列。

4.“购建固定资产、无形资产和其他长期资产所支付的现金”项目

它根据固定资产、无形资产和其他长期资产账户的借方发生额，减去未支付现金而取得这些资产的数额填列。

5.“投资所支付的现金”项目

它根据“短期投资”和“长期投资”账户的借方发生额的合计数，减去这两个账户中

未支付现金而增加的数额，再减去“短期投资”账户所属“现金等价物”明细分类账户的借方发生额后的数额填列。

（三）筹资活动产生的现金流量各项目的填列方法

1.“吸收投资所收到的现金”项目

它根据“实收资本”和“资本公积”账户贷方发生额中收到的现金数额的合计数，加上“应付债券”账户贷方发生额中收到的现金的数额填列。

2.“借款所收到的现金”项目

它根据“短期借款”和“长期借款”账户贷方发生额的合计数填列。

3.“偿还债务所支付的现金”项目

它根据“短期借款”“长期借款”和“应付债券”账户的借方发生额合计数填列。

4.“分配股利、利润或偿付利息所支付的现金”项目

它根据“应付股利”账户的借方发生额加上“财务费用”账户中所列支的银行借款利息和债券利息，加上“其他应付款——利息”账户的借方发生额，再减去该账户的贷方发生额后的数额填列。

（四）现金及现金等价物净增加额项目的填列方法

“现金及现金等价物净增加额”项目，它根据“资产负债表”中“货币资金”项目的期末数减去该项目的年初数，再加上“短期投资——现金等价物”账户的期末数减去该账户的年初数填列。其计算的结果应与前面三大部分之和相等。

（五）补充资料

1. 将净利润调节为经营活动的现金流量

（1）“净利润”项目，它根据“利润表”中“净利润”项目的数额填列。

（2）“转销的坏账”项目，它根据“管理费用”账户中发生的坏账损失的数额填列。

（3）“固定资产折旧”项目，它根据“累计折旧”账户贷方发生额中提取固定资产折旧的数额填列。

（4）“无形资产摊销”项目，它根据“无形资产”账户贷方发生额分析填列。

（5）“长期待摊费用的减少（减：增加）”项目，它根据“资产负债表”中“长期待摊费用”项目的年初数减去期末数的差额填列。

（6）“其他应付款的增加（减：减少）”项目，它根据“资产负债表”中“其他应付款”项目的期末数减去年初数的差额填列。

（7）“处置固定资产的损失（减：收益）”项目，它根据“营业外支出”账户中的固定资产出售净损失数额，减去“营业外收入”账户中的固定资产出售净收益数额后的差额填列。

（8）“固定资产报废损失”项目，它根据“营业外支出”账户中的固定资产盘亏净损失、报废和毁损的固定资产清理的净损失之和，减去“营业外收入”账户中的固定资产盘盈净收益、报废的固定资产清理净收益后的差额数填列。

（9）“财务费用”项目，它根据“财务费用”账户发生的利息费用填列。

（10）“投资损失（减：收益）”项目，它根据“利润表”中“投资收益”项目的金额填列。

（11）“存货的减少（减：增加）”项目，它根据“资产负债表”中“存货”项目的年

初数减去期末数的差额填列。

(12)“经营性应收项目的减少(减:增加)”项目,它根据“资产负债表”中“应收账款”“预付账款”“其他应收款”项目的年初数之和,减去上列各项目的期末数之和,再减去列入本表的“转销的坏账”项目的数额填列。

(13)“经营性应付项目的增加(减:减少)”项目,它根据“资产负债表”中“应付账款”“预收账款”“应付职工薪酬——福利”“应交税费”“其他应付款”项目的期末数之和,减去上述各项目的年初数之和的数额填列。

(14)“经营活动产生的现金流量净额”项目,它根据前列 13 个项目之和填列。

2. 现金及现金等价物增加的情况各项目的填列方法

(1)“现金的期末余额”项目,它根据“资产负债表”中“货币资金”项目的“期末数”填列。

(2)“现金的期初余额”项目,它根据“资产负债表”中“货币资金”项目的“年初数”填列。

(3)“现金等价物的期末余额”项目,它根据“短期投资——现金等价物”账户的“期末余额”填列。

(4)“现金等价物的年初余额”项目,它根据“短期投资——现金等价物”账户的“年初余额”填列。现将现金流量表的具体编制方法举例说明如下。

【例 9-1】 得力公司 2015 年有关资料如下。

(1)有关账户的借贷方发生额如下表。

表 9-6　得力公司 2015 年有关账户的借贷方发生额表　　单位:元

账户名称	借　方	贷　方
其他应收款	1 600	1 100
预付账款	12 000	9 000
固定资产	31 000	3 000
无形资产		2 000
累计折旧	1 000	21 000
短期借款	116 000	120 000
应付职工薪酬——工资	60 000	60 000
应付职工薪酬——福利	7 680	8 400
应付股利	60 180	60 300
其他应付款	5 900	5 000
长期借款	15 000	35 000
应交税费——应交增值税——销项税额		198 200
应交税费——应交增值税——进项税额	138 200	
应交税费——应交增值税——已交税金	59 150	
应交税费——应交所得税	39 000	39 600

（2）应交税费账户所属“应交增值税”“应交所得税”明细账户的年初数分别为4 250元和2 370元；年末数分别为5 100元和2 970元。

（3）其他有关资料如下。

① 固定资产折旧费计入制造费用的为16 000元，计入管理费用的为5 000元。

② 工资计入生产成本及制造费用的为50 000元，计入管理费用的为10 000元。

③ 职工福利费计入生产成本及制造费用的为7 000元，计入管理费用的为1 400元。

④ 预提的计入制造费用的固定资产租赁费为5 000元。

⑤ 保险费摊销计入制造费用的为7 200元，计入管理费用的为1 800元。

⑥ 计入销售费用耗用的材料为2 100元。

⑦ 计入管理费用耗用的材料为5 100元，无形资产摊销为2 000元，坏账损失为4 500元。

⑧ 计入财务费用的利息为25 000元。

⑨“固定资产”账户借方发生额为31 000元，均以现金支付；毁损的固定资产原值为3 000元，已提折旧1 000元；保险公司赔偿1 500元，已付来现金；其余500元作为固定资产毁损净损失。

⑩ 营业外收入15 370元系罚款现金收入。

⑪ 营业外支出中500元系固定资产毁损净损失，18 000元系捐赠现金支出，1 550元系罚款现金支出。

根据上列资料及已编制完成资产负债表（格式参见表9－1、表9－2、表9－3）、利润表（格式参见表9－4、表9－5），编制现金流量表9－7如下。

表9－7 现金流量表

编制单位：得力公司2015年度

项　目	行次	金额（元）
一、经营活动产生的现金流量		
销售商品、提供劳务收到的现金	1	1 435 600
收到的其他与经营活动有关的现金	3	15 370
现金流入小计	4	1 450 970
购买商品、接受劳务支付的现金	5	964 900
支付给职工以及为职工支付的现金	7	60 000
支付的各项税款	8	102 340
支付的其他与经营活动有关的现金	10	218 050
现金流出小计	11	1 345 290
经营活动产生的现金流量净额	12	105 680
二、投资活动产生的现金流量		
收回投资所收到的现金	13	
取得投资收益所收到的现金	14	

（续表）

项　目	行次	金额（元）
处置固定资产、无形资产和其他长期资产而收回的现金净额	15	1 500
现金流入小计	16	1 500
购建固定资产、无形资产和其他长期资产所支付的现金	17	31 000
投资所支付的现金	18	
现金流出小计	19	31 000
投资活动产生的现金流量净额	20	－29 500
三、筹资活动产生的现金流量		
吸收投资所收到的现金	21	
借款所收到的现金	23	155 000
现金流入小计	24	155 000
偿还债务所支付的现金	25	131 000
分配股利、利润或偿付利息所支付的现金	26	85 180
现金流出小计	28	216 180
筹资活动产生的现金流量净额	29	－61 180
四、现金及现金等价物的净增加额	30	15 000
五、补充资料		
1. 将净利润调节为经营活动的现金流量		
净利润	31	80 400
加：转销的坏账	32	4 500
固定资产折旧	33	21 000
无形资产摊销	34	2 000
待摊费用的减少（减：增加）	35	－3 000
其他应付款的增加（减：减少）	36	－900
处置固定资产的损失（减：收益）	37	
固定资产盘亏报废损失	38	500
财务费用	39	25 000
投资损失（减：收益）	40	
存货的减少（减：增加）	41	－4 100
经营性应收项目的减少（减：增加）	42	－16 200
经营性应付项目的增加（减：减少）	43	－3 520
经营活动产生的现金流量净额	44	105 680

（续表）

项　目	行次	金额（元）
2. 现金及现金等价物净增加情况		
现金的期末余额	45	103 000
减：现金的期初余额	46	88 000
现金等价物期末余额	47	
减：现金等价物期初余额	48	
现金及现金等价物净增加额	49	15 000

编制现金流量表有关行次的数据来源：

行次 1＝1 250 000＋198 200＋69 000＋7 500－78 000－6 600－4 500＝1 435 600（元）

行次 5＝891 800＋138 200＋2 100＋5 100＋275 400－271 300＋61 200＋9 800－54 600－7 600－16 000－5 000－50 000－7 000－7 200＝964 900（元）

行次 8＝4 200＋59 150＋39 000＋6 970－8 430＋5 100＋2 970－4 250－2 370＝102 340（元）

行次 10＝48 610＋152 580＋28 130＋20 050－5 000－10 000－1 400－1 800－2 100－5 100－2 000－4 500－25 000－500＋12 000＋7 680＋5 900＋1 600－1 100＝218 050（元）

行次 23＝120 000＋35 000＝155 000（元）

行次 25＝116 000＋15 000＝131 000（元）

行次 26＝60 180＋25 000＝85 180（元）

行次 30＝103 000－88 000＝15 000（元）

行次 42＝69 000＋7 600＋5 900－（78 000＋9 800＋6 400）－4 500＝－16 200（元）

行次 43＝54 600＋7 500＋15 410＋8 430＋4 200－（61 200＋6 600＋14 690＋6 970＋4 200）＝－3 520（元）

四、表外披露

表外披露是指在财务报表之外的会计信息披露，是一种重要的会计信息披露方式，它用于披露有助于信息使用者进行经济决策，但由于受会计确认和计量原则的限制无法在表内披露的会计信息（即表外信息）。

（一）表外披露的主要内容

1. 报表项目注释

由于报表内容日益复杂化，表内某些信息若不加以必要的说明或补充，将在一定程度上引起会计信息使用者的困惑。因此，在表外通过注释对表内项目进行解释和说明成为一种十分必要的披露手段。例如，固定资产原价中有多少属于融资租入的固定资产，固定资产的原价、重置价值和净值各是多少等内容，就可以在表外进行进一步的补充说明。

2. 会计政策揭示

为了帮助会计信息使用者充分理解财务报表，会计人员在提供财务报表的同时，必须揭示企业采用的会计政策，并对有关项目做出具体说明。会计政策是企业进行会计确认、计量、记录和报告时采用的原则、方法及程序。因此，在会计事项具有两种以上的可供选择的会计处理原则及程序的条件下，企业应明确指明采用的具体会计政策。会计信息使用者依据这些会计政策的揭示做出自己的判断；会计信息提供者依据这些会计政策，明确表达所采用的会计处理原则、程序，以正确反映企业的财务状况和经营成果。

3. 重大事件

重大事件是表外披露的一项重要内容。中国证监会发布的《公开发行股票公司信息披露的内容与格式准则第二号〈年度报告的内容与格式〉》对我国上市公司年报的内容与格式做了统一的规范，要求披露：重大诉讼、仲裁事项；收购兼并或资产重组事项；重大关联交易事项；增资扩股事项；会计师事务所变动情况说明；重要人事变动以及其他重大事件（含担保、抵押等）。

4. 预测信息

预测信息是建立在对未来经济条件和行为方案进行假设的基础上，反映企业预期经营成果、财务状况和财务状况变动的会计信息。近几年来，投资者、债权人和社会公众广泛要求公司公开揭示预测财务信息，越来越多的企业自愿提供预测信息，以便提高企业的形象。我国《年度报告的内容与格式》对此未做硬性规定。

5. 环境信息

随着人类对生存环境质量的日益重视，越来越多的国家和组织都要求或建议企业提供环境信息。由于立法的进展、消费者的压力和费用的不断上涨，特别是废物处理费用的不断上涨，原来不认为环保问题会引起财务方面的关注的企业，也会对环境信息做出重新评价。

6. 人力资源信息

有学者指出，未来资产的定义应做一定的修正，以便能够涵盖人力资源。在随着市场化、国际化进程而来的日益广深的激烈竞争中，起决定性作用的是以知识和技能取胜的人。在表外披露中提供有关人力资源信息，显得既现实又有意义。

7. 增值信息

增值的概念是会计发展的重要方向。这里所说的“增值”，是指产品价值中扣除“转移价值”外新增加的价值，相当于通常所说的“净产值”。所以，“增值”是比“利润”更为广泛的概念，“利润”只是“增值”的一部分。增值信息有助于正确评价企业的经营成果，有助于全面反映企业的分配关系，也有助于尽早建立国民经济核算体系。作为一项会计改革措施，增值信息纳入财务报告表外披露是值得提倡的。

8. 衍生金融工具

衍生金融工具是指其价值由资产、利率、汇率、指数等衍生的交易契约，包括远期契约、选择权、期货及其他性质类似的金融工具。衍生金融工具涉及市场风险、企业风险、流动性风险、信用风险、操作风险、结算风险和法律风险等多种风险，如何在财务报告中对其进行恰当地披露和揭示，是会计理论和实务工作者的一项迫切需要解决的课题。1995年5月发布的IAS第32号“金融工具：披露和列报”指出：“对于未确定的金融工具，在附注或附表中披露其信息是主要的披露方式。”

9. 物价变动信息

严格地说，物价变动信息不属于表外披露的必要组成部分，物价变动信息的提供与否在很大程度上取决于客观经济环境的稳定与否。在物价稳定的经济环境中，物价变动信息不受重视，企业通常不提供此类信息，会计信息使用者对此也无强烈的愿望；在物价波动起伏较大的经济环境中，物价变动信息的重要性急剧上升，物价变动信息成为会计信息使用者正确评价企业财务状况和经营成果的重要参考信息。

10. 分部信息

研究表明，按行业提供的分部信息最能反映企业面临的机会和风险，按地区提供的分部信息也有一定的作用。尽管按照整张财务报表提供分部信息最能满足信息使用者对信息的需求，但考虑到成本效益原则，分部信息往往只限于几个关键的财务指标。目前，跨国公司正朝着经营业务多元化、经营地域国际化的方向发展，分部信息已成为广大会计信息使用者分析财务报表、做出经济决策所越来越重视的信息。

11. 关联方关系及其交易

随着对外经济交往的不断扩大，企业通过扩股、参股、业务往来等途径与外单位建立了密切的关系。企业与这些关联方之间的交易有时不能用正常交易来加以衡量，为了某种利益，关联方交易可能与市场经济规律背道而驰。例如，向关联企业高价买进材料，低价卖出产品。因此，披露关联方关系及其交易是正确理解企业财务状况和经营成果的一个重要先决条件。

（二）表外披露的主要形式

1. 旁注

对报表项目做简单的补充、解释，列示构成项目的具体金额，按替代性计价法得出的金额，需参阅其他报表或报表其他部分的说明。

2. 底注

在财务报表后面用文字和数据传输非数量信息，说明经营环境状况、补充财务信息、揭示会计政策和重要事项、分析财务信息。

3. 附表

用表格形式进行详尽说明，表现形式规范，以定量信息为主，如各种资产、负债、收支明细表。

4. 其他财务报告

其他财务报告为会计信息使用者提供其所需要却难以在基本财务报表中反映的次要信息。其反映的内容能构成独立的会计体系，能通过设立账户来核算有关成本、费用、收益，形成其他财务报告体系，如绿色会计、人力资源会计等，还有选择与基本财务报表不同的计量属性形成的其他财务报告，如物价变动报告。

第五节　综合举例

现以得力公司 2016 年 7 月份经济业务为例，说明科目汇总表账务处理程序下各种记账凭证和科目汇总表的填制方法，日记账、明细分类账及总分类账的登记方法，以及核对账目后报表的编制方法。

一、资料

得力公司 2016 年 7 月底各项资料及 8 月份发生经济业务如下。

（一）各账户年初数和7月底余额见表9-8

表9-8 得力公司各账户年初数和7月底余额表　　单位：元

账户名称	年初数	期末数	账户名称	年初数	期末数
库存现金	12 000	12 688	短期借款	60 000	60 000
银行存款	46 800	58 800	应付账款	11 900	17 600
应收票据	4 100	19 600	其他应付款	1 000	2 500
应收账款	16 000	15 800	应付票据	10 000	20 000
预付账款	20 000	20 000	应付职工薪酬	3 500	4 500
库存商品	35 400	47 900	应交税费	4 799	1 700
原材料	40 000	36 000	实收资本	199 000	199 000
应收股利	7 200	1 200	资本公积	20 997	23 744
固定资产	197 920	197 920	盈余公积	3 924	5 277
累计折旧	60 200	65 000	利润分配	4 100	
无形资产		17 000	本年利润		27 587
合　计	319 220	361 908	合　计	319 220	361 908

其中：

（1）期末“库存商品”数据如下。

A产品240件，单价136元/件，计32 640元；

B产品200件，单价76.30元/件，计15 260元。

（2）期末“原材料”数据如下。

甲材料192吨，单价125元/吨，计24 000元；

乙材料240公斤，单价50元/公斤，计12 000元。

（3）期末“应收票据”为易通公司19 600元。

（4）期末“应收账款”数据如下。

金龙公司账款10 000元；

华新公司账款5 800元。

（5）期末“预付账款”为预付给东方公司20 000元；

（6）期末“应付账款”为应付宏达公司17 600元。

（7）其他各账户不分明细科目。

（二）7月份利润表见表9-9

表9-9 利润表

编报单位：得力公司　　2016年7月　　单位：元

项　目	本月数	本月累计数
一、营业收入	99 420	
减：营业成本		847 435
销售税费	47 000	510 100
销售费用	16 620	165 200

（续表）

项　目	本月数	本月累计数
管理费用	6 800	8 960
财务费用	5 800	89 600
资产减值损失	1 600	17 200
加：公允价值变动净收益		
投资净收益		
二、营业利润		
加：营业外收入	21 600	56 375
减：营业外支出	800	2 500
三、利润总额	320	17 700
减：所得税	22 080	41 175
四、净利润	7 286	13 588
五、每股收益	14 794	27 587
（一）基本每股收益		
（二）稀释每股收益		

（三）8月份发生如下经济业务

（1）1日，向宏达公司购入甲材料300吨，单价120元，计36 000元，增值税进项税额为6 120元，款项未付。

（2）2日，职工张某出差借支800元，以现金支付。

（3）2日，以银行存款1 500元支付甲材料运费。

（4）3日，甲材料按实际成本验收入库。

（5）3日，开出转账支票，支付上月应交税费1 700元。

（6）3日，易通公司的应收票据19 600元到期，已通过银行收款。

（7）4日，向万远材料厂购入乙材料300公斤，单价50元，计15 000元，增值税进项税额为2 550元，价款以银行存款支付，材料按实际成本入账。

（8）4日，销售给华新公司A产品150件，单价300元，计45 000元，销项税金7 650元，款项未收。

（9）5日，收到华新公司前欠货款5 800元，已存银行。

（10）6日，生产领用甲材料200吨，共计25 000元。其中，生产A产品领用150吨，金额为18 750元；生产B产品领用50吨，金额为6 250元。

（11）7日，生产领用乙材料216公斤，共计10 800元。其中，100公斤用于生产A产品，金额为5 000元；80公斤用于生产B产品，金额为4 000元；车间领用乙材料36公斤，金额为1 800元。

（12）8日，以银行存款偿付宏达公司账款17 600元。

（13）9日，张某出差回来，报销差旅费750元，交回余款50元。

（14）10日，职工李某报销住院医药费1 900元，以现金支付。

(15) 10 日，从银行提取现金 2 000 元备用。

(16) 13 日，销售给金龙公司 B 产品 100 件，价款 20 000 元，销项税金 3 400 元，收到对方 3 个月银行承兑汇票一张。

(17) 14 日，接银行收款通知，收到金龙公司偿还前欠货款 6 000 元。

(18) 15 日，以银行存款支付前欠宏达公司购货款 20 000 元。

(19) 17 日，以现金支付行政办公用品费 800 元。

(20) 19 日，以银行存款支付销售 B 产品运费 1 000 元。

(21) 20 日，收到华新公司货款 30 000 元，已存银行。

(22) 24 日，东方公司发来甲材料 100 吨，单价 125 元，价款 12 500 元，增值税进项税为 2 125 元，材料已验收入库，材料款已预付。

(23) 24 日，销售给金龙公司 A 产品 150 件，单价 300 元，计 45 000 元，增值税销项税 7 650 元，款项已存银行。

(24) 25 日，让售乙材料 100 公斤，价值 7 000 元，应交增值税税率 17%，计 1 190 元。款已收到，存入银行。

(25) 25 日，结转出售乙材料的实际成本 5 000 元。

(26) 27 日，以银行存款支付本月水电费 1 000 元，其中，生产耗用 800 元，行政管理部门耗用 200 元。

(27) 27 日，以现金支付罚款 1 500 元。

(28) 29 日，计算本月应付工资 22 500 元，其中，A 产品工人工资 9 800 元，B 产品工人工资 6 200 元，车间管理人员工资 3 000 元，行政管理人员工资 3 500 元。

(29) 29 日，提取本月固定资产折旧费 4 800 元，其中，生产用固定资产折旧费 4 000 元，管理用固定资产折旧费 800 元。

(30) 29 日，从银行提取金 22 500 元，以备发工资。

(31) 30 日，发放本月职工工资 22 500 元。

(32) 30 日，以银行存款支付第四季度借款利息 900 元，其中已预提 600 元。

(33) 31 日，按生产人员工资比例结转本月制造费用 9 600 元。

(34) 31 日，结转完工产品成本，其中，A 产品 200 件，制造成本 27 200 元；B 产品 150 件，制造成本 11 445 元。

(35) 31 日，按主营业务收入的 5%计提教育费附加 7 000 元。

(36) 31 日，结转已销产品销售成本 48 430 元，其中，A 产品销售成本 40 800 元，B 产品销售成本 7 630 元。

(37) 31 日，结转本月损益类科目。

(38) 31 日，按本月利润总额的 25%计算本月应交所得税，并结转。

(39) 31 日，按本月税后利润的 10%计提盈余公积。

(40) 31 日，结转 8 月份本年利润。

二、科目汇总表账务处理程序

第一步，根据得力公司 8 月的经济业务填制记账凭证，为简便起见，这里以表格形式列出会计分录，见表 9-10 所示。

表 9－10　得力公司 2016 年 8 月份会计分录

2016 年		记账凭证号数	摘　要	账户名称		金　额	
月	日			总账账户	明细账户	借　方	贷　方
8	1	转账 501 号	购入甲材料 300 吨，款未付	在途物质 应交税费 应付账款	甲材料 应交增值税 宏达公司	36 000 6 120	42 120
	2	现付 201 号	张某出差借支	其他应收款 库存现金	张某	800	800
	2	银付 401 号	支付甲材料运费	在途物质 银行存款	甲材料	1 500	1 500
	3	转账 502 号	甲材料 300 吨验收入库	原材料 在途物质	甲材料 甲材料	37 500	37 500
	3	银付 402 号	支付上月应交税费	应交税费 银行存款		1 700	1 700
	3	银收 301 号	应收票据到期，收到款项	银行存款 应收票据		19 600	19 600
	4	银付 403 号 1/2	购入乙材料 300 公斤	在途物质 应交税费 银行存款	乙材料 应交增值税	15 000 2 550	17 550
	4	银付 403 号 2/2	乙材料验收入库	原材料 在途物质	乙材料 乙材料	15 000	15 000
	4	转账 503 号	销售 A 产品 150 件，款未收	应收账款 主营业务收入 应交税费	华新公司 应交增值税	52 650	45 000 7 650
	5	银收 302 号	收到华新公司前欠货款	银行存款 应收账款	 华新公司	5 800	5 800
	6	转账 504 号	领用甲材料 200 吨 其中：A 产品 150 吨，B 产品 50 吨	生产成本 原材料	A 产品 B 产品 甲材料	18 750 6 250	25 000
	7	转账 505 号	领用乙材料 216 公斤 其中：A 产品 100 公斤，B 产品 80 公斤，车间 36 公斤	生产成本 制造费用 原材料	A 产品 B 产品 乙材料	5 000 4 000 1 800	10 800
	8	银付 404 号	支付宏达公司账款	应付账款 银行存款	宏达公司	17 600	17 600
	9	现收 101 号	张某报销差旅费，交回余款	库存现金 管理费用 其他应收款	 张某	50 750	800
	10	现付 202 号	李某报销医药费	应付职工薪酬 库存现金		1 900	1 900
	10	银付 405 号	提取现金	库存现金 银行存款		2 000	2 000

（续表）

2016年		记账凭证号数	摘要	账户名称		金额	
月	日			总账账户	明细账户	借方	贷方
8	13	转账506号	出售B产品100件，收到承兑汇票	应收票据 主营业务收入 应交税费	金龙公司 应交增值税	23 400	 20 000 3 400
	14	银收303号	金龙公司偿还货款	银行存款 应收账款	 金龙公司	6 000	 6 000
	15	银付406号	归还宏达公司购货款	应付账款 银行存款	宏达公司	41 120	 41 120
	17	现付203号	付办公用品费	管理费用 库存现金		800	 800
	19	银付407号	付销售B产品运费	销售费用 银行存款		1 000	 1 000
	20	银收304号	收华新公司货款	银行存款 应收账款	 华新公司	30 000	 30 000
	24	转账507号	东方公司发来甲材料100吨，款已预付	原材料 应交税费 预付账款	甲材料 应交增值税 东方公司	12 500 2 125	 14 625
	24	银收305号	销售A产品150件，款存银行	银行存款 主营业务收入 应交税费	 应交增值税	52 650	 45 000 7 650
	25	银收306号	出售乙材料100公斤，款存银行	银行存款 其他业务收入 应交税费	 应交增值税	8 190	 7 000 1 190
	25	转账508号	结转已售乙材料成本	其他业务支出 原材料	 乙材料	5 000	 5 000
	27	银付408号	支付水电费	制造费用 管理费用 银行存款		800 200	 1 000
	27	现付204号	支付罚款	营业外支出 库存现金		1 100	 1 100
	29	转账509号	计提本月职工工资	生产成本 制造费用 管理费用 应付职工薪酬	A产品 B产品	9 800 6 200 3 000 3 500	 22 500
	29	转账510号	计提本月折旧费	制造费用 管理费用 累计折旧		4 000 800	 4 800
	29	银付409号	提取现金	库存现金 银行存款		22 500	 22 500

（续表）

2016年		记账凭证号数	摘 要	账户名称		金 额	
月	日			总账账户	明细账户	借 方	贷 方
	30	现付205号	发放工资	应付职工薪酬		22 500	
				库存现金			22 500
	30	银付410号	支付借款利息	其他应付款		600	
				财务费用		300	
				银行存款			900
	31	转账511号	结转制造费用	生产成本	A产品	5 880	
			A产品5 880元		B产品	3 720	
			B产品3 720元	制造费用			9 600
	31	转账512号	结转完工产品成本：A	库存商品	A产品	27 200	
			产品200件		B产品	11 445	
			B产品150件	生产成本	A产品		27 200
					B产品		11 445
	31	转账513号	计提教育费附加	营业税金及附加	应交教育费	5 500	
			110 000×5％	应交税费	附加		5 500
	31	转账514号	结转已售产品销售成本：	主营业务成本		48 430	
			A产品40 800元	库存商品	A产品		40 800
			B产品7 630元		B产品		7 630
8	31	转账514号 1/2	结转本月损益类科目	本年利润			117 000
				主营业务收入		110 000	
				其他业务收入		7 000	
		转账514号 2/2	结转本月损益类科目	主营业务成本			48 430
				其他业务成本			5 000
				营业税金及附加			5 500
				销售费用			1 000
				管理费用			6 050
				财务费用			300
				营业外支出			1 100
				本年利润		67 380	
	31	转账515号 1/2	计提应交所得税 （117 000 － 67 380）×25％	所得税		12 405	
				应交税费	应交所得税		12 405
		转账515号 2/2	结转所得税	本年利润		12 405	
				所得税			12 405
	31	转账516号	提取盈余公积 （117 000 － 67 380 － 16 374.6）×10％	利润分配		3 721.5	
				盈余公积			3 721.5
	31	转账516号	结转1－12月份本年利润	本年利润			61 350.5
				利润分配			378.5

第二步，根据审核无误的收款凭证、付款凭证逐日逐笔登记库存现金日记账和银行存款日记账，如表 9－11、表 9－12 所示。

表 9－11 库存现金日记账

2016 年		凭证		摘要	对方科目	收入	付出	结余
月	日	字	号					
8	1			期初余额				12 688
	2	现付	201	出差借支	其他应收款		800	11 888
	9	现收	101	张某交回出差余款	其他应收款	50		11 938
	10	现付	202	付职工医药费	应付职工薪酬		1 900	10 038
	10	银付	405	提取现金	银行存款	2 000		12 038
	17	现付	203	付办公用品费	管理费用		800	11 238
	27	现付	204	支付罚款	营业外支出		1 100	10 138
	29	银付	409	提取现金	银行存款	22 500		32 638
	30	现付	205	发放工资	应付职工薪酬		22 500	10 138
				本月合计		24 550	27 100	10 138

表 9－12 银行存款日记账

2016 年		凭证		摘要	对方科目	借方	贷方	余额
月	日	字	号					
8	1			期初余额				58 800
	2	银付	401	付甲材料运费	在途物质		1 500	57 300
	3	银付	402	付上月税款	应交税费		1 700	55 600
	3	银收	301	收票据款	应收票据	19 600		75 200
	4	银付	403	付乙材料款	在途物质		17 550	57 650
	5	银收	302	收华新公司款	应收账款	5 800		63 450
	8	银付	404	付宏达公司款	应付账款		17 600	45 850
	10	银付	405	提取现金	库存现金		2 000	43 850
	14	银收	303	收金龙公司款	应收账款	6 000		49 850
	15	银付	406	还宏达公司款	应付账款		41 120	8 730
	19	银付	407	付销售 B 产品运费	销售费用		1 000	7 730
	20	银收	304	收华新公司货款	应收账款	30 000		37 730
	24	银收	305	出售 A 产品 150 件	主营业务收入	52 650		90 380
	25	银收	306	售乙材料 100 公斤	其他业务收入	8 190		98 570
	27	银付	408	付水电费	制造费用		1 000	97 570
	29	银付	409	提取现金	库存现金		22 500	75 070
	30	银付	410	支付借款利息	其他应付款等		900	74 170
				本月合计		122 240	106 870	74 170

第三步，根据记账凭证、原始凭证和原始凭证汇总表登记相关明细账。在实际工作中，各单位常根据实际需要对有关总账账户设置明细分类账。如对“管理费用”“销售费用”等费用账户须按费用项目设置明细分类账；对“应收账款”“应付账款”等账户须按对应单位设置明细分类账。本例限于篇幅，只例示部分明细账，如表 9－13 至表 9－21 所示。

表 9－13　库存商品明细账

产品品种：A 产品

2016 年		凭证号数	摘　要	收　入			发　出			结　存		
月	日			数量	单价	金额	数量	单价	金额	数量	单价	金额
8	1		期初余额							240	136	32 640
	31	转账 512	结转入库产品	200	136	27 200				440	136	59 840
	31	转账 514	结转已售产品				300	136	40 800	140	136	19 040
			本月合计	200	136	27 200	300	136	40 800	140	136	19 040

表 9－14　库存商品明细账

产品品种：B 产品

2016 年		凭证号数	摘　要	收　入			发　出			结　存		
月	日			数量	单价	金额	数量	单价	金额	数量	单价	金额
8	1		期初余额							200	76.3	15 260
	31	转账 512	结转入库产品	150	76.3	11 445				350	76.3	26 705
	31	转账 514	结转已售产品				100	76.3	7 630	250	76.3	19 075
			本月合计	150	76.3	11 445	100	76.3	7 630	250	76.3	19 075

表 9－15　原材料明细账

材料编号 01　　　　　　　　　　　　　　　　　　　　　　　计量单位：吨
材料类别：　　　　　　　　　　　　　　　　　　　　　　　　最高存量：
材料名称及规格：甲材料　　　　　　　　　　　　　　　　　　最低存量：

2016 年		凭证号数	摘　要	收　入			发　出			结　存		
月	日			数量	单价	金额	数量	单价	金额	数量	单价	金额
8	1		期初余额							192	125	24 000
	3	账 502	购入	300	125	37 500				492	125	61 500
	6	账 504	生产领用				200	125	25 000	292	125	36 500
	24	账 507	购入	100	125	12 500				392	125	49 000
			本月合计	400	125	50 000	200	125	25 000	392	125	49 000

表 9－16 原材料明细账

材料编号 02　　　　计量单位：公斤
材料类别：　　　　最高存量：
材料名称及规格：乙材料　　　　最低存量：

2016年		凭证号数	摘 要	收 入			发 出			结 存		
月	日			数量	单价	金额	数量	单价	金额	数量	单价	金额
8	1		期初余额							240	50	12 000
	4	银付 403	购入	300	50	15 000				540	50	27 000
	7	转账 505	领用生产				216	50	10 800	324	50	16 200
	25	转账 508	出售				100	50	5 000	224	50	11 200
			本月合计	300	50	15 000	316	50	15 800	224	50	11 200

表 9－17 生产成本明细账

产品品种：A 产品

2016年		凭证号数	摘 要	借 方			
月	日			直接材料	直接人工	制造费用	合 计
8	6	转账 504	耗用甲材料	18 750			18 750
	7	转账 505	耗用乙材料	5 000			5 000
	29	转账 509	生产工人工资		9 800		9 800
	31	转账 511	分配制造费用			5 880	5 880
	31		结转完工产品成本	16 095	6 750	4 355	27 200
			本月合计	7 655	3 050	1 525	12 230

表 9－18 生产成本明细账

产品品种：B 产品

2016年		凭证号数	摘 要	借 方			
月	日			直接材料	直接人工	制造费用	合 计
8	6	转账 504	耗用甲材料	6 250			6 250
	7	转账 505	耗用乙材料	4 000			4 000
	29	转账 509	生产工人工资		6 200		6 200
	31	转账 511	分配制造费用			3 720	3 720
	31		结转完工产品成本	4 433	4 164	2 848	11 445
			本月合计	5 817	2 036	872	8 725

表 9－19 应收账款明细账

二级科目：金龙公司

2016 年 月	日	凭证号数	摘 要	借 方	贷 方	借或贷	余 额
8	1		期初余额			借	10 000
	14	银收 303	归还货款		6 000	借	4 000
			本月合计		6 000	借	4 000

表 9－20 应收账款明细账

二级科目：华新公司

2016 年 月	日	凭证号数	摘 要	借 方	贷 方	借或贷	余 额
8	1		期初余额			借	5 800
	4	转账 503	A 产品款	52 650		借	58 450
	5	银收 302	归还货款		5 800	借	52 650
	20	银收 304	归还货款		30 000	借	22 650
			本月合计	52 650	35 800	借	22 650

表 9－21 应付账款明细账

二级科目：宏达公司

2016 年 月	日	凭证号数	摘 要	借 方			
				直接材料	直接人工	制造费用	合 计
8	1		期初余额			贷	17 600
	1	转账 501	欠甲材料款		42 120	贷	59 720
	8	银付 404	偿还货款	17 600		贷	42 120
	15	银付 406	偿还货款	41 120		贷	1 000
			本月合计	58 720	42 120	贷	1 000

第四步，根据记账凭证定期编制科目汇总表。该公司按旬汇总，每月编制一张“科目汇总表”，汇总结果应显示借贷方发生额相等，其格式与结果如表 9－22 所示。

表 9－22 得力公司科目汇总表 单位：元

总账账户	1—10 日发生额		11—20 日发生额		21—31 日发生额		合 计	
	借方	贷方	借方	贷方	借方	贷方	借方	贷方
库存现金	2 050	2 700		800	22 500	23 600	24 550	27 100
银行存款	25 400	40 350	36 000	42 120	60 840	24 400	122 240	106 870
应收账款	52 650	5 800		36 000			52 650	41 800
其他应收款	800	800					800	800

（续表）

总账账户	1—10日发生额		11—20日发生额		21—31日发生额		合　计	
	借方	贷方	借方	贷方	借方	贷方	借方	贷方
应收票据		19 600	23 400				23 400	19 600
在途物质	52 500	52 500					52 500	52 500
原材料	52 500	35 800			12 500	5 000	65 000	40 800
生产成本	34 000				25 600	38 645	59 600	38 645
制造费用	1 800				7 800	9 600	9 600	9 600
库存商品					38 645	48 430	38 645	48 430
累计折旧						4 800		4 800
应付账款	17 600	42 120	41 120				58 720	42 120
应付职工薪酬	1 900				22 500	22 500	24 400	22 500
应交税费	10 370	7 650		3 400	2 125	26 745	12 495	37 795
其他应付款					600		600	
盈余公积						3 721. 5		3 721. 5
利润分配					3 721. 5	64 802	3 721. 5	64 802
本年利润					144 587	117 000	144 587	117 000
主营业务收入		45 000		20 000	110 000	45 000	110 000	110 000
主营业务成本					48 430	48 430	48 430	48 430
销售费用			1 000			1 000	1 000	1 000
管理费用	750		800		4 500	6 050	6 050	6 050
财务费用					300	300	300	300
所得税					12 405	12 405	12 405	12 405
预付账款						14 625		14 625
其他业务收入					7 000	7 000	7 000	7 000
其他业务成本					5 000	5 000	5 000	5 000
营业外支出					1 100	1 100	1 100	1 100
营业税金及附加					5 500	5 500	5 500	5 500
合　计	252 320	252 320	102 320	102 320	535 653. 5	535 653. 5	890 293. 5	890 293. 5

第五步，根据编制的科目汇总表登记总分类账。月末，根据所编制的科目汇总表，登记各有关总分类账，结果如表 9 - 23 至表 9 - 58 所示。

表 9－23　总分类账

会计科目：库存现金

2016 年		凭证号数	摘　要	借　方	贷　方	借或贷	余　额
月	日						
8	1		期初余额			借	12 688
	10		1—10 日发生额	2 050	2 700	借	12 038
	20		11—20 日发生额		800	借	11 238
	31		21—31 日发生额	22 500	23 600	借	10 138
			本月合计	24 550	27 100	借	10 138

表 9－24　总分类账

会计科目：银行存款

2016 年		凭证号数	摘　要	借　方	贷　方	借或贷	余　额
月	日						
8	1		期初余额			借	58 800
	10		1—10 日发生额	25 400	40 350	借	43 850
	20		11—20 日发生额	36 000	42 120	借	37 730
	21		21—31 日发生额	60 840	24 400	借	74 170
			本月合计	122 240	106 870	借	74 170

表 9－25　总分类账

会计科目：应收票据

2016 年		凭证号数	摘　要	借　方	贷　方	借或贷	余　额
月	日						
8	1		期初余额			借	19 600
	10		1—10 日发生额		19 600	借	0
	20		11—20 日发生额	23 400		借	23 400
			本月合计	23 400	19 600	借	23 400

表 9－26　总分类账

会计科目：应收账款

2016 年		凭证号数	摘　要	借　方	贷　方	借或贷	余　额
月	日						
8	1		期初余额			借	15 800
	10		1—10 日发生额	52 650	5 800	借	62 650
	20		11—20 日发生额		36 000	借	26 650
			本月合计	52 650	41 800	借	26 650

表 9－27　总分类账

会计科目：预付账款

2016 年		凭证号数	摘　要	借　方	贷　方	借或贷	余　额
月	日						
8	1		期初余额			借	20 000
	31		21—31 日发生额		14 625	借	5 375
			本月合计		14 625	借	5 375

表 9－28　总分类账

会计科目：其他应收款

2016 年		凭证号数	摘　要	借　方	贷　方	借或贷	余　额
月	日						
8	1		期初余额			借	0
	10		1—10 日发生额	800	800	借	0
			本月合计	800	800	借	0

表 9－29　总分类账

会计科目：库存商品

2016 年		凭证号数	摘　要	借　方	贷　方	借或贷	余　额
月	日						
8	1		期初余额			借	47 900
	31		21—31 日发生额	38 645	48 430	借	38 115
			本月合计	38 645	48 430	借	38 115

表 9－30　总分类账

会计科目：原材料

2016 年		凭证号数	摘　要	借　方	贷　方	借或贷	余　额
月	日						
8	1		期初余额			借	36 000
	10		1—10 日发生额	52 500	35 800	借	52 700
	31		21—31 日发生额	12 500	5 000	借	60 200
			本月合计	65 000	40 800	借	60 200

表 9-31 总分类账

会计科目：在途物质

2016 年		凭证号数	摘 要	借 方	贷 方	借或贷	余 额
月	日						
8	1		期初余额			借	0
	10		1—10 日发生额	52 500	52 500	借	0
			本月合计	52 500	52 500	借	0

表 9-32 总分类账

会计科目：应收股利

2016 年		凭证号数	摘 要	借 方	贷 方	借或贷	余 额
月	日						
8	1		期初余额			借	1 200
			本月合计			借	1 200

表 9-33 总分类账

会计科目：固定资产

2016 年		凭证号数	摘 要	借 方	贷 方	借或贷	余 额
月	日						
8	1		期初余额			借	197 920
			本月合计			借	197 920

表 9-34 总分类账

会计科目：累计折旧

2016 年		凭证号数	摘 要	借 方	贷 方	借或贷	余 额
月	日						
8	1		期初余额			贷	65 000
	31		21—31 日发生额		4 800	贷	69 800
			本月合计		4 800	贷	69 800

表 9-35 总分类账

会计科目：无形资产

2016 年		凭证号数	摘 要	借 方	贷 方	借或贷	余 额
月	日						
8	1		期初余额			借	17 000
			本月合计			借	17 000

表 9 - 36　总分类账

会计科目：短期借款

2016 年 月	日	凭证号数	摘　要	借　方	贷　方	借或贷	余　额
8	1		期初余额			贷	60 000
			本月合计			贷	60 000

表 9 - 37　总分类账

会计科目：应付账款

2016 年 月	日	凭证号数	摘　要	借　方	贷　方	借或贷	余　额
8	1		期初余额			贷	17 600
	10		1—10 日发生额	17 600	42 120	贷	42 120
	20		11—21 日发生额	41 120		贷	1 000
			本月合计	58 720	42 120	贷	1 000

表 9 - 38　总分类账

会计科目：其他应付款

2016 年 月	日	凭证号数	摘　要	借　方	贷　方	借或贷	余　额
8	1		期初余额			贷	2 500
	31		21—31 日发生额	600		贷	1 900
			本月合计	600		贷	1 900

表 9 - 39　总分类账

会计科目：应付票据

2016 年 月	日	凭证号数	摘　要	借　方	贷　方	借或贷	余　额
8	1		期初余额			贷	20 000
			本月合计			贷	20 000

表 9 - 40　总分类账

会计科目：应付职工薪酬

2016 年 月	日	凭证号数	摘　要	借　方	贷　方	借或贷	余　额
8	1		期初余额			贷	4 500
	10		1—10 日发生额	1 900		贷	2 600
	31		21—31 日发生额	22 500	22 500	贷	2 600
			本月合计	24 400	22 500	贷	2 600

表 9-41 总分类账

会计科目：应交税费

2016 年		凭证号数	摘　要	借　方	贷　方	借或贷	余　额
月	日						
8	1		期初余额			贷	1 700
	10		1—10 日发生额	10 370	7 650	借	1 020
	20		11—20 日发生额		3 400	贷	2 380
	31		21—31 日发生额	2 125	26 745	贷	27 000
			本月合计	12 495	37 795	贷	27 000

表 9-42 总分类账

会计科目：实收资本

2016 年		凭证号数	摘　要	借　方	贷　方	借或贷	余　额
月	日						
8	1		期初余额			贷	199 000
			本月合计			贷	199 000

表 9-43 总分类账

会计科目：资本公积

2016 年		凭证号数	摘　要	借　方	贷　方	借或贷	余　额
月	日						
8	1		期初余额			贷	23 744
			本月合计			贷	23 744

表 9-44 总分类账

会计科目：盈余公积

2016 年		凭证号数	摘　要	借　方	贷　方	借或贷	余　额
月	日						
8	1		期初余额			贷	5 277
	31		21—31 日发生额		3 721.5	贷	8 998.5
			本月合计		3 721.5	贷	8 998.5

表 9-45 总分类账

会计科目：本年利润

2016 年		凭证号数	摘　要	借　方	贷　方	借或贷	余　额
月	日						
8	1		期初余额			贷	27 587
	31		21—31 日发生额	144 587	117 000	贷	0
			本月合计	144 587	117 000	贷	0

表 9－46　总分类账

会计科目：利润分配

2016年		凭证号数	摘　要	借　方	贷　方	借或贷	余　额
月	日						
8	1		期初余额			贷	0
	31		21—31日发生额	3 721.5	64 802	贷	61 080.5
			本月合计	3 721.5	64 802	贷	61 080.5

表 9－47　总分类账

会计科目：生产成本

2016年		凭证号数	摘　要	借　方	贷　方	借或贷	余　额
月	日						
8	1		期初余额			借	0
	10		1—10日发生额	34 000		借	34 000
	31		21—31日发生额	25 600	38 645	借	20 955
			本月合计	59 600	38 645	借	20 955

表 9－48　总分类账

会计科目：制造费用

2016年		凭证号数	摘　要	借　方	贷　方	借或贷	余　额
月	日						
8	1		期初余额			借	0
	10		1—10日发生额	1 800		借	1 800
	31		21—31日发生额	7 800	9 600	借	0
			本月合计	9 600	9 600	借	0

表 9－49　总分类账

会计科目：主营业务收入

2016年		凭证号数	摘　要	借　方	贷　方	借或贷	余　额
月	日						
8			期初余额			贷	0
	1		1—10日发生额		45 000	贷	45 000
	10		11—21日发生额		20 000	贷	65 000
			21—31日发生额	110 000	45 000	贷	0
			本月合计	110 000	110 000	贷	0

表 9－50　总分类账

会计科目：主营业务成本

2016 年		凭证号数	摘　要	借　方	贷　方	借或贷	余　额
月	日						
8	1		期初余额			借	
	31		21—31 日发生额	48 430	48 430	借	0
			本月合计	48 430	48 430	借	0

表 9－51　总分类账

会计科目：销售费用

2016 年		凭证号数	摘　要	借　方	贷　方	借或贷	余　额
月	日						
8	1		期初余额			借	
	21		11—20 日发生额	1 000		借	1 000
	31		21—31 发生额		1 000	借	0
			本月合计	1 000	1 000	借	0

表 9－52　总分类账

会计科目：管理费用

2016 年		凭证号数	摘　要	借　方	贷　方	借或贷	余　额
月	日						
8	1		期初余额			借	0
	10		1—10 日发生额	750		借	750
	20		11—20 日发生额	800		借	1 550
	31		21—31 日发生额	4 500	6 050	借	0
			本月合计	6 050	6 050	借	0

表 9－53　总分类账

会计科目：财务费用

2016 年		凭证号数	摘　要	借　方	贷　方	借或贷	余　额
月	日						
8	1		期初余额			借	0
	31		21—31 日发生额	300	300	借	0
			本月合计			借	0

表 9－54　总分类账

会计科目：所得税

2016 年		凭证号数	摘　要	借　方	贷　方	借或贷	余　额
月	日						
8	1		期初余额			借	0
	31		21—31 日发生额	12 405	12 405	借	0
			本月合计	12 405	12 405	借	0

表 9－55　总分类账

会计科目：其他业务收入

2016 年		凭证号数	摘　要	借　方	贷　方	借或贷	余　额
月	日						
8	1		期初余额			贷	0
	31		21—31 日发生额	7 000	7 000	贷	0
			本月合计	7 000	7 000	贷	0

表 9－56　总分类账

会计科目：其他业务成本

2016 年		凭证号数	摘　要	借　方	贷　方	借或贷	余　额
月	日						
8	1		期初余额			借	0
	31		21—31 日发生额	5 000	5 000	借	0
			本月合计	5 000	5 000	借	0

表 9－57　总分类账

会计科目：营业外支出

2016 年		凭证号数	摘　要	借　方	贷　方	借或贷	余　额
月	日						
8	1		期初余额			借	0
	31		21—31 日发生额	1 100	1 100	借	0
			本月合计	1 100	1 100	借	0

表 9－58　总分类账

会计科目：营业税金及附加

2016 年		凭证号数	摘　要	借　方	贷　方	借或贷	余　额
月	日						
8	1		期初余额			借	0
	31		21—31 日发生额	5 500	5 500	借	0
			本月合计	5 500	5 500	借	0

第六步，月末，将日记账、明细分类账与总分类账相互核对相符。

(1) 将日记账与总分类账核对相符。表 9－11 中，库存现金日记账中库存现金余额 138 元与表 9－23 中库存现金总分类账中余额相等；表 9－12 银行存款日记账中银行存款余额 74 170 元与表 9－24 银行存款总分类账中余额相符。

(2) 将总分类账与其所属明细分类账和合计数核对相符。在本例中，需核对以下账目：

① 将库存商品明细分类账与其总分类账进行核对，表 9－13、表 9－14 中，A 产品与 B 产品余额合计数为：19 040＋19 075＝38 115 元，与表 9－29 库存商品总分类账中余额相符；

② 将原材料明细分类账与其总分类账进行核对，表 9－15、表 9－16 中，甲、乙两种原材料余额合计数为：49 000＋11 200＝60 200 元，与表 9－30 原材料总分类账中余额相符；

以此类推，将生产成本、应收账款及应付账款总分类账与其所属各明细分类账核对相符，此处不再赘述。

第七步，编制总分类账户本期发生额及余额表。根据表 9－8、表 9－22 中的内容，编制华美公司 2015 年 12 月总分类账户发生额及余额表，结果如表 9－59 所示。

表 9－59 得力公司总分类账户本期发生额及余额表

2016 年 8 月

账户名称	期初余额		本期发生额		期末余额	
	借 方	贷 方	借 方	贷 方	借 方	贷 方
库存现金	12 688		24 550	27 100	10 138	
银行存款	58 800		122 240	106 870	74 170	
应收账款	15 800		52 650	41 800	26 650	
其他应收款			800	800		
应收票据	19 600		23 400	19 600	23 400	
应收股利	1 200				1 200	
预付账款	20 000			14 625	5 375	
在途物质			52 500	52 500		
原材料	36 000		65 000	40 800	60 200	
生产成本			59 600	38 645	20 955	
制造费用			9 600	9 600		
库存商品	47 900		38 645	48 430	38 115	
固定资产	197 920				197 920	
累计折旧		65 000		4 800		69 800

（续表）

账户名称	期初余额		本期发生额		期末余额	
	借　方	贷　方	借　方	贷　方	借　方	贷　方
无形资产	17 000				17 000	0
短期借款		60 000				60 000
应付账款		17 600	58 720	42 120		1 000
应付票据		20 000				20 000
应付职工薪酬		4 500	24 400	22 500		2 600
应交税费		1 700	12 495	37 795		27 000
其他应付款		2 500	600			1 900
实收资本		199 000				199 000
资本公积		23 744				23 744
盈余公积		5 277		3 721.5		8 998.5
利润分配			3 721.5	64 802		61 080.5
本年利润		27 587	144 587	117 000		0
主营业务收入			110 000	110 000		0
主营业务成本			48 430	48 430		0
销售费用			1 000	1 000		0
管理费用			6 050	6 050		0
财务费用			300	300		0
所得税			12 405	12 405		0
其他业务收入			7 000	7 000		0
其他业务成本			5 000	5 000		0
营业外支出			1 100	1 100		0
营业税金及附加			5 500	5 500		0
						0
合　计	426 908	426 908	890 293.5	890 293.5	475 123	475 123

第八步，根据核对无误的总分类账、明细分类账的相关资料，编制会计报表。编制的“资产负债表”和“利润表”如表 9 - 60、表 9 - 61 所示。

表 9－60　资产负债表（简表）

编报单位：得力公司　　2016 年 8 月　　单位：元

资　产	期末余额	期初余额	负债及所有者权益	期末余额	期初余额
流动资产：			流动负债：		
货币资金	84 308	71 488	短期借款	60 000	60 000
应收票据	23 400	19 600	应付票据	20 000	20 000
应收账款	26 650	15 800	应付账款	1 000	17 600
预付账款	5 375	20 000			
其他应收款			应付职工薪酬	2 600	4 500
存　货	119 270	83 900	应交税费	27 000	1 700
应收股利	1 200	1 200			
流动资产合计	260 203	211 988	其他应付款	1 900	2 500
非流动资产：			流动负债合计	112 500	106 300
固定资产	128 120	132 920	所有者权益：		
无形资产	17 000	17 000	实收资本（股本）	199 000	199 000
非流动资产合计	145 120	149 920	资本公积	23 744	23 744
			盈余公积	8 998.5	5 277
			未分配利润	61 080.5	27 587
			所有者权益合计	292 823	255 608
资产总计	405 323	361 908	负债及所有者权益总计	405 323	361 908

表 9－61　利润表

编报单位：得力公司　　2016 年 8 月　　单位：元

项　目	本月数	本月累计数
一、营业收入	117 000	964 435
减：营业成本	53 430	563 530
营业税费	5 500	170 700
销售费用	1 000	9 960
管理费用	6 050	95 650
财务费用	300	17 500
资产减值损失		0
加：公允价值变动净收益		0
投资净收益		0
二、营业利润	50 720	107 095

（续表）

项　目	本月数	本月累计数
加：营业外收入		2 500
减：营业外支出	1 100	18 800
三、利润总额	49 620	90 795
减：所得税	12 405	25 993
四、净利润	37 215	64 802
五、每股收益		
（一）基本每股收益		
（二）稀释每股收益		

复习思考题及练习题

一、复习思考题

1. 试述会计报表的作用与编制要求。

2. 会计报表如何分类？各类会计报表的作用是什么？

3. 简述资产负债表的基本结构及其内容。

4. 试述资产负债表的实际编制方法。

5. 简述利润表及其利润分配表的结构与内容。

6. 试述利润表及其利润分配表的实际编制方法。

7. 简述现金流量表的基本结构及其内容。

8. 试述资产负债表、利润表和现金流量表之间的相互关系。

9. 什么是现金流量表？世界各国为何要以现金流量表取代财务状况变动表？

10. 简述编制现金流量表的“直接法”与“间接法”的联系与区别。

二、练习题

1. 判断题

（1）会计报表各项目的数据均是根据报告期有关账户的期末余额分析、计算填列的。（　　）

（2）汇总会计报表和合并会计报表都是对所属独立核算企业上报的会计报表汇总、综合编制而成的，故两者的编制结果是相同的。（　　）

（3）资产负债表是反映企业特定期间静态财务状况的报表。（　　）

（4）现金流量表是反映企业一定日期的现金及现金等价物的流入与流出情况的会计报表。（　　）

（5）利润表是反映企业一定日期经营成果的动态报表。（　　）

（6）财务情况说明书是企业对外财务会计报告的组成部分。（　　）

（7）利润表结构的理论基础是“利润＝收入－费用”会计等式。（　　）

(8) 资产负债表中的"待摊费用"项目，是根据"待摊费用"账户期末余额填列的。(　　)

(9) 利润分配表中的"未分配利润"项目金额应与资产负债表中的"未分配利润"项目金额完全相等，否则，说明报表编制有错。(　　)

(10) 年度利润表中的"利润总额"项目金额，应等于企业年末与年初净资产的差额。(　　)

2. 选择题

(1) 企业于每月月末必须编制的报表是(　　)。

A. 利润分配表　　B. 利润表　　C. 现金流量表

D. 资产负债表　　E. 应交增值税明细表

(2) 企业净利润的分配渠道有(　　)。

A. 应付股利　　B. 所得税　　C. 盈余公积补亏

D. 提取法定盈余公积金　　E. 提取法定公益金

(3) "其他应付款"账户期末若有借方余额，应在资产负债表中的(　　)项目内填列反映。

A. "其他应付款"　　B. "预付账款"　　C. "应付账款"

D. "其他应收款"　　E. "待摊费用"

(4) 资产负债表和利润表及利润分配表项目的数字直接来源于(　　)。

A. 原始凭证　　B. 记账凭证

C. 日记账　　D. 账簿记录

(5) 资产负债表项目中需要计算填列的有(　　)。

A. 短期投资　　B. 存货　　C. 货币资金

D. 累计折旧　　E. 未分配利润

(6) 会计报表的信息使用者主要有(　　)。

A. 投资者　　B. 债权人　　C. 政府有关职能机构

D. 经营管理者　　E. 社会公众

(7) 反映特定期间财务成果的报表是(　　)。

A. 资产负债表　　B. 利润分配表　　C. 产品成本表

D. 现金流量表　　E. 利润表

(8) 工业企业利润表是通过分步计算确认当期实现的净利润，即(　　)。

A. 营业利润、投资净收益、营业外收支净额、净利润

B. 营业利润、利润总额、可供分配利润、净利润

C. 产品销售利润、营业利润、利润总额、净利润

D. 产品销售利润、销售毛利、利润总额、净利润

E. 主营业务利润、营业利润、利润总额、净利润

(9) 企业对外报送的财务会计报告包括(　　)。

A. 会计报表主表　　B. 会计报表附表　　C. 财务情况说明书

D. 会计报表附注　　E. 企业基本情况介绍

(10) 资产负债表的项目中，需要根据所属明细账户的期末余额计算分析填列的

有（ ）。

A. 存货　　B. 货币资金　　C. 应收账款

D. 应付账款　　E. 待摊费用

3. 业务题

习题一

［目的］练习资产负债表中“应收账款”“应付账款”“预收账款”“预付账款”等项目的计算填列。

［资料］华厦公司预收、预付货款情况较少，没有设立“预收账款”和“预付账款”总账账户；坏账损失采用直接核销法。10 月末有关账户余额如下。

“应收账款”总账账户借方余额为 150 000 元，其明细账户余额为：

飞乐公司借方余额 80 000 元；

长岭公司贷方余额 50 000 元；

凤凰公司借方余额 100 000 元；

永生公司贷方余额 30 000 元；

永久公司借方余额 35 000 元；

家乐公司借方余额 15 000 元。

［要求］

计算填列资产负债表月末“应收账款”“预付账款”“应付账款”和“预收账款”项目的金额。

习题二

［目的］练习资产负债表中“存货”和“未分配利润”项目的填列。

［资料］创智公司 2015 年 12 月末有关总账账户余额如下：

(1)“原材料”账户借方余额 210 000 元；

(2)“库存商品”账户借方余额 185 000 元；

(3)“生产成本”账户借方余额 38 000 元；

(4)“在途物质”账户借方余额 15 000 元；

(5)“材料成本差异”账户贷方余额 56 000 元；

(6)“产品成本差异”账户贷方余额 8 500 元；

(7)“利润分配”账户借方余额 510 000 元；

(8)“本年利润”账户贷方余额 850 000 元。

［要求］

计算填列月末资产负债表“存货”和“未分配利润”项目金额。

习题三

［目的］练习资产负债表和利润表及其利润分配表的编制。

［资料］百盛公司 2016 年 8 月初有关账户余额如表 9－62 所示。

表 9－62　2016 年 7 月 30 日账户余额表　　单位：元

会计账户	借或贷	余　额	会计账户	借或贷	余　额
库存现金	借	8 000	长期股权投资	借	80 000
银行存款	借	280 000	短期借款	贷	30 000
应收账款	借	65 000	应付账款	贷	60 000
坏账准备	贷	5 500	其他应付款	贷	15 000
其他应收款	借	3 000	应付职工薪酬	借	73 000
原材料	借	160 400	应交税费	贷	16 000
包装物	借	50 600	应付股利	贷	25 000
低值易耗品	借	65 000	其他应付款	借	85 000
生产成本	借	158 000	长期借款	贷	50 500
库存商品	借	210 000	实收资本	贷	8 500 000
待摊费用	借	60 000	盈余公积	贷	480 000
固定资产	借	9 800 000	资本公积	贷	400 000
累计折旧	贷	660 000	本年利润	贷	4 011 000
无形资产	借	155 000	利润分配	借	3 000 000

该公司 8 月份发生下列经济业务：

(1) 购进材料一批，价款 100 000 元，增值税额 17 000 元，签发转账支票付讫。

(2) 上项在途物质运杂费等共计 1 200 元，签发转账支票付讫。材料运到，如数验收入库。

(3) 产品生产领用材料 165 000 元，车间一般耗用领用材料 30 000 元，行政管理部门领用材料 11 500 元。

(4) 销售产品一批，销售价款 400 000 元，增值税销项税额 68 000 元。价款和增值税额的 50%收到货币资金存入银行，50%尚未收到。

(5) 以银行存款支付销售费用 50 000 元。

(6) 以银行存款支付车间水电费 15 000 元，行政管理部门水电费 3 800 元。

(7) 由银行提取现金 163 000 元备发工资。

(8) 以现金发放职工工资 163 000 元。

(9) 以银行存款缴纳应交税费 16 000 元。

(10) 计提本月车间固定资产折旧费用 15 000 元，行政管理部门固定资产折旧费用 10 000元。

(11) 计算分配本月应付职工工资 250 000 元，其中产品生产工人工资 160 000 元，车间管理人员工资 40 000 元，行政管理人员工资 50 000 元；同时按职工工资总额的 14%计提本月的职工福利费。

(12) 摊销本月应负担的车间待摊费用 21 000 元，行政管理部门待摊费用 6 800 元。

(13) 以银行存款偿还短期借款本金 20 000 元，支付利息 500 元。

(14) 取得长期借款 150 000 元，存入银行。

(15) 以银行存款支付行政办公费用 18 000 元。

(16) 以银行存款购买 3 年期国库券 100 000 元。

(17) 月终归集并分配本月发生的制造费用。

(18) 月终经计算分配确认月末在产品成本 108 000 元，其余为本月完工产品成本。完工产品均已验收入库。

(19) 按规定计算本月应缴纳的产品销售税金及附加 3 500 元。

(20) 月终结转已销产品的销售成本 200 000 元。

(21) 将以上有关损益类收支账户本月发生额结转计入“本年利润”账户，计算本月实现的利润总额。

(22) 根据本月实现的利润总额，按 25%的税率计算本月应交所得税额。

(23) 按净利润的 10%计提法定盈余公积金，5%计提法定公益金，80%计算应分给投资者的利润。

(24) 年终会计决算，计算结转出年末未分配利润数额。

[要求]

(1) 根据本月发生的经济业务编制会计分录。

(2) 开设“T”形账户，将期初余额、本期发生额登入各账户并结出年末余额。

(3) 根据上述资料编制 2016 年 8 月 31 日的资产负债表和 2016 年 8 月份的利润表及年度利润分配表。

参考文献

[1] 郝宇欣，黄一鸣．基础会计学［M］．北京：中国铁道出版社，1996.

[2] 张兆煌，李一经，刘国成．会计学基础［M］．北京：北京工业大学出版社，1997.

[3] 黄慧馨，伍利娜．会计学基础［M］．北京：北京大学出版社，2000.

[4] 程德兴，皮明生，王振玉，等．现代会计学基础［M］．北京：石油工业出版社，2001.

[5] 周云，方向亮，唐跃志．会计学［M］．武汉：华中科技大学出版社，2001.

[6] 郑安．会计学原理［M］．北京：对外经济贸易大学出版社，2002.

[7] 王春兰，陈晓曼，陈本凤．基础会计学［M］．重庆：重庆大学出版社，2002.

[8] 王文华，徐文丽．基础会计学（第二版）［M］．上海：上海大学出版社，2003.

[9] 葛家澍，刘峰．会计学导论［M］．上海：立信会计出版社，2003.

[10] 侯瑞山，胡承德．会计学基础（第二版）［M］．重庆：重庆大学出版社，2003.

[11] 钟新桥，曾祺林．会计学基础［M］．武汉：武汉理工大学出版社，2003.

[12] 李华，赵明．会计学［M］．成都：西南交通大学出版社，2004.

[13] 汪洪波．会计学基础［M］．重庆：重庆大学出版社，2004.

[14] 王东红，商玉琴．会计学原理［M］．北京：对外经济贸易大学出版社，2005.

[15] 袁细寿．会计学基础［M］．上海：立信会计出版社，2005.

[16] 张国健．会计学原理［M］．北京：清华大学出版社，2005.

[17] 赵洪进．会计学［M］．北京：清华大学出版社，2005.

[18] 罗莉．会计学原理［M］．北京：中国地质大学出版社，2005.

[19] 张晓明，贾宗武．基础会计学［M］．西安：陕西人民出版社，2005.

[20] 徐文彬．会计学原理［M］．上海：立信会计出版社，2005.

[21] 乔治·布赖特，迈克尔·赫伯特．会计学［M］．北京：经济管理出版社，2006.

[22] 邵瑞庆．会计学原理［M］．上海：立信会计出版社，2006.

[23] 宋平，明洪盛，张立华．会计学基础［M］．武汉：武汉理工大学出版社，2006.

[24] 宋媛媛，黄庆阳，严也舟，等．会计学原理［M］．武汉：武汉理工大学出版社，2006.

[25] 陈晓坤，荀厚平．现代会计学教程［M］．北京：清华大学出版社，北京交通大学出版社，2006.

[26] 郭恒泰．基础会计学［M］．北京：中国经济科学出版社，2010.

[27] 孔庆林．会计基础［M］．北京：清华大学出版社，2010.
[28] 杨玉红．基础会计学［M］．北京：北京交通大学出版社，2010.
[29] 吴国萍．基础会计学（第三版）［M］．上海：上海财经大学出版社，2011.
[30] 万义平．会计学基础［M］．杭州：浙江大学出版社，2011.
[31] 李航星．基础会计学［M］．成都：四川大学出版社，2012.
[32] 刘资焱．会计学基础［M］．北京：人民邮电出版社，2013.
[33] 中华会计网校．会计应试指南［M］．北京：人民出版社，2015.
[34] 李占国．基础会计学（第二版）［M］．北京：高等教育出版社，2015.

图书在版编目(CIP)数据

基础会计学/李君主编.—合肥:合肥工业大学出版社,2016.9
ISBN 978-7-5650-2953-0

Ⅰ.①基… Ⅱ.①李… Ⅲ.①会计学—高等学校—教材 Ⅳ.①F230

中国版本图书馆CIP数据核字(2016)第211922号

基础会计学

主编 李 君　　　　责任编辑 章 建

出　版	合肥工业大学出版社	版　次	2016年9月第1版
地　址	合肥市屯溪路193号	印　次	2016年10月第1次印刷
邮　编	230009	开　本	787毫米×1092毫米 1/16
电　话	总　编　室:0551-62903038	印　张	16.5
	市场营销部:0551-62903198	字　数	396千字
网　址	www.hfutpress.com.cn	印　刷	安徽昶颉包装印务有限责任公司
E-mail	hfutpress@163.com	发　行	全国新华书店

ISBN 978-7-5650-2953-0　　　　定价:34.80元

如果有影响阅读的印装质量问题,请与出版社市场营销部联系调换。